教育部人文社科基金资助项目

 财政政治学文丛

参与式治理的兴起

——地方人大公共预算监督问责的模式与实践

王逸帅／著

复旦大学出版社

丛书组成人员

丛书顾问　施　诚　王联合
丛书主编　刘守刚　刘志广
丛书编委会（拼音为序）
　　　　　曹　希　李　钧　梁　捷　林　矗　刘守刚　刘志广
　　　　　马金华　马　珺　宋健敏　汤艳文　陶　勇　童光辉
　　　　　王瑞民　魏　陆　温娇秀　武靖国　解洪涛　徐一睿
　　　　　闫　浩　杨海燕　杨红伟　曾军平

总序 PREFACE

成立于2013年9月的上海财经大学公共政策与治理研究院,是由上海市教委重点建设的十大高校智库之一。我们通过建立多学科融合、协同研究、机制创新的科研平台,围绕财政、税收、医疗、教育、土地、社会保障、行政管理等领域,组织专家开展政策咨询和决策研究,致力于以问题为导向,破解中国经济社会发展中的难题,服务政府决策和社会需求,为政府提供公共政策与治理咨询报告,向社会传播公共政策与治理知识,在中国经济改革与社会发展中发挥"咨政启民"的"思想库"作用。

作为公共政策与治理研究智库,在开展政策咨询和决策研究的同时,我们也关注公共政策与治理领域基础理论的深化与学科的拓展研究。特别地,我们支持从政治视角研究作为国家治理基础和重要支柱的财政制度,鼓励对财政制度构建和现实运行背后体现出来的政治意义及历史智慧进行深度探索。在当前中国财政学界,从政治学角度探讨财政问题的研究还不多见,研究者也零星分散在各高校,这既局限了财政学科自身的发展,又不能满足社会对运用财税工具实现公平正义的要求。因此,我们认为有必要在中国财政学界拓展研究的范围,努力构建财政政治学学科。

呈现在大家面前的丛书,正是在上海财经大学公共政策与治理研究院率先资助下形成的"财政政治学文丛"。作为平台,它将国内目前分散的、区别于当前主流方法思考财政问题的学者聚合在一起,以集体的力量推进财政政治的研究并优化知识传播的途径。文丛中收录的著作,内容上涵盖基础理论、现实制度与历史研究等几个方面,形式上以专著为主、以文选为辅,方法上大多不同于当前主流财政研究所用的分析工具。

上海财经大学公共政策与治理研究院将继续以努力促进政策研究和深化理论基础为己任,提升和推进政策和理论研究水平,引领学科发展,服务国家治理。

胡怡建
2019 年 10 月

目录 CONTENTS

第一章　导论　　1
第一节　研究问题的提出　　1
第二节　研究述评　　4
第三节　本书的研究思路和研究方法　　9

第二章　核心概念和理论分析框架构建　　15
第一节　核心概念的界定　　15
第二节　理论基础　　18
第三节　分析框架的构建：合作治理导向的人大预算监督问责　　32

第三章　我国地方人大预算监督问责的政治-行政环境分析　　35
第一节　我国人大制度的历史演进　　35
第二节　地方人大的预算监督问责功能与理论定位　　42
第三节　预算过程中的地方人大监督问责环境的变迁　　44
第四节　党政—人大预算关系的时代阐释　　50

第四章　地方人大预算监督问责的公众参与环境和机制探讨　　54
第一节　社会公众参与预算的相关制度规定　　55
第二节　社会公众参与监督预算的主要类型及代表性实践　　57
第三节　公众预算参与监督能力的多元引导　　72
第四节　有待与现有正式制度深入衔接的公众预算参与监督问责　　76

第五章　我国地方人大预算监督问责的类型与模式　79
第一节　地方人大预算监督问责的类型学思考　79
第二节　参与治理型人大的实践模式：以财政预算初审阶段为核心的考察　84
第三节　迈向实质化财政预算初审的未来模式选择　98

第六章　参与治理型人大的预算监督问责过程与制度逻辑　104
第一节　从民主恳谈到参与式预算：浙江省温岭市人大的改革创新　105
第二节　从参与式预算到参与式治理：上海市闵行区人大的实践推进　114
第三节　通向有效运转的地方人大参与式预算治理改革之路　123

第七章　全口径预决算改革中的人大参与式监督及绩效　127
第一节　全口径预决算的缘起和内涵　128
第二节　地方全口径预决算审查监督的整体进展　131
第三节　代表性城市全口径预决算监督的参与式推进与绩效评估　142
第四节　全口径预决算审查监督中存在的问题反思　156

第八章　结论与展望　161
第一节　中国特色的预算监督问责模式已见雏形　161
第二节　提升地方人大预算监督问责绩效的未来路径　165
第三节　以预算监督问责推动政治问责的中国经验及其意义　180
第四节　本书的不足和未来可能的突破　183

附录　186
附录1　中共绵阳市委财经领导小组议事规则　186
附录2　温州市委办公室关于加快推进市级公共财政预算改革的实施意见　188
附录3　温州市鹿城区人民代表大会常务委员会关于区政府民生实事项目人大代表票决制实施与监督办法（试行）　193
附录4　上海市闵行区人大关于进一步完善预算初审工作的暂行办法　197

附录5　闵行区人大常委会2010年财政预算初审听证会记录——
　　　　以劳动关系和谐企业项目为例　　　　　　　　　　　　202

附录6　闵行区人大常委会关于预算绩效管理监督办法(试行)　　209

附录7　2018年8月闵行区慢行绿道实事项目预算绩效听证会记录
　　　　(节选)　　　　　　　　　　　　　　　　　　　　　212

附录8　闵行区人大代表年度履职基本要求和保障办法(试行)　　228

附录9　全口径预决算审查和监督相关法律法规和政策　　　　　230

参考文献　　　　　　　　　　　　　　　　　　　　　　　232
文丛后记　　　　　　　　　　　　　　　　　　　　　　　236

图表目录

表 1.1	国际比较视野中中国的预算公开及预算监督排名(2008—2017 年)	10
表 1.2	第 18—24 届全国人大新闻奖获奖作品中关于财政预算改革的报道	12
图 2.1	洛克人民财政主权思想的制度设计	20
表 2.1	政治问责的核心要素	23
表 2.2	政治问责的多元实现机制	24
表 2.3	以人大为中心的合作治理的预算监督问责:一个分析框架	33
图 3.1	地方人大内部结构简图	42
图 3.2	人大预算监督问责的理论定位	44
表 3.1	《国务院关于深化预算管理制度改革的决定》涉及的财政预算及人大监督要点	48
表 4.1	我国公众参与预算的主要类型和代表性的地方实践	59
表 4.2	2014 年 5 月—2015 年 5 月上海地区违反八项规定及"三公经费"通报案件	68
表 4.3	2015 年参与提出《预算法实施条例》修改意见的专家概览表	70
表 4.4	2011—2016 年媒体关于宁夏地区公共预算报道情况一览表	73
表 4.5	媒体报道中的主要发声群体和关注点	74
表 5.1	我国地方人大预算监督问责的主要类型	80
图 5.1	立法机构的预算作用	85
表 5.2	闵行区人大常委会预算初审工作时间表	93
表 5.3	闵行区人力资源和社会保障局绩效项目公开	95
表 5.4	代表性的地方人大财政预算初审模式及特点	98
表 6.1	2017 年温岭市住房和城乡建设规划局项目预算修编情况表	108
表 6.2	2006—2016 财政年度浙江省温岭市新河镇预算修正草案及表决结果一览表	109

表 6.3	2008—2015年闵行区人大对政府提出的预算项目草案产生影响的代表性例子	115
表 6.4	温岭市人大参与式预算有效运转的制度逻辑与制度"菜单"	124
表 7.1	2013—2014年代表性省市人大实施全口径预决算监督的进程	131
表 7.2	部分省(区)市财政预算报告反映的预算构成情况统计	132
表 7.3	2015年以来省级人大新修订的预算审查监督条例中与全口径有关的制度规定	135
表 7.4	中国省级一般公共预算透明度比较(2015—2017年)	140
表 7.5	中国省级政府性基金透明度比较(2015—2017年)	140
表 7.6	中国省级社会保险基金预算透明度比较(2015—2017年)	141
表 7.7	中国省级国有资本经营预算透明度比较(2015—2017年)	141
表 7.8	代表性城市2015—2018年全口径财政透明度评估(百分制)	145
表 7.9	北京市环境保护局2017年度收入支出决算总表	147
表 7.10	2013年深圳市国有资本经营决算项目支出表	150
表 7.11	代表性城市全口径预决算审查监督的能力机制供给概览表	151
表 7.12	2017年深圳市本级全口径预算执行情况审计	155
表 7.13	代表性城市全口径预决算监督中主要领导的基本特征	159
图 8.1	参与式治理路径下的人大预算职责定位	162
表 8.1	各地人大预算审查监督条例的主要特点	166
表 8.2	2008—2018年上海市闵行区预算听证项目和特征汇总	174

第一章

导　论

> 行政部门的仁慈（benevolence）和正直（integrity）没有在治理文化中得以根深蒂固以及选举问责没有充分完善，有意义的立法机构外部制衡的缺乏通常会为浪费和腐败大开方便之门，并且带来较差的预算结果[1]。
>
> 钱袋权是一个强大有力的工具，我们看到，在不列颠的宪法史上，借助于这个工具，一个地位低下、处于襁褓之中的人民议会逐渐扩大了它的活动范围和重要作用，就它自己的愿望而言，终于削弱了政府其他部门的一切过大的特权。事实上，这种掌握钱袋子的权力可以被认为是最完善和有效的武器，任何宪法利用这种武器，都能把人民的直接代表武装起来，纠正一切偏差，实行一切正当有益的措施[2]。
>
> ——汉密尔顿

第一节　研究问题的提出

作为现代民主治理体系的一个组成部分，强大有效的立法机构是确保政府向公众负责的重要外部控制机构。它不仅有助于防止公共权力的滥用，而且可以为公众多元利益诉求的表达以及社会矛盾的化解提供良好的平台。聚焦到中国人民代表大会（下文简称人大），西方现有研究用很多术语对之进行归类或观察，如非民主/威权政体下的立法机关、发展中国家的立法机关、共产主义的立法机关等。这些西方式的归类背后有一个共通的隐喻，即一个占支配地位的政党和过于强大的政府不可避免地会限制人大积极作用的发挥，"橡皮图章"一词也

---

[1] Rick Stapenhurst, Riccardo Pelizzo *et al. Legislative Oversight and Budgeting: A World Perspective*, World Bank Institute, 2008: 61-63.

[2] ［美］汉密尔顿、杰伊、麦迪逊著，程逢如等译：《联邦党人文集》，商务印书馆1989年版，第297页。

因此成了西方学者描述中国人大在政治过程甚至是政策审议过程中影响力有限、处于从属和消极地位的常见用语,并以一种观念上"路径依赖"的方式波及现在,以至于一定程度上忽视了它近年来的动态变迁和改革创新。正如巴阿克利尼(Baaklini)所言,有关西方立法机构的著述和建议行为趋向于增强它们的作用,而涉及非西方的立法机构,却与之相反。换句话说,非西方立法机关的真正问题(如果存在问题的话)不在于它们实践和政治现实,而在于愿意并能够反映这些发展中社会里立法机关政治现实的学术共同体和知情公众的缺失[1]。

在过去的30多年里,中国无论是在经济还是在政治领域都进行了较大的改革,人大的作用也随之悄然发生着变化。虽然人大因仪式或程序上所具有的脆弱功能,仍时常被批判,但可喜的是一些学者逐渐意识到它在有些领域取得了一定的进展,尽管这些进展与西方语境下的民主还有很大的差距。如沃马克(Womack)在审视完1979年修订的《选举法》和它的运作之后,指出更多竞争要素和公众意见的输入将成为人大增强民主的推动力[2];泰纳(Tanner)注意到全国人大立法功能的增强以及它对中国宪政发展的影响[3];欧博文(Kevin J. O'Brien)根据自由化、理性化和包容性三个指标,测量了全国人大在立法、监督、代表和政体支持功能上的变化,最后发现改革增强了包容性(从制度上承认社会多元性,并赋予非党力量有限的渠道和影响)和理性化(政治权力的合法化和对个人领导权威的限制),但离自由化还有非常远的距离(竞争性选举改革和精英问责)。在地方层面,麦克法夸尔(Roderick MacFarquhar)观察两个省的人大之后认为,从其变化的过程中至少可以看出,省级人大已经开始承担着一种制度性的立法和监督功能,但是这些制度变迁还谈不上是在走向民主化[4]。

仅仅沿着西方学者所推崇的以选举为底线的民主化研究模式,中国人大不同于西方民主国家立法机关的成长和改革轨迹就不太会引起注意,也更难吸引研究者深入到它的实践内层,探寻它改革的动力、空间和影响。因此,与其

---

[1] Abdo I. Baaklini. Legislatures in Developing Countries: Myths versus realities, *Development and Change*, 1974, Vol. 5, No. 3: 48-67.

[2] Brantly Womack. The 1980 County-Level Elections in China: Experiment in Democratic Modernization, *Asian Survey*, 1982, Vol. 22, No. 3: 261-277.

[3] Tanner Murray Scot. The Erosion of Communist Party Control over Lawmaking in China, *The China Quarterly*, 1994, No. 138: 381-403.

[4] MacFarquhar, Roderick. Provincial People's Congresses, *The China Quarterly*, 1998, Vol. 155: 656-667.

一味地追问类似"人大制度的发展是否会带来民主"的宏大主题,不如把注意力转向"在中国基本政治体系没有发生大变化的背景下,人大的作用是否发生了变化,这些变化如何发生,是否敦促了政府更好地为公众负责"这一中观问题。鉴于政府政策和项目的实施离不开公共资金的支持,故政治民主要具有实质意义,就必须与财政预算问责有机结合起来,本书以人大诸多功能中非常重要但至今还未引起充分关注的预算监督问责改革为考察的主要切入口,旨在探讨在党政主导的环境中,这种外部控制机制在有些地方是如何兴起并发挥影响的。

人大公共预算监督问责是人民代表大会及其常务委员会在公共预算过程中履行法定职责的简称。理论意义上,公共预算是政府的血液,也是贴着价格标签的政府施政计划。由于它具有作为纳税人的公众与使用税收资金的政府相分离的特性,从人大制度设立初期,它就责无旁贷地成为使政府预算为公众负责的制度载体;在现代公共预算的民主治理改革中,人大监督问责随即成为政治责任、行政责任和公民责任的结合点,甚至是生长点。它是低调的,不会过分提高人们的期望值;它是具体的,比抽象谈论"政治民主"更容易操作;它是务实的,可以在不太长的时间里产生看得见的变化[1]。实践意义上,一方面,它可以把与民众利益相关的项目预算监督作为回应社会关切和培育参与型公众的切入口,正如托克维尔所言,"很难以国家的名义把一个人从吸引他的小圈子里拉出来,他们无法清楚地得知国家命运会对他们自己产生多大影响。但是,如果提议在他自己的屋后修一条马路,他便能马上看出在微小的公共事务和对他来说最大的私人事务之间的关联"[2]。另一方面,20世纪90年代初,我国为提高预算资金运作效率和管理效益实施了一系列的政府预算改革,但从整体上看,并未形成一个将政府预算收支有效控制起来的责任体制,以至于违背纳税人利益的各种财政失范行为、权力寻租和腐败屡有发生,审计风暴后屡审屡犯继续存在,由此引发的公众信任也不时出现。在转型时期,探析人大预算监督问责的多元模式和兴起路径显得尤为重要。它不仅可以为控制腐败、确保政府责任提供一条新的思路,而且通过对公众预算诉求的吸纳和制度化回应,激活人大的法定功能,在一定程度上协助化解转型期执政党和政府面临的治理困局。

---

[1] 王绍光:"美国进步时代的启示",《南方周末》2004年1月22日。
[2] Tocqueville. *Democracy in America*, Publisher:Bantam Classics,2000:511.

第二节　研究述评

一、国外研究的主要领域

监督政府预算的权力是立法机构对行政施加压力和确保公共责任的决定性手段，围绕这一主题，国外相关研究主要聚焦于以下五个方面。

（一）关于立法机构预算监督权力结构的研究

这一导向的研究主要集中在两个方面：一是行政和立法机构的预算权力之争及与政治结构的关联，如威尔达夫斯基（Wildavsky）在《预算过程的政治学》一书中综合运用博弈论等方法建立了分析预算过程中代表公众的代议机构和行政部门地位的理论，指出它们分别扮演了公共资金中的监控者和使用者两类不同的角色[1]。希克（Schick）论述了法律和制度决定的立法机关的监控角色，为资金滥用和预算赤字的控制及责任的推进起到不可忽视的作用。这种外在的控制一般要先于行政系统内部的控制进行，尤其是对发展中国家而言，因为它可以养成按照规则进行管理的习惯和实践方法，培养法制理念[2]。科纳特·伊恩（Lienert Ian）等学者在《谁控制预算：立法机构还是行政机关》中围绕立法机构的预算权与政治权力分立程度的关联进行了深入的探讨[3]。二是把立法机构预算监督放置到历史制度变迁和预算过程的纵横结构中，强调其在不同时期实际权力的变迁，以及同一时期与政治结构中多元预算行动者间的互动关联（Einzi Paul, Rubin）[4]。

（二）关于立法机构预算监督微观行动过程及行为逻辑的研究

以芬诺（Feno）为代表的学者通过对美国国会的观察，指出其内部小组委员会的实际权力与预算能力存在关联，拨款委员会有效发挥职能，是其自身的一体化及五因素保证的，五因素分别是意见的一致性、议案内容的性质、委

---

[1] Aaran Wildavsky. *The Politics of the Budgetary Process*, Boston: Little, Brown and Compan, 1964.
[2] [美]艾伦·希克著，王卫星等译：《当代公共支出管理方法》，经济管理出版社2000年版，第120页。
[3] Lienert Ian. "Who Controls the Budget: The Legislature or the Executive?" IMF Working Paper, 2005.
[4] Einzig Paul. *The Control of the Purse: Progress and Decline of Parliament's Financial Control*. London: Secker & Warburg, 1959. [美]爱伦·鲁宾著，马骏、叶娟丽等译：《公共预算中的政治：收入与支出，借贷与平衡》，中国人民大学出版社2001年版。

会成员的立法意向、委员会对其成员的凝聚力、委员会成员资格的稳定性[1]。除此之外,围绕预算监督办公室、公共账目委员会、预算审查官员行为动机、预算监督规则、预算监督工具和过程的分析是这一研究的主要关注点[2]。

(三) 关于现代信息技术对立法机构预算监督的影响研究

随着互联网技术的兴起,立法机构及议员如何通过网络平台的构建使预算监督透明化、迅速回应纳税人诉求、对不合理的政府预算分配执行进行纠偏非常重要。科尔曼(Coleman)等对多个民主国家的国会及议员对新信息技术的使用进行了个案研究[3];费伯(Ferber)等按照参与性的价值坐标,选取了内容、可使用性、互动性、透明性、受众接受度五个指标,对美国50个州立法机构的网站及功能影响进行了分析[4];联合国开发计划署(United Nations Development Programme)和莱斯通-班德拉(Leston-Bandeira)概括性地指出,信息技术正在以不可低估的方式影响立法机构和议员发挥其代表、立法和监督(预算)功能,并为立法机构工作的增强和形象管理提供了新的途径[5]。

(四) 关于立法机构预算监督绩效模式和变量的研究

诺顿(Norton)根据立法机构的预算绩效,提炼出的制定预算的立法机构(有能力修改拒绝、制定新预算)、影响预算的立法机构(有能力修改拒绝,但没能力制定)和同意预算的立法机构(不能修改、拒绝、制定新预算)是比较有影响的模式划分[6]。在此基础上,近年来定量化的比较研究开始兴起。比较有代表性的有:魏恩纳(Wehner)基于OECD国家和世界银行的问卷数据构建了六个指标对立法机关预算监督进行评估,分别是预算修正权、复归预算、执行弹性、预算时

---

[1] Richard F. Fenno. *The Power of the purse: Appropriations Politics in Congress*, Boston: Little, Brown, 1966.

[2] David G. McGee. *The Overseers: Public Accounts Committees and Public Spending*, London: Pluto Press, 2002. Rick Stapenhurst etc. *Legislative Oversight and Budgeting: A World Perspective*, Washington, DC: The World Bank, 2008.

[3] Coleman, S. J. *Parliamentary Communication in an Age of Digital Interactivity*, Aslib Proceedings: New Information Perspectives, 2006.

[4] Paul Ferber, Franz Foltz & Rudy Pugliese. The Politics of State Legislature Web Sites: Making E-Government More Participatory, *Bulletin of Science, Technology & Society*, 2003, Vol. 23, No. 3: 157-167.

[5] UNDP. *Empowering Parliaments through the Use of ICTs*, New York: UNDP, 2006. Leston-Bandeira, C. The Impact of the Internet on Parliaments: a Legislative Studies Framework, *Parliamentary Affairs*, 2007, Vol. 60, No. 4: 655-674.

[6] Norton Philip. *Does Parliament Matter?* London: Harvester Wheat sheaf, 1993:8.

间、议会内设委员会的力量、预算信息[1];然而,在桑蒂索(Santiso)看来,法定权力并不是影响议会预算审议监督绩效的决定性因素或者唯一因素,拉美的实践表明,尽管议会拥有很大的法定预算权,他们通常却不能有效而负责地运用这些权力。因此,在解释过程中立法机关审议监督绩效的影响变量时,提出了密切相关的三个变量:宪法法律权力、制度化能力及政治动机,并根据细化指标对研究样本进行分值计算[2]。

(五) 关于立法机构监督及问责的比较研究

莫利尼耶(Molinier)从代议机构在预算中的角色到代议机构对行政部门预算的监督入手,对法国和英国议会预算权进行比较[3];迈叶斯(Meyers)就美国国会预算决策的时间、使行政部门为财政管理负责的机制、国会中专家的增加及预算决策的内部协调等方面对墨西哥和美国的国会预算进行比较[4];桑蒂索(Santiso)认为,日益增强的立法机构预算审查和对其执行的监督可以看作是增强政府责任和控制腐败的一个重要途径,之后从事前、事中及事后全过程问责的视角对拉美立法机关预算监督及影响进行了比较。[5]

二、国内研究的理论焦点

(一) 强调人大预算监督的理论基础

民主理论、委托-代理理论、交易费用理论、博弈论是常见的分析视角。如马骏(2005)在政治学的逻辑框架内,对预算监督权的民主内涵及非正式交易规则进行了分析[6];黄继忠等学者从委托-代理的视角出发,指出我国人大由于有

---

[1] Wehner Joachim. Assessing the Power of the Purse: An Index of Legislative Budgets Institutions, *Political Studies*, 2006, Vol. 54: 767-785.

[2] Santiso Carlos. Keeping a Watchful Eye? Parliaments and the Politics of Budgeting in Latin America. In Stapenhurst. R, Pelizzo R, Olson (Eds). *Legislative and Budgeting Oversight: A World Perspective*. Washington, DC: World Bank Institute. 2008.

[3] Joel Molinier. Parliament's Financial Powers: A Comparison between France and United Kingdom. In David Coombes. *The Power of the Purse: The Role of European Parliaments in Budgetary Decisions*. Allen and Unwin, London. 1976:163-178.

[4] RT Meyers. Legislative Budgeting in Mexico: Aspirations and Choices. Prepared for the conference on Reform of the State: Budget and Public Spending in Mexico. 2000.

[5] Santiso Carlos. Legislatures and Budget Oversight in Latin American: Strengthening Public Finance Accountability in Emerging Economies. *OECD Journal on Budgeting*. 2004, Volume 4, No. 2: 47-76.

[6] 马骏:"预算民主:中国预算改革的政治基础",《中国公关预算改革:理性化与民主化》,中央编译出版社 2005 年版,第 32—86 页。

限理性和信息不对称,在与政府的预算博弈中仍处于不利地位[1]。

(二) 注重人大预算监督弱化与法律、体制、程序制约的关联

遵循这一研究路径的学者,通常把人大预算监督弱化、虚化的现状大多归结为现行政治体制、法律体制、预算修正权的缺失、预算程序不足、预算审议时间的不充分造成的,例如,仝承相重点探讨了预算法制的不健全带来的预算监督乏力问题,认为预算领域的非规范现象虽然有深刻而复杂的社会根源,但预算法制的不健全,导致预算编制运行机制不严谨、预算执行制约机制失控以及预算违法责任机制缺乏足够威慑力,是其根本所在[2];张树剑等通过对省级人大预算监督实践的考察与思考,强调了预算修正权以及提出相关预算修正案的重要性[3]。在此基础上,一些学者指出,明确规范预算审议程序,强化预算信息公开、预算初审法制化、落实人大在收入政策上的审批权、赋予代表预算修正权是当前使人大预算监督权有效运转的路径选择[4]。

(三) 关注人大预算监督与外部动态要素的"碎片化"关联

三种外部动态要素分别受到了较高的关注。第一,预算过程中人大与党委、政府之间的权力责任关联。理顺人大与党委的关系、加强与政府的合作是人大预算监督创新及重塑权力的体制保证,也是一种政治策略和政治资源[5];第二,有些学者注意到了人大预算制度的运作和政府预算改革的密切联系,认为诸如部门预算改革、绩效预算等为人大预算监督权的有效行使提供了契机[6];第三,对一些地方人大的改革实践,尤其是浙江省温岭市人大的参与式预算实践进行深描,着重强调人大预算监督所具有的民主治理意义及执政工具理性[7]。

(四) 逐步开启了实证导向和类型归纳的研究

比较有代表性的有:魏陆根据英美发达国家经验,选出权力保障、能力保障、

---

[1] 黄继忠:"省级财政支出制度:委托-代理关系分析",《经济社会体制比较》2003年第6期,第52—56页。
[2] 仝承相:"预算监督乏力的法制原因与强化对策",《湖南省政法管理干部学院学报》2000年第1期。
[3] 张树剑、林挺进:"中国省级人大预算草案修正案的意义及法律基础",《复旦学报》2010年第5期。
[4] 陈仪:"强化人大预算审议权的路径选择",《法学》2009年第9期。
[5] 林慕华:"重塑人大的预算权力——基于某省的调研",《公共行政评论》2008年第4期。
[6] 马骏、牛美丽:"重构中国公共预算体制:权力与关系——基于地方预算的调研",《中国发展观察》2007年第2期;张紧跟、陈泽涛:"论人民代表大会在绩效预算改革中的运作与影响——以广东省A区为例",《公共管理学报》2008年第2期;任喜荣:"预算监督与财政民主——人大预算监督权的成长",《华东政法大学学报》2009年第5期。
[7] 牛美丽:"预算民主恳谈:民主治理的挑战与机遇——新河镇预算民主恳谈案例研究",《华中师范大学学报》(人文社会科学版)2007年第1期;周梅燕:"公共预算启动中国乡镇人大的制度改革——以温岭新河人大预算民主恳谈为例",《公共管理学报》2007年第3期;何俊志:"民主工具的开发与执政能力的提升——解读温岭'民主恳谈会'的一种新视角",《公共管理学报》2007年第3期。

制度保障三大类指标对我国一些地区的人大预算监督进行了量化评判[1];林慕华按照地方人大预算监督涉入的五个阶段(提前介入、初审、人代会审批、预算执行、决算审查和审计监督),对80个地方人大财经相关委员会的专职人员进行了问卷调查,评价了地方人大预算监督的兴起及使政府为人民负责面临的挑战[2];杨大力认为,立法机构预算监督的兴起意味着中国开始建立"横向问责"机制[3];马骏通过国家间的比较致力于政治问责和预算问责的中国路径提炼,并进一步结合中国公共预算实践,概括出官僚问责、横向问责(人大和审计部门)及社会问责三种制度化形式[4]。

三、对国内外研究现状的评价

在研究的聚焦性上,与国内学者相比,国外学者较少对人大预算监督进行研究。虽然魏恩纳(Wehner)等学者曾对发展中国家预算监督面临的挑战及提升路径做过专门论述,但鲜有以中国人大为对象[5];甚至以中国地方人大为主要研究对象的国外学者,关注点大多集中在代表、立法和行政监督方面,如赵英男(Cho)认为,整体而言,中国人大制度中的立法和监督功能取得了长足的发展。具体而言,取得发展的领域和层级又带有明显的选择性和不均衡性。在立法领域,无论是全国人大还是地方人大,都在中国的立法过程中扮演着越来越重要的角色。但是,在对政府和法院的监督工作中,地方人大的发展则快于全国人大[6]。人大监督被认为是近年来具有较大发展的领域,然而,相比之下,预算监督还未引起足够多的重视。当然,这在一定程度上也与外国学者进入中国场域进行实证调研,尤其是官员访谈的困难有关。

从研究现状看,国内外可以划分为不同的研究层次。国外在立法预算监督

---

[1] 魏陆:"加强我国公共预算监督研究——把政府关进公共预算'笼子'里",《上海交通大学学报》(哲学社会科学版),2012年第4期。
[2] 林慕华、马骏:"中国地方人民代表大会预算监督研究",《中国社会科学》2012年第6期。
[3] Yang, D. I. *Remaking the Chinese Leviathan*. Stanford: Stanford University Press, 2004.
[4] Ma. J. The Dilemma of Developing Financial Accountability without Election — A Study of China's Recent Budget Reforms. *Australian Journal of Public Administration*, 2010, 68(s1): s62-s72.
[5] Wehner, Joachim. Strengthening Legislative Financial Scrutiny in Developing Countries. *Report paper for the UK Department for International Development*, 2007. http://eprints.lse.ac.uk.
[6] Cho, Young Nam. *Local People's Congresses in China, Development and Transition*. Cambridge: Cambridge University Press. 2009:163-165.

方面的研究相对比较成熟,主要集中在中观和微观的层次;在价值取向上,使政府为纳税人及其组织负责从一开始就是立法预算监督的核心要义;在研究方法上,主要以实证研究为主,通过案例和调查研究分析立法机构预算监督结构、运作机理与行为动因,试图寻求出良好制度绩效的逻辑和模式关联。国内相关的研究刚刚开启,人大和其他国家立法机构、全国人大和地方人大之间的改革差异性和不均衡性也没给予充分重视,这也反映了中外立法机构预算监督发展水平的差异。目前,我国人大预算监督及问责的强化尚处在起步阶段,各种理论问题急需廓清与梳理,实践层面的新进展也需要通过实证研究进行问题总结与理论提升。

就研究的时代性而言,西方立法机构及议员利用网络平台、博客等新媒体技术回应公众的预算需求、促使预算分配及提升监督责任等实践具有很大的启发意义,对于我国来说,也是一种亟待探索的路径。

此外,国内的研究视角大多是对根植于国外实践的理论的直接移置,这很容易忽视中国语境下预算生态诸要素与人大监督的关联,使相关的路径设计最终沦为一种缺乏内生动力和行动意愿的"花瓶",从而无法从根本上确保预算的公共责任。

第三节 本书的研究思路和研究方法

一、研究思路

(一) 研究层次的选择

在中国这样的发展中国家,预算监督问责作用的发挥不仅具有层级差异性,而且具有地域差异性。由于预算过程与政治过程密切关联,全国人大预算监督改革近年来虽有所推进,相关的制度安排也不断完善,但从国际比较的视野来看,仍然处于较低的水平,相关审计力量的发挥和公众参与的程度也较为有限。国际预算合作组织(IBP)公开预算调查数据(2008—2017年)显示,在总分100分的前提下,我国预算公开指数始终在14分左右徘徊,低于全球受访国家的平均值,例如,2010年全球94个参与调查国家预算公开指数的平均值是42分,我国是13分;2015年参与调查国家的平均值是45分,我国是14分;2017年全球115个参与调查国家的平均值是42分,我国是13分。其中,立法机关在预算过程中提供了较弱的监督,2008—2017年进行的五次连续调查的具体得分分别是

48、19、12、3、13;通过最高审计机关进行了较为有限的预算监督,具体得分为59、34、25、50、56;无论立法机构还是最高审计机关,为公众参与预算监督过程提供的机会也非常有限,具体得分是13、20、14、6、6(见下表)。

表1.1 国际比较视野中中国的预算公开及预算监督排名(2008—2017年)

调查对象\调查年度	2008年	2010年	2012年	2015年	2017年
总体分数	14	13	11	14	13
立法机构监督	48	19	12	3	13
审计力量	59	34	25	50	56
公众参与	13	20	14	6	6

资料来源:笔者根据IBP"公开预算调查"报告和公开数据整理,http://internationalbudget.org/what-we-do/open-budget-survey/。

国际比较视野下全国人大预算监督作用的发挥看似仍然具有"橡皮图章"的痕迹,但我们却不能一概而论。除了全国人大外,还应注意到中国尚有许许多多的地方人大。本书在研究层次上之所以聚焦到地方人大而非全国人大,是缘于在实践中观察到这一领域所呈现出的地方先行的改革特色。一些地方人大先于全国人大,进行改革摸索和实践探索;更为重要的是,不同的地方人大预算监督问责改革具有较大的差异型,这本身就为我们观察多元模式和路径提供了可能。具体而言,在国家制度体系保持不变和全国人大预算监督制度运作绩效不尽满意的前提下,一些地方人大何时、怎么样、为什么能逐步成长为"守护公众钱袋子"的重要监督问责机构,与此同时,其他地方人大处于观望之中,还有一些毫无起色地履行着程序性的职责。日趋多元的地方性经验不仅为我们思考这一核心问题提供了较为丰富的改革图景,而且立足实践的分类研究和经验提炼有助于我国人大预算监督权的增强和公共责任的提升。

(二)研究思路的形成

在现有研究基础上,本书以问题为导向,主要问题包括:传统的地方人大预算监督问责是否存在理论困境? 在1978年以来的人大制度改革、1994年的财政体制改革以及1999年开启的政府预算改革背景下,我国地方人大预算监督问责的实然状况和内在机理是什么?是否存在一些不同于西方的人大预算监督问责模式?基于这些问题提出如下研究假设:我国地方人大预算监督问责的困境化解应从回应现代党政治理难题出发、吸纳社会公众等多元组织共同参与治理基础上展开的复杂性过程。这个总假设包括如下四个分假设。

第一，由于人大在政治权力结构中的弱势和其肩负的纳税人受托责任，其预算监督问责的有效行使仅仅依靠自身的力量是不够的，构建一个多主体参与并合作的治理过程和拓展权力网络机制是提升这一权力运作效度的主要策略之一，如权力网络内部与党委、政府的竞争合作关系、外部公民参与的引入、与专家学者、媒体等社会力量合作等。

第二，具有较强公共服务理念、先进政府预算改革和制度化民意输入的地方，可以为地方人大预算监督问责的有效运行提供良好的外部环境基础。

第三，当前阻滞人大预算监督权有效负责使用或充分落实的症结不仅在于相关法律制度规则的不完备，更重要的是与制度背后主要行动者的理念、政治意愿和动力机制有关，而这些又是由实践中的预算利益结构和权力关系塑造的。

第四，上述因素的差异会形成迥异的地方人大预算监督问责类型。未来我国地方人大预算监督问责的强化与构建在于对制度环境、权力结构、预算过程以及行动者这些治理场域中主要影响因素的系统化关注与完善。仅仅固守某一个方面的改革完善，不仅会误导实践，甚至会阻碍创新性行动。

本书将在上述假设的基础上，对现有的地方人大预算监督问责研究进行理论反思，在此基础上构建一个以人大为中心的预算问责框架。然后围绕着权力结构和外部环境的历史制度变迁、垂直维度的公民预算参与以及横向维度的预算监督问责过程进行分析，并结合真实预算中的监督问责绩效，对假设进行验证，提炼出基本的类型与模式。在此基础上，结合我国地方人大预算监督问责面临的主要困境与国外有益的实践探索，为未来的改革提供可供借鉴的路径选择。

二、研究方法

本书采用理论考察与实践探索相结合、宏观分析与微观分析相统一的方法开展。在具体展开的过程中，主要采用以下三种研究方法。

（一）文献分析法

关于人大预算监督问责，国内外已经有了一定的研究积累。在思考不同要素之间的逻辑关系和中国语境下预算监督问责的运行机理时，文献分析和相关的信息加工可以作为研究的起点。主要是对近年来学者们研究人大预算监督问责的论文、专业书籍、研究报告进行综合分析,同时对地方人大政府的官方网站、人大常委会公报、与预算有关的历史及改革材料进行加工分析,对来自媒体有关这一议题的报道进行分类整理,深入挖掘文献资料中有价值的素材。

预算改革以来,中国地方人大的预算监督经历了快速的发展。然而,面对30多个省级人大、300多个地级人大、2 000多个县级人大以及40 000多个乡镇人大,要锁定大概的研究范围和寻找出代表性的改革模式实属不易。在对文献资料的广泛收集和深度挖掘中,笔者注意到中国人大网上的"全国人大新闻奖"历届获奖作品以及"各地人大新闻奖"可以为我们有效地选择区域样本打开一扇窗口,它开始于1990年,旨在通过开展评选活动,鼓励与引导新闻媒体和新闻工作者创作更多的宣传报道人民代表大会制度、社会主义民主法制建设和人大工作的优秀作品,其中,反映和体现人民代表大会制度建设与人大工作的特点、重点和亮点,反映人大工作的时代特色和空间特色是该奖项的价值标准所在[1]。以目前能够搜索到的2008—2016年的"全国人大新闻奖"获奖目录(第18—24届)为例,可以发现人大工作者、人大代表和媒体工作者对预算监督及如何确保公共性的关注度有所提高,相比之下,广东、北京、上海、浙江、湖北等区域的人大进行了较多的改革创新,如表1.2所示。

表1.2 第18—24届全国人大新闻奖获奖作品中关于财政预算改革的报道

年份	届别	与财政预算直接相关的作品数	内容涉及的主要区域/省份	内容关键词	刊播登载的主要单位/媒体
2008	18	4	广东省人大、四川省人大、黑龙江省人大、河北省人大	预算无"秘密"、大幅度超收、预算监督、超收资金	《南方日报》《四川日报》《法治》《公民与法治》
2009	19	6	浙江省温岭市泽国镇人大、全国人大、地方人大、福建省人大、上海市人大、贵州省人大	公共预算改革、审计风暴、预算监督、补助资金、援建灾区资金、预算民主恳谈、代表建议引来1亿元资金投入	《浙江人大》《正义网》《浙江人大》《人民论坛》《新民晚报》《贵州日报》
2010	20	5	北京市财政与市人大、温岭市人大、全国人大、广东省人大、广西柳州人大	政府向人大代表晒钱袋子、政府账本公开、交通救助金、重大专项经费	《北京青年报》《浙江日报》《科技日报》《羊城晚报》《南国今报》

---

[1] 王亚平、陈宓夷:"人大新闻奖评选标准初探",《人大研究》2011年第10期。

(续表)

年份	届别	与财政预算直接相关的作品数	内容涉及的主要区域/省份	内容关键词	刊播登载的主要单位/媒体
2011	21	12	上海市闵行区人大、广东省人大、北京市人大(2次)、全国人大(3次)、福建省人大	预算听证、前期研究费、专项资金预评估、读懂预算报告、保障房投入少、预算监督、管好钱袋子、重大公共投资、预算信息公开	《解放日报》《羊城晚报》《北京晨报》《新京报》《北京青年报》《北京新闻》《人民政坛》《瞭望》
2012	22	5	浙江人大、北京人大、全国人大、上海人大	预算专题询问会、部门预算网上公开、代表紧盯预算监督、预算报告看不懂看不完、"三公"	《浙江卫视》《北京青年报》《中国税务报》《人民日报》《上海人大月刊》
2013	23	12	广东人大(2)、北京人大、浙江省人大(3次)、湖南省人大、中央预算部门、湖南人大(2次)、山西省人大等	预算草案报告、政府全口径预决算审查监督、预算管理全覆盖、监督政府用好钱、三公经费、跟踪追问审计整改实效、预算编制可从"三公"始、屡审屡犯、省人大追问数亿资金逾期、预算刚性监督、审议审计工作报告	《羊城晚报》《广东人大网》《新华社》《浙江日报》《人民之友》《瞭望》《三湘都市报》、湖南卫视新闻联播、温州市广播电视台《山西人大网》
2014	24	6	广东省人大(2次)、江苏省南京市人大、中央预算部门、山东省人大、全国省人大	"钱袋子"全部纳入人大监督、提前介入财政预算编制、增强监督刚性和监督实效、预算内投资要用到刀刃上、全口径预算监督、财政预决算的人大审议	《羊城晚报》《广东人大网》、南京新闻广播、《中国经济导报》、青岛人民广播电台、央视网

资料来源:笔者根据中国人大网和相关的媒体报道进行统计整理,表格自制,中国人大网相关信息详见:http://www.npc.gov.cn/npc/xwj/node_30234.htm。

(二) 实证研究方法

1. 案例研究法

本书具体采用有限案例研究法,既对我国地方各时期预算监督问责的变革过程、效果及意义的具体案进行分析,也对不同地方人大预算监督问责的实践个案进行综合分析与比较。例如,通过参与者观察和关注代表性的预算项目决策等方式,提供微观层面观察地方人大预算监督问责运作的样本。同时,也收集了不少相关的地方预算改革创新资料。使用这种方法更多地是为了进行分析而不是为了统计归纳,研究的目标更多地是阐释那些可以建立起一般性命题的理论观点。

2. 访谈法

由于中国的公共预算数据和预算过程的公开度非常有限,所以,访谈法是本书了解真实"预算世界"及相关行动者如何做出预算行为的一个主要方法。2009—2018年,笔者先后去上海、浙江、北京、安徽、河南、湖北等省市做了较为深入的调研,对代表性的地方人大机构、人大代表、党政预算官员、公民及公民组织进行了访谈,探讨人大预算监督问责有效运转或流于形式的原因及症结,并与理论界已有的解释进行比较。同时借鉴当代西方国家预算监督问责的有益经验,为提升我国地方人大预算监督问责提供有针对性的路径选择。

(三) 比较制度研究方法

本书是一个多学科多制度交叉的课题。鉴于制度既不是一元的,也不是一成不变的,只有相互一致和相互支持的制度安排才是富有生命力和可维系的[1],我们将对制度演化的外在环境和动态历史过程进行跟踪,对这一改革中的关键政策法规进行综合分析,对不同国家相互依存的制度安排和制度结构增进预算监督问责绩效的逻辑进行比较,并结合中国的实际情况,缕析出它们对地方人大预算监督问责改革的建设性意义和可能影响,提出有利于推进我国预算民主治理建设相关的制度及政策建议。

---

[1] [日]青木昌彦著,周黎安译:《比较制度分析》,上海远东出版社2001年版,第19页。

第二章
核心概念和理论分析框架构建

> 预算是涉及立法和政府执行部门关联性的工具，代议机构为了体现其代表的民意，必须对政府所履行的行政尤其是预算职能进行监督和控制来实现应有的责任[1]。
>
> ——威洛比

对于现代国家的治理而言，如何确保公共责任始终是一个核心问题。被很多研究者广泛运用的委托-代理理论、交易费用理论以及旧制度主义，大多是西方实践基础上的理论产物，在解释我国人大预算监督问责作用的发挥方面，过于强调权力的博弈、效率和控制，或者突显现有体制、法律对于改革的阻碍，并习惯于从人大自身的缺陷寻求改革的出路，忽视了人大作用的发挥与权力结构、政府预算管理水平以及转型环境下新的预算民主治理诉求等制度的系统关联。为了更好地理解真实的中国地方人大预算监督问责的运作模式和辨识其未来更为有效的改革路径，我们需要从公共预算最核心的目标诉求——保障人民财政主权、确保公共责任和推进良好治理——出发，进行概念界定、理论反思和分析框架重构。

第一节 核心概念的界定

一、公共预算

预算（Budget）的词源是拉丁语中的 bulga，后来变为古法语中的 bouge，即"皮包"；大约在 1400—1450 年，这个词传入英国，原意是指当时英国财政大臣到

---

[1] William F. Willoughby. *The Movement for Budgetary Reform in the States*. New York: D. Appleton. 1918:1-8.

议会提请审批财政法案时携带的一个盛有财政收支账目的大皮包,皮包里是对某一特定未来阶段的收入和支出作出预先估计的文件。之后,随着实践的推进,人们对预算内涵的理解逐步多元化起来。根据海德(Hyde)的划分,预算既是政治的又是经济的,既有会计意义上的内涵,又可看作是行政性的文件。预算的政治内涵是稀缺社会资源在利益冲突与竞争的多元主体之间的分配;作为一个经济和财政文件,它常常被当作评估收入权力分配、刺激经济增长和发展、促进充分就业、消除通货膨胀、保持经济稳定的一个重要工具;会计意义上的预算不仅能为政府开支设置限度,还能确保分配资金范围内政府行政的合法开展;管理与行政内涵表明,预算可详细说明提供公共服务的方式和途径,并建立了控制、测量与评估公共服务的具体标准[1]。

由于预算的定义涉及经济、政治、法律、财政、管理等不同领域,罗森布鲁姆(David H. Rosenbloom)主张从管理、政治和法律的途径对公共预算进行研究,并结合美国的预算实践指出不同途径的研究所包括的鲜明价值观[2]。本书主要沿着政治途径出发,以代表性、回应性和责任性为价值追求,强调公共预算中的多元主义,希望能够在预算中使多重利益群体代表的意志都能够得到有效表达。在这一路径下,现代公共预算必须具备以下制度要件:是经法定程序批准的、政府机关在一定时期的财政收支计划。它不仅是对财政数据的记录、汇集、估算和汇报,而且还是一个计划。这个计划由政府首脑准备,然后提交立法机构审查批准。它必须是全面的、有清晰分类的、统一的、准确的、严密的、有时效的、有约束力的;它必须经立法机构批准与授权后方可实施,并公之于众[3]。其中,政党、行政者、人大代表、审计机构、感兴趣的公民、社会组织、专家、媒体等多元行动者通过预算连接在一起,就稀缺公共资源如何有效公平地配置进行商讨,施加影响并力图把他们的偏好记录在预算之中。

二、预算监督

"监督"的英文常表述为"oversight",在中文里,"监者,临下也,领也,视也;

---

[1] Albert C. Hyde. Eds. *Government budgeting: Theory, process, and politics*. Pacific Grove: Brooks/Cole Publishing Company, 1991:1-18.
[2] [美]戴维·H·罗森布鲁姆:《公共行政学:管理、政治和法律的途径》,中国人民大学出版社 2002 年版。
[3] 王绍光:"从税收国家到预算国家",《读书》2007 年第 10 期。

督者,监察也。"从文献学的角度看,监督作为社会管理过程中的控制手段和控制职能,起始于生产和分配中的记事和契约活动,后引用于军事、公共治理诸领域,有着四个方面的含义:一是督军,即对逐鹿沙场的将士进行督导和压阵;二是自上而下的监督和督促;三是管理过程中的控制机制,即一定的控制主体对其相应的控制客体所进行的了解信息,对照标准进行检测并修正偏差,从而督促被控对象的行为最大限度地接近标准,即消除对象行为与既定标准之间偏差的所有活动;四是公共事务治理中国家权力监督与制衡。现代意义上的监督主要是指后两者,即人们为了达到政治、经济、文化等方面的某种目的或目标,仰仗一定的权力或权利,通过对社会治理中若干事务的内部分工约束或外部民主性参与控制等途径,针对公共权力的资源、主体权责、运作效能等而相对独立地开展的检查、审核、评议、批评和督促活动,主要由了解权(知情权)、选择权和督促纠正权所构成[1]。

预算是政府的血液,毫无疑问地为观察公共权力的行使提供了一个良好的切入口。就"预算监督"来说,它的必要性源于公共预算所蕴含的公开性和公共性通常不会自动实现。它不仅与政府自身的自利性有关,"正如人们发现蜜糖或毒药在自己舌尖上却不去尝是不可能的一样,负责公共资金的人不去粘惹也是不可能的,哪怕是一点点……"[2],而且会受到公共预算过程中作出支出决策的政府和支付费用的公众相分离特征的影响,政府预算行为可能会具有机会主义倾向,从而损害作为纳税人的公众的利益。在此意义上,预算监督是公众及其代议机构等通过一系列的制度机制安排对政府获取及使用公共资金的行为进行检查、审核、批评和控制的过程。

三、人大预算监督问责

理想化的公共预算制度应能够落实政府的多重责任,而不应把公共预算局限在政府资源配置的技术性工具一重含义上。就实质而论,推行公共预算改革实际上是在创造能影响公众生活、建立并完善国家制度,且对公众与政府间关系发生重大影响的一种文化或制度环境[3]。预算监督从实施和推动主体来说,

---

[1] 尤光付:《中国县政府行政监督研究:观察与思考》,中国社会科学出版社 2012 年版,第 16 页。
[2] Premchand. A. Public Finance Accountability. In S. Schiavo-Campo.(ed.) *Governance, Corruption and Public Financial Management*. Asian Development Bank,1999:148.
[3] Jonathan Kahn. *Budgeting Democracy: State Building and Citizenship in American, 1890-1928* [M]. Ithaca and London: Cornell University Press, 1997.

既包括社会公众、媒体、审计部门对政府预算部门的监督,也包括人大的监督,这些监督共同构成了全方位的责任确保体系。在这些监督体系中,人大预算监督处于重要地位,它既有权力也有能力对政府预算进行全面监督,可以有效解决社会公众在预算监督中的"所有者虚位问题";人大作为最高权力机构,可以通过立法约束政府的征税权和预算行为,可以要求政府提供详细的预算信心,可以通过听证和质询获取所需要的预算信息,可以修正政府的预算要求,可以对违反预算规定的官员进行问责等[1];同时,它也可以为审计监督、媒体监督作用的真正发挥提供制度化的通道及平台。

具体而言,人大预算监督问责是为了确保公共责任的实现,各级人民代表大会及其常委会利用宪法等法律赋予的职权或专门委员会、审计、专家、公众等资源,以及相关的监督工具及机制,对政府行政部门与预算收支相关的活动实施监督、控制、审议、评估,并力图产生影响的过程;在此过程中,人大拥有信息获取权、纠正政府预算提议等相关权力。

第二节 理论基础

一、人民财政主权

人民主权理念和原则的确立是在与神权政治、君权至上等长期斗争和批判的过程中逐步演化而来的,与布丹所主张的"主权的统治权和绝对权力在于不经臣民的同意而向他们颁布法律的权力……"不同,人民主权理论认为统治者和国家行使的是一种委托的权力,人民是国家主权的最终拥有者。较早明确地表达了统治是建立在人民和他们的统治者的契约之上理念是著作家劳特巴特(Manegold von Lautenbach),他于11世纪在其著作中就曾明确提出"人民的声音就是上帝的声音"和"人民拥有主权"的主张[2]。但在当时,人们并没有对人民主权的内容进行详细的论述,它最初仅仅是以政治权力的形式存在的。

以人民财产为基础的财政主权思想可以看作是对人民主权内涵的进一步拓展,人民只有掌握了财政权,才能恰当地赋予政府与人民所要求的公共产品

---

[1] 魏陆:"加强我国公共预算监督研究——把政府关进公共预算'笼子'里",《上海交通大学学报》(哲学社会科学版)2012年第4期。
[2] [美]斯科特 戈登著.应奇译:《控制国家:从古代雅典到今天的宪政史》,江苏人民出版社2005年版,第34页。

种类、数量和质量相符的财力，从而决定和制约政府活动的能力和范围；阻止政府权力无限扩张。从性质上来看，人民财政权是介于私人财产权与国家财政权之间的桥梁和纽带，并在一定程度上塑造了政府-公民之间的政治关系。卢梭在其"人民主权理论"中就曾指出，公民与政府之间的关系是一种以财富转让换得保护的方式得以实现的，财产权利的转让具有的唯一特点就是：集体在接受个人财富时远不是剥夺个人的财富，只是保证他们自己对财富的合法享有，使据有变成为一种真正的权利，使享用变成为所有权。于是，享有者便由于一种既对公众有利、更对自身有利的割让行为而被人认为是公共财富的保管者……[1]。

在表现形式上，纳税是公民获得国家对私人财产保护的一个主要手段和筹码。离开了私人财产权的支撑，国家对财产的处分就没有必要征求非财产主体的同意。同理，也只有在公民拥有明确的财产权条件下，国家征税行为才不得不以公民的同意为基本前提。一方面，洛克以人民财产权为支点的政府起源理论深刻地揭示了公民与政府之间的税收关联：人们拥有生命、自由、财产等基本权利，其中，财产权是自然状态下人们通过自身的劳动使得共同的东西脱离自然状态的结果，但在自然状态下，由于缺乏公共的裁判者和基本权利遭到损害时的救济机制，人们享有的权利很不稳定，并且时常受到别人的侵犯和威胁，这就使得他们联合起来组成国家和置身于政府之下，从而希望他们的财产由此得到保障[2]。另一方面，他还强调以制度设计来确保公民主权的实现：在从自然状态进入社会状态后，为了有效地保护公民的财产权，由公民让度出来组成社会的权力又必须是分立的，在立法权、行政权和对外权这三种权力中，制定和公布法律的立法权是国家的最高权力，政府的行政权尤其是处于核心地位的征税权应接受公众选举和委派的立法机关的监督并根据其所制定和公布的法律来行使，"政府没有巨大的经费就不能维持，凡享受保护的人都应该从他的产业中支出他的一份来维持政府。但是这仍须得到他自己的同意，即由他们自己或他们所选出的代表所表示的大多数的同意。因为如果任何人凭着自己的权势，主张有权向人民征课赋税而无需取得人民的那种同意，他就侵犯了有关财产权的基本规定，破坏了政府的目的"[3]。与此同时，监督政府征税的代议机构权力也并非是不

---

[1] [法]卢梭著，何兆武译：《社会契约论》，商务印书馆2005年版，第29页。
[2] [英]洛克著，叶启芳、瞿菊农译：《政府论（下篇）》，商务印书馆1964年版，第78页。
[3] 同上书，第88页。

受限制的,正如洛克所言:"它对人民的生命和财产不是、并且也不可能是绝对地专断的,他们的权力,在最大范围内,以公众福利为限"[1],不管是公众对代表其利益的立法机关的限制还是立法机关对政府征税权的制约,都以一致同意的法律为准绳,以人民权力尤其是财产权为基本的理念基石(如图 2.1)。

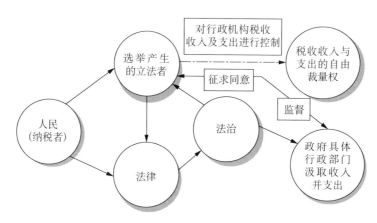

图 2.1 洛克人民财政主权思想的制度设计

二、政治问责理论

预算处于政治过程的核心地带,理解预算监督问责的重要前提理论之一是对政治问责[2]相关内涵、实现机制和主要影响变量的精准把握。自 20 世纪 90 年代以来,蕴含着民主政治和责任政府理念的政治问责研究取得了非常大的进展,并扩展至有关民主、民主化、行政改革、公共治理的文献中。与之相比,我国虽然从 2003 年"非典"事件以来推动了以行政和党委系统内部为中心的问责改革,但对作为这一系统之外的政治问责却没有给予充分的关注。加强对相关理论的梳理和跟进,有助于拓展对这一议题的现有理解及相关的实证研究。

(一) 政治问责的内涵界定

有关政治问责的概念纷繁复杂、变化多端,有学者把它等同于控制,强调对

---

[1] [英]洛克著,叶启芳、瞿菊农译:《政府论(下篇)》,商务印书馆 1964 年版,第 83 页。
[2] 这部分内容是在已发表的文章基础上做了适当修改,详见王逸帅:"政治问责的内涵及实现——一项基于最新研究进展的述评",《天府新论》2013 年第 1 期。

权力实施的持续监督和制度约束;还有学者认为回应性是政治问责的核心,是履行公职的个人或组织向既定的权力授予者进行汇报,并对他们的行为负责的机制安排;在现代治理情境下,该术语还被用来指政治过程中多元行动者之间的公开辩论与商议。因此,从历史渊源与演进逻辑入手,对其实质性内涵进行梳理很有必要。

在历史上,政治问责起源于财政会计簿记活动。根据杜布尼克(Dubnick)的描述,现代的政治问责概念可以追溯到1066年诺曼底征服战役的英格兰时期:为了在英格兰所征服的区域内奠定统治的合法化,威廉一世嘱咐对所有的财产进行详细的列举。他要求为每一个物品建立相应的皇家档案,标识出其名称和所持有者的估价。作为国王的代理人,财产所有者应对他们所拥有的主权范围内的财产进行解释[1]。经过几个世纪的演进,这种原有的财产所有者向君主负责的责任链条逐渐逆转为议会对政府支出的严格控制,原因在于统治者并不情愿对日益增长的来自纳税人的收入给予清晰的声明。自此,缘起于财政活动的问责概念具有了新的政治内涵,它强调当权者应对代议机构及纳税人负责。当然,解释财政绩效也是其中的一项要求。

随着行政和政治的专业化发展,问责概念已不仅仅局限于最初的财政或会计实践,无论是分类还是内涵都进一步扩大化。例如,自20世纪80年代以来,为了回应公民对于低效率和不当的政府活动的抱怨,管理问责(Managerial Accountability)的概念逐渐流行起来。这种问责强调政府在为公民提供公共物品和服务时的效率和透明特性。相比之下,当公共行政和政治实践开始呼吁公民通过参与制度接近政府以及其政策过程时,民主问责(Demecratic Accountability)的概念得到扩展。除此之外,罗姆泽克(Romzek)和英格拉哈姆(Ingraham)从公共行政角度界定的问责内涵具有一定代表性,他们认为,根据控制途径的内外和自主程度的高低两组变量,可以构建出层级(Hierarchical)、职业(Professional)、法律(Legal)和政治(Political)四种次级问责分类。这些问责类型分别强调对组织指令的有效听从、对专业化判断的遵从、对外部法令授权的服从以及对外部关键利益相关者的回应[2]。

---

[1] Dubnick. M. J. *Seeking Salvation for Accountability*, Paper presented at the Annual Meeting of the American Political Science Association, Boston, August 29-September 1, 2002.

[2] Romzek B S and Ingraham P W. Cross Pressures of Accountability: Initiative, Command and Failure in the Ron Brown Plan Crash, *Public Administration Review*, Vol. 60, No. 3 (2000): 240-253.

我们可以看到，上述多元化的概念界定虽然涉及不同的问责关注点以及多元化的问责关系，但大都是围绕着公共权力的委托-代理原则进行的。具体来说，从问责概念的演变过程我们可以总结出三个基本特征：首先，权力以及权力所有者和权力使用者之间的分离构成了问责存在的基础，否则，问责将失去其根基。其次，问责不仅仅局限于传统意义上对不恰当权力使用的控制。更重要的是，它也包括权力使用者对权力所有者利益诉求的积极答复。最后，通过委托代理视角来审查任何问责活动，都要求对多元委托人、多元代理人、问责领域以及委托人使代理人负责的途径等给予识别。

在此意义上，林德伯格（Lindberg）提出，在对所有问责类型进行界定时，其中五个要素是必须涉及的：（1）承担责任的代理人或机构；（2）问责的领域；（3）向代理人问责的委托人；（4）委托人要求代理人告知或解释与某一问责领域相关的决策的权利；（5）假如代理人没有告知、解释相关决策，委托人对代理人进行惩罚的权利[1]。也就是说，代理人具有向权力拥有者告知、解释、证明相关决策的义务，否则，应当接受相关的惩罚或制裁。

从委托-代理视角观察政治问责，以谢尔德（Schedler）为代表的学者进一步强调了委托者对代理者的行动施加约束的准则。他指出，政治问责应当包括三种不同的阻止或纠正政治权力滥用的方式：代理者权力的使用受委托者实施惩罚能力的制约，为了免于惩罚，权力的使用应当具有透明性，而且代理人还有告知和解释其行动的义务[2]。在综合谢尔德（Schedler）提到的惩罚、信息和原因解释等准则以及相关文献的基础上，以下几个核心准则与政治问责概念呈现较高关联：可控性（Controllability）、透明度（Transparency）以及回应性（Answerability）。在给定的情境下，这些准则构成了政治问责内涵的核心要素。具体如表 2.1 所示。

这些核心要素的背后蕴含着一些应进一步关注的问题：谁应当负责？对谁负责？为什么负责？如何负责？在对政治问责的内涵进行分析时，这些问题应当被考虑进来。因此，政治问责的内涵可以被概括为：在政策制定和决策方面通过一系列机制安排，使官僚和政治家对公众负责。具体而言，官僚和政治家有义

---

[1] Lindberg, Staffan. Accountability: the Core Concept and its Subtypes, Working Paper 1. *London: Africa Power and Politics Programme*, 2009: 15-16.

[2] Schedler A. Conceptualizing Accountability, in *The Self-Restraining State: Power and Accountability in. New Democracies*, edited by Schedler A, Diamond L and Plattner M, F (Lynne Rienner Publishers, Inc, 1999: 14.

务回应公共需求,以公开透明的方式去行事;与此同时,公众及其代表应能够依赖获得授权的机构或相关的制度安排获知信息及解释,一旦存在权力被滥用或严重的偏离公共利益的行为,他们有权对官僚和政治家施以惩罚。

表 2.1　政治问责的核心要素[1]

- 可控性:指那些与既定的职责和程序相违背的行动及决策得以惩罚的机制,也即权力委托者对被委托者施加惩罚的能力和可能性。免于责任是可控性的反义词。
- 透明性:它要求与权力有关的决策和行动应当公开。对于权力委托者和公众而言,应有渠道获取到相关程序是否被遵循、相关行为是否与既定的委托相符等充分的信息。
- 回应性:它表明决策者具有证明其决策正当性的义务,他们可以告知公众及他们的代表决策是如何作出的,他们在回应民意和公共利益方面做了些什么以及准备改进的地方等。

(二) 政治问责的多元实现机制

通过哪些机制来实现政治问责?在众多研究中,奥多纳(O'Donnell)有关垂直问责(Vertical accountability)和平行问责(Horizontal accountability)机制的分类引起了广泛的学术关注。在他看来,垂直问责主要涉及政府和公众之间的权力关系,包括选举问责和社会问责两种机制;平行问责则是与政治系统内部制度化的监督、制衡密切关联的横向权力机制[2]。然而,无论是垂直问责还是平行问责,都不是绝对分离的,在近年来的实践中,来自垂直和平行问责纬度的多元行动者正逐步形成一种新的方式推进政治责任的实现。虽然有些文献已经注意到了这种新兴的混合或合作治理问责机制(Hybrid Aaccountability or Co-governance for Accountability),但鲜有从政治逻辑上对这些多元化问责机制进行深入探讨。综合奥多纳(O'Donnell)的分类和目前研究的新进展,按照问责权力关系和问责方式的不同,多元化的问责机制可以概括为以下几种(见表2.2)。

---

[1] 此表是在综合以下文献的基础上形成的:Schedler A. Conceptualizing Accountability, *The Self-Restraining State: Power and Accountability in. New Democracies*, eds by Schedler A, Diamond L and Plattner M, F (Lynne Rienner Publishers, Inc, 1999):14-17; Rahman. T. *Parliamentary Control and Government Accountability in South Asia* (Routledge) 2008:11; Hyden G. *Political accountability in Africa: is the glass half-full or half-empty?* Working paper, January, 2010; Przeworski A, eds. *Democracy, Accountability and Representation* (Cambridge University Press, 1999):8-9; Lawson. Andrew & Rakner. Lise. *Understanding Patterns of Accountability in Tanzania*, Chr. Michelsen Institute Research report, 2005:10.

[2] O'Donnell G. Horizontal *Accountability in New Democracies*, In *The Self-Restraining State*, eds Schedler A, Diamond L and Platterner M (Boulder, CO: Lynne Rienner, 1999:30-46.

表 2.2 政治问责的多元实现机制

类型	谁对谁负责	控制官僚和政治家的工具选择	优势和不足
选举问责	公众(选民)或他们的代表使政治家和官僚负责	直接投票 选举政治代表 公民复决、罢免等	优势:选票对于不负责任的官僚和政治家具有威慑性 弱势:间隔较长,很难反映选民具体的偏好
平行问责	法定的或者赋权的监督机构(立法机构、司法部门、监察专员等)使政治家和官僚负责	调查 决策监督 人事任免 司法审查 弹劾等	优势:有权进行最终的制裁(立能实施连续的控制) 弱势:有限的能力弱动力
社会问责	公众、公民社会、媒体利益集团以及行政监察专员使政治家和官僚负责	呼吁 披露、调查 游说、诉讼等	优势:对官僚和政治家施加压力随时可为具体的公众需求进行呼吁 弱势:不能实施最终惩罚
合作治理的问责	来自垂直和平行问责纬度的多元行动者共同施压,使政治家和官僚负责	公共空间的问责论坛 协商对话 政策网络 公共听证 有影响的争论	优势:共同施压带来相融性激励 弱势:需要拥有法定权力的监督机构支持

注:作者自制。

1. 选举问责

选举问责(Electoral Accountability)是一种传统的垂直问责机制。从概念上来说,它与代议民主有着密切的关联:选民和他们的权力受托者之间有种法定的权力委托关系,这是激励后者积极履行委托事务,并当其消极使用或滥用委托权时实施制裁的一个必要条件。在卡雷·斯托姆(Strøm)等学者看来,从选民到议员、从议员到政府首脑及部门领导的权力委托链条蕴含着一条反向运行的问责链:这条问责链要求政府首脑及其部门领导对议员负责,议员对选民负责[1]。在实际运作中,选举要么作为一种使政治家和官员按照公共利益进行治理的惩戒装置而运作,要么充当一种选择机制,通过它,公众可以选择那些愿意为公众利益服务的代理者。正如奥多纳(O'Donnell)所言,公民可以通过相对公平和自由的选举机制,在下次选举中通过投票惩戒或激励当权者以及他们支持的候选人[2]。

---

[1] Strøm Kaare. Delegation and accountability in parliamentary democracies, *European Journal of Political Research*, 2000, Vol. 37: 261-289.
[2] O'Donnell G. *Horizontal Accountability in New Democracies*, In *The Self-Restraining State*, eds Schedler A, Diamond L and Platterner M (Boulder, CO: Lynne Rienner, 1999: 29.

在这个意义上,选举问责可以被概括为:"在当选或作为政治性选举产生的机构之后出现政治论争时,治理者不得不就他们的行为对广大公众直接作出回应。假如没有这样做,他们就有可能在民主选举中被替换掉。这种经常性的威胁迫使当权政府对选民需求进行回应,利用这种机制,从而使政府承担应有的责任"[1]。

因此,投票表决就成了使官僚或政治家承担责任的最主要工具。其他相关的制度化工具,诸如罢免、公民创制、公民复决往往是确保选举问责的必要补充。但我们必须承认这样的现实:在非民主国家,不诚实的权力代理者并不一定受到来自选民的惩罚;即使在比较成熟的民主国家,良好的选举也并不是确保公共责任的充分条件。这在一定程度上与这种问责机制所蕴含的不足有关:亚当·普沃斯基(Adam Przeworski)指出,民主国家所面临的主要问题之一是为控制政治家而设计的选举机制并不适合来控制官僚[2]。哈瑞·布莱尔(Harry Blair)认为,选举是公众实施约束力的一种简陋机制,毕竟两次选举之间的间隔性比较长,公众不能依靠投票来表达他们的偏好以及对具体议题的看法。因此,对于试图寻求表达自己观点以及揭露权力使用者不恰当行为的公众来说,问责机制的多样化是必要的[3]。

2. 平行问责

鉴于选举问责的不足,另外一种机制——平行问责(Horizontal Accountability)——被认为具有控制官僚和使其即使在选举的间隔期仍持续地对公众负责的潜力。

奥多纳(O'Donnell)对平行问责的强调源于它在新民主国家的缺失和无效,在他看来,平行问责可以界定为:"它主要指这样的国家机构,它们在法律上有能力也获得了授权,事实上也有意愿和能力来采取各种行动,这些行动既包括日常的监督,也涉及对其他代理人和国家机关的非法行为或疏忽采取的法律制裁或

---

[1] 有关选举问责的相关界定可参阅下述代表性文献:Dwivedi, O. P. and Jabbra, J. Introduction: Public Service Responsibility and Accountability. In *Public Service Accountability. A Comparative Perspective*, edited by Jabbra J; Dwivedi O. P, Kumarian Press; Hartford, 1988; Romzek B and Dubnick M. Accountability in the Public Sector: Lessons from the Challenger Tragedy, *Public Administration Review*, 1987, Vol. 47: 229.

[2] Przeworski. A. Democratization Revisited, *Newsletter of Social Sciences Research*, 1997, Items 51:10-11.

[3] Harry. B. Participation and Accountability at the Periphery: Democratic Local Governance in Six Countries, *World Development*, Vol. 28, No. 1, 2000: 27.

者提出弹劾"[1]。

这种问责机制关系到政治体制内部的平行权力关系。委托人所拥有的法定权力是使代理人承担责任的必要武器。因此,政治科学中传统的行政、立法和司法权力分立原则在他们之间制衡关系的确立方面发挥着重要作用。虽然现代政治制度中的司法机关、履行监督功能的行政检查专员、审计部门、多元化的专业腐败控制机构以及专门审查委员会等都可以看作这种问责关系中的行动者,在大多数国家,立法机关却是确保这种平行问责机制得以实现的主要行动者。

在立法机关实施的平行问责中,问责链条并不是从行政官僚直接指向公众,而是使行政官僚对作为公众代表的议员负责。正如哈瑞·布莱尔(Harry Blair)所言:"从官僚到议员然后到公民去审视这条责任链条比较实际。毕竟,选民只能在选举时对他们的议会代表实施控制,而议员可以不受选举间隔的影响通过法定的监督权来惩罚渎职的官僚。因此,官僚最终应该对公众负责,而这种责任是通过直接地对当选的议员负责来实现的"[2]。

平行问责机制有它明显的优势,主要的行动者可以使用法定赋权使在职官僚遵从法律或公意。而且,如果在职官僚没有很好地履行职责或错误地使用了权力,主要行动者可以对他们实施最终的惩罚。例如,对于立法机关而言,法律监督、预算控制、人事任免、决策影响等是确保责任的常规性工具。然而,这种问责机制在确保责任实现的过程中也面临着结构和内容上的双重挑战,比如,政治上的孤立、信息的过分不对称、资金的缺乏、有限的实施能力、实施制裁的法制化规则的缺失等。除此之外,在没有外部行动者(公众、媒体或社会组织等)施加压力的情形下,拥有法定赋权的组织通常缺乏推动平行问责实现的动机。

3. 社会问责

有关问责机制的传统理解在很大程度上忽略了社会行动者。然而,由社会行动者创制的问责实践却能为具有脆弱选举制度和低效平行问责的国家提供一些希望,斯穆洛维茨(Smulovitz)和佩鲁佐蒂(Peruzzotti)有关拉美社会的研究支持了这一观点[3]。在拉美,无论是平行纬度还是垂直的问责机制都是非常缺

---

[1] O'Donnell G. *Horizontal Accountability in New Democracies*, In *The Self-Restraining State*, eds Schedler A, Diamond I and Platterner M (Boulder, CO: Lynne Rienner, 1999: 38.

[2] Harry. B. Participation and Accountability at the Periphery: Democratic Local Governance in Six Countries, *World Development*, 2000, Vol. 28, No. 1: 21-39.

[3] Smulovitz G and Peruzzotti E. Societal accountability in Latin America, *Journal of Democracy*, 2000, Vol. 11, No. 4: 147-158.

乏的。新出现的诸如市民社会、媒体、利益集团等行动者，趋向于采取有效的措施来改进政府责任，尽管他们的作用在理论层面并未得到应有的重视。因此，这些学者对这一机制进行了拓展，从而在传统的选举控制和宪政制约基础上提出了一种新的社会问责机制。在他们看来，社会问责（Societal Accountability）指的是："一种非选举的垂直纬度的控制机制。它依赖于公民团体的多元化行动和运动，依赖于媒体。旨在揭发政府的错误行为、将新的议题引入公共议程及激发平行机构的运作"[1]。

遵循这一界定，从拥有较少权力的公民联盟到掌控较多权力的政府的问责链条就显而易辨了。就问责主体而言，媒体、公民团体等社会行动者肩负着使官僚和政治家为公共利益而负责的重任。而且，平行问责界定范围内的行政监察专员在社会问责方面也是不可忽视的一个主体，比如他们时常为公民个性化的诉求进行呼吁、激活其他平行问责机构的运作。因此，行政监察专员也可以看作是社会问责的主体。与以选票和权力制衡为核心的其他机制相比，公开揭露和呼吁是这一机制确保责任实现的策略选择。

这种机制既不像垂直问责中的选举问责那样依赖单个选民和投票，也不像平行问责那样强调权力的内部制衡。相应地，这种机制在鼓励问责主体对政治家和官僚施加压力、为公众的个性化需求进行呼吁方面具有明显的优势。然而，在赋权监督机构的支持缺失的前提下，社会披露和施加压力还不足以对政治家及官僚滥用权力的行为实施最终的惩罚。在奥多纳（O'Donnell）看来，这种机制的影响很大程度上取决于法定赋权机构对不负责任的错误行为展开调查以及实施最终惩罚的程度[2]。即便如此，我们仍然应当承认，公民组织和媒体已经是当代社会确保政治责任实现的不可或缺的行动者。

4. 合作治理的问责

尽管公共事件议程可以通过某个行动者提起或倡导，但在日趋复杂的情景中，它自身的能力通常不足以使政治家和官僚承担应有的责任。例如，在具体的公共事件中，公民组织或媒体可以呼吁当政者回应民意并对之施加压力，但却没有法定的权力对他们的无所作为进行实质性的惩罚，除非与法定赋权机构合作。因此，通过整合多元利益相关者的比较优势进行的合作治理的问责（Co-

---

[1] Smulovitz G and Peruzzotti E. Societal accountability in Latin America, *Journal of Democracy*, 2000, Vol. 11, No. 4: 147-158.

[2] O'Donnell G. *Horizontal Accountability in New Democracies*, In *The Self-Restraining State*, eds Schedler A, Diamond L and Platterner M Boulder, CO: Lynne Rienner, 1999: 30.

governance for Accountability)在一定程度上能弥补社会问责机制存在的不足。

为应对日益复杂的治理情形,现实实践也迫切需要更多的行动者卷入政治问责的过程。这种综合性的合作治理问责机制可以被描述为:通常以多样化的公共论坛(Public Fora)形式出现,由诸如公众、媒体、利益集团、专业化的监督机构、国际组织、法定的监督机构等多元行动者参与其中的问责形式。在这一问责过程中,对公共行为进行解释、提问、给出理由、作出裁断,以及针对具体公共事件或公共政策的辩论等将通过多元行动者的共同努力而进行。这些行动者通过卷入政治过程,并与具有法定权力的监督机构一起治理的方式,对使用权力的政治家和官僚施加压力,也能对滥用权力的行为实施一定的惩罚。

公共论坛通常包括政策网络的创立、对话平台的构建、制度化参与的拓展、公共听证会制度的完善等。它们是确保责任实现的主要工具。例如,多方对话的平台通过强调对事件的解释、提问、给出理由等过程,既能打破以往公共权力运作的黑箱,也可以为利益相关者提供足够的信息,使他们能够对当政者的行为、决策和绩效等形成清晰的裁断,必要时给出可行的惩罚。

这种机制的一个明显优势是多元行动者可以共同向当政者施加压力。同时,它还有助于在多元行动者中形成相容性激励。瓦姆博(Wampler)对参与式预算的评述印证了这一点:"政治问责的争论已经逐步聚焦到一个机构(如选民、法院等)如何能控制另一个机构(如选举官员、行政部门等)。以此为焦点的研究所蕴含的一个明显缺陷是诸如平行、垂直和社会的概念化问责变量趋向于在毫无交集的平行轨道上运行,而不能显示出公民、官僚、政治家和相关机构如何对其他行动者的野心进行环环相扣制衡的。相比之下,参与式制度涉及这些争论的所有维度:他们具有对平行维度上行政官员的特权及行动进行制约的潜力,也为公民为垂直层面代表和特定的政治体投下选票提供了可能,同时,依赖对公民进入政治过程的动员,还可以为新政策过程的合法化提供不可多得的社会维度上的途径"[1]。

(三) 政治问责的主要影响变量阐释

上述多元化的政治问责机制既不能在真空中运作,也不可能自动实现所期望的目标。现代的政治行政实践表明,不但不同的国家会选择有明显差异的政治问责实现机制(如选举问责在英美国家被认为是最重要的一种问责实现机制,

---

[1] Wampler Brian. Expanding Accountability Through Participatory Institutions: Mayors, Citizens, and Budgeting in Three Brazilian Municipalities, *Latin American Politics and Society*, 2004, Vol. 46, No. 2: 73-99.

在拉美,社会问责则很受重视),即使在一个国家的不同区域内,一些问责主体在使政府官员为民众负责方面已显示出了积极的作用,另外一些相似主体却任由公共权力的执掌者我行我素。因此,在复杂的问责环境中,研究者们需要面对这样一个问题:解释这些政治问责机制选择及绩效差异的关键因素是什么?综合现有研究,影响政治问责绩效的主要解释变量束可以概括为制度化变量、结构变量以及行动者要素。前两组变量形塑着问责主体行动的制度空间以及激励程度,第三组变量影响着问责行动的动机大小。三者的互动将最终决定问责主体是否进行政治问责以及能实现何种绩效的政治问责。

1. 制度化变量

以制度为中心的解释认为,特定的制度安排对问责绩效会带来很大的影响。这里的制度具有新制度主义所界定的内涵:既包括构成问责生态的非正式制度,也涵盖正式的宪政安排,以及支持制度运作的程序及资源支持。

具体而言,有下面四组制度相关变量。第一组涉及非政治制度的安排,如社会政治生态、政治传统、规范及文化等,它们通常是由历史过程和实践塑造而沉淀下来的,一旦形成,具有可持续性。它们可以塑造问责期望,并影响着一定区域内问责实现的主要机制选择。第二组制度化变量指那些影响问责主体权限的安排,这包括正式的宪法和法律规定,在此基础上,肩负着问责重任的立法机构、公众、媒体、社会组织、法院等主体可以发展自身使当权者为公共利益负责的能力。第三组变量涉及有利于相关主体实施问责的资源提供,如基本设施、人员、经费、福利以及法律支持等。第四组变量与影响问责主体专业化能力的制度安排有关,如人员招募模式、教育、培训以及建立专业化标准的方式[1]。

2. 结构变量

制度安排不能看作是政治问责绩效差异的唯一决定要素。在实践中,无论是它所嵌入的政府间关系还是政府-社会关系,都与之有密切的关联。正如沙巴尔(Chabal)所言:"政治问责不仅仅存在于使统治者对自己行为负责的宪政及止式制度装置中,它也是诸如赞助者和顾客、领袖和下属、党派领导和党派成员、官

---

[1] 有关政治问责的制度化解释变量是在综合下述文献的基础上形成的:Gloppen. S et al. *Courts and Power in Latin America and Africa* (Bruce M. Wilson), 2010: 23-34; Moncrieffe MJ. Reconceptualizing Political Accountability, *International Political Science Review*, 1998, Vol. 19, No. 4: 387-406; Wang. Vibeke. The Accountability Function of Parliament in New Democracies: Tanzanian Perspectives, Working paper, in CMI Development Studies and Human Rights, 2005 (2); Bovens M. Public Accountability, In *The Oxford Handbook of Public Management*, Ferlie E, Lynne L, Pollitt C, Eds, Oxford University Press: Oxford, 2005.

僚和公民、雇主与雇员、毛拉和信徒、军人和平民等广泛社会关系的一个部分。作为一种最高形式,它嵌入并在政府-社会的关联中得以体现出来"[1]。

因此,除了制度化安排之外,在推动或阻滞政治问责实现方面,这些关系构成的结构化变量也扮演着重要的角色。比如,虽然相关法律赋予了公众及社会组织参与政治决策的权利,但在公众问责意识淡薄及社会组织不具有独立性的情形下,政府-社会结构就处于一种非平衡的状态,实践中,仅仅依靠公众及社会组织的呼吁很难对当权者形成巨大压力,使其承担应有的公共责任,也因此很难培育出良好的社会问责,并以此为切入点,带动其他问责机制的良性运转。具体而言,结构化变量包括:党、政、立法机构之间的权力配置;立法、司法、监察机构的内部权力安排及问责的相对独立性;公众、媒体及社会组织进行协商对话的公共空间;影响公共决策或政策过程的结构化通道;多元问责关系中否决点(阻碍或促进问责绩效变迁的制度连接)的存在等。

3. 行动者要素

就不同的国家而言,具有较多制度化权力和结构化机会的问责主体很容易取得较好的问责绩效。然而,这些宏观和中观层面的变量在解释同一个国家内部问责绩效差异时却显得力不从心,涉及相同组织之间的差异时更是如此。在此意义上,我们需要在综合性的解释中,加入制度结构为中心的解释者很少关注的微观行动者变量。

在新制度主义看来,主要行动者的行为是诸如社会道德、因果信念、行为惯例、激励结构及制度化资源等多重因素塑造的结果。他们影响着行动者关于问责过程及绩效的认知及后续的行动。同理,对于具有不同因果信念及制度结构安排的区域或部门而言,行动者自身相关的要素对于问责绩效也会形成一定的反作用。无论是从个体层面还是组织层面解释政治问责时,与主要行动者有关的下述变量是应当考虑的:行动者的背景、理念、意愿、能力、行为的路径依赖程度、新的治理环境中所受激励的大小等。这些变量关系到行动者开展问责活动积极性的高低,并与其他因素一起对政治问责绩效差异作出解释。

三、预算治理理论

从19世纪开始,为了实现经济、效率和问责,现代国家开始采用所谓的公共

---

[1] Chabal, P(ed). *Political Domination in Africa: Reflections on the Limits of Power*, Cambridge: Cambridge University Press, 1986.

预算制度来治理国家财政资源的汲取和分配。由此,预算成为所有国家活动的中心,并且越来越能很好地服务于国家治理的需要[1]。以瓦尔达夫斯基(Wildavsky)为代表的美国预算政治学对美国预算民主化产生了深远的影响,其"预算治理"概念及理论的提出是由三部分构成的。

第一,预算治理的基本出发点是更好地维护预算的公共性和公众受托责任。公共预算要实现"取之于民、用之于民"的民主目标,必须由良好的、公开的治理过程作为保证。

第二,被用来强调预算过程中行政部门和代议机构之间的动态及多元的互动。它既包括公共预算的过程和结构,又包括形成预算结果的组织、个体、利益和激励。预算确实是一个重要的公共预算工具,并且是行政和立法之间政治博弈的一个核心领域。因此,它实质上是一个政治民主化的过程[2]。

第三,"预算治理"还应关注多元利益相关者之间的利益博弈及互动。当一个过程包括了权力、权威、文化、一致同意和冲突等诸多要素时,它就记录了大量的国家政治生活,预算过程就是如此,多种冲突的利益需要通过具体程序安排来吸纳和平衡[3]。

治理(Governance)又被学者们看作是针对如何提高制度运行绩效而非单纯完善制度文本而发展起来的一套研究和解释框架:在内容上,它重视多主体的参与并合作的过程。各个主体都有可能对治理绩效的提高作出贡献,并且有合作的可能;在分析的视野上,它强调从国家-社会关系的变化来认识制度的构建与运行;在方法上,它侧重于对制度运行过程及微观要素的分析[4]。在此框架下,辨识预算过程中多元行动者及其动力机制对任何预算治理改革来说都是一个关键环节。无论是在民主政体还是威权政体下,立法机构因其宪法赋予的预算审批监督权,始终都是预算过程中的关键行动者。它也因此肩负着确保政府有效地管理、公平地分配公共资金的责任。

因此,该理论实际上展示了预算过程融合了公众-利益相关者-立法机构-行政等多元主体之间的网络化制度关联。同时,还启发我们无论围绕着其中哪一主体进行的探究,都不能忽视预算治理平台上的制度化关联。

---

[1] 转引自马骏:《治国与理财:公共预算与国家建设》,三联书店2011年版,第60页。
[2] Aaron Wildavsky. *Budgeting and Governing*. Transaction Publishers,2001:35.
[3] Aaron Wildavsky. *Budgeting* (Boston:Little, Brown and Co),1975:xiii.
[4] 杨雪冬:"地方人大监督权的三种研究范式",《经济社会体制比较》,2005年第2期。

第三节　分析框架的构建：合作治理导向的人大预算监督问责

政治问责和预算治理理论的提出虽然也没有脱离西方的实践进展，但所体现出的新的理论进展和启示有利于拓展我们对现有议题的传统认知，结合对我国地方人大预算监督问责的观察和思考，在进行本土化的修正之后，可以发展出一个较为系统的、以人大为中心的合作治理预算监督问责框架。

首先，与传统的以权力制约和对权力滥用的惩罚为核心的政治问责概念相比，新近的研究表明，在对政治问责进行内涵界定时，除了权力制约和惩罚，对透明性和回应性的关注也是至关重要的。也就是说，使行政官僚和政治家负责不仅包括对公共权力不正当使用的事后制约与惩罚，而且还应融入以透明过程和积极回应为特征的权力运作制度装置。概而言之，控制性、透明性和回应性是理解政治问责内涵的三个至关重要的元素。密尔一百多年前对代议制议会职能的探讨与上述政治问责的三个维度有不谋而合之处，他指出，"代议制议会的适当职能不是管理——这是它完全不适合的——而是监督和控制政府。把政府的行为公开出来，迫使其对人们认为有问题的一切行为作出充分的说明和辩解；谴责那些该受责备的行为，并且，如果组成政府的人员滥用职权，或者履行责任的方式同国民的明显舆论相冲突，就将他们撤职"[1]。

对于预算监督问责也是如此，作为一种制度安排，它的绩效评判应以在多大程度上确保了公共预算责任为标尺，而不仅仅是西方学者常用的预算控制（比如多大程度上修正了政府行政部门提出的预算）[2]。也就是说，在我国情形下，人大预算影响力从敦促政府预算公开透明、倒逼政府对预算疑问的回应，再到诸如预算修正等对预算的控制存在一个多纬度的、逐步推进的过程。

其次，就问责实现的维度和机制而言，虽然选举问责通常被认为是界定西方国家民主质量的一种普遍标尺，现有的理论审视却显示它既不是唯一可供选择的机制安排，也不能被看作政治问责实现与否的唯一依据。根据权力空间的不

---

[1] ［英］J. S. 密尔：《代议制政府》，商务印书馆1982年版，第80页。
[2] Joachim Wehner. Assessing the Power of the Purse: An Index of Legislative Budgets Institutions, *Political Studies*, 2006, Vol 54: 767-785.

同以及主要行动者的差异,政治问责的实现机制可以概括为垂直维度上的选举问责、平行问责、社会问责和合作治理的问责四种,每种机制都涉及不同的问责关系、问责工具、优点和弱势。它们之间的相互作用以及多元行动主体的相互配合能提升政治问责绩效。正如奥多纳(O'Donnell)所说:"平行问责的有效性在很大程度上取决于包括选举问责在内的多种垂直问责安排,因此,政治问责的最终实现需要几个问责机构之间的协调,并且它们都遵循平等而治的策略"[1]。当然,不同的制度情形下也可以选择适合自身制度结构环境的机制作为启动问责之门的切入口。就我国而言,选举制度的不足虽然给政治问责带来一定的挑战,但以人大为中心的具有合作治理特征的财政预算问责却被证明是一条具有潜力的发展道路[2]。

最后,在复杂的问责环境中,一些关键的变量集,对诸如为什么不同的国家具有迥然不同的问责机制选择以及即使同一国家、同一问责类型却呈现出不同的绩效具有较强的解释力度。它们分别是结构变量、制度化变量和行动者要素,他们的合力而非单一变量集决定相关行动者是否会进行政治问责以及将要取得的绩效如何。聚焦到地方人大预算监督问责,影响变量可以分为权力结构、制度力量、监督工具和机制、主要行动者,具体考量内容可见表2.3。

表2.3 以人大为中心的合作治理的预算监督问责:一个分析框架

预算监督问责的绩效标准	维度	要素	内容
透明性	外部问责环境和机制(垂直+水平)	权力结构	"党-政府-人大"权力结构、预算决策结构、政府预算管理技术是否有利于人大预算监督问责的实施
			权力结构中的审计力量是否有助于公共预算监督问责
回应性			人大-社会关系结构是否有利于公共预算监督问责:公众、社会组织、媒体的预算参与环境、现状(获取信息的渠道)及对预算监督问责(包括预算公开等)的影响

---

[1] O'Donnell G. Horizontal Accountability in New Democracies, In *The Self-Restraining State*, eds Schedler A, Diamond L and Plattner M, Boulder, CO:Lynne Rienner, 1999:45.

[2] 相关理论和实证研究可以参见:Yang, D. L. *Remaking the Chinese Leviathan: Market Transition and the Politics of Governance in China*, CA: Stanford University Press, 2004;马骏:《治国与理财:公共预算与国家建设》,三联书店2011年版;Wang, Y. S. *The Accountability Function within a One-party Regime: the Case of China's Local People's Congress*, PhD Dissertation, University of Bergen, Norway:2012.

(续表)

预算监督问责的绩效标准	维度	要素	内容
控制性	内部问责过程和类型（水平＋垂直）	制度力量的完备性	法律赋权（包括财政预算权在人大内部的实际配置）及其关联的制度力量配备（委员会、代表、监督辅助及咨询机构等）是否有助于人大监督问责的实施
		监督工具和机制	预算过程中预算听证、询问等工具运用情况，对审计信息、专业机构、社会组织力量的运用，对不当预算草案及项目调整的纠偏力度等
		主要行动者	人大代表、常委会领导、预算官员的理念，是否有动力、意愿、能力实施预算监督问责

第三章
我国地方人大预算监督问责的政治-行政环境分析

> 对一党执政的国家而言,一个充满活力的立法机关也许非常"有效",尽管其代表履职有时难免会干扰到国家事务,但它却可以为执政党提供制约政府的办法,使政府工作与党的政策相一致,并为执政党提供合法性的基础[1]。
>
> ——丹尼尔·尼尔森

立法机构预算功能的发挥通常是在更广的政治环境和更多元的权力关系下进行的。先验性地假定我国地方人大预算监督问责是传统意义上的"橡皮图章",是独特的或者遵循了其他国家相同的发展特征都有可能存在着某些缺失。鉴于不同历史时段中的经验、观念、制度定位或多或少地会对现在的制度及绩效产生一定的影响,对这一主题的理解应摆脱狭隘的就人大论人大的思路,放置到更系统、更全面的制度环境和结构中进行。由于充满活力的党政-人大关系是有效立法预算监督不可缺失的一部分,本章的核心是阐明地方人大预算监督是如何受到它所得以在其中展开的历史背景、制度背景、党政审计-人大权力结构的调节和塑造的,以期为理解现阶段预算过程中所呈现的多元化改革实践奠定基础。

第一节 我国人大制度的历史演进

我国人大制度(包括地方人大)经历了三个具有明显特征的历史发展阶段:1954年的初创时期,1966—1978年的停滞时期以及1979年以来逐步制度化的时期。

---

[1] Daniel Nelson & Stephen White. *Communist Legislatures in Comparative Perspective*, New York: Macmillan Press, 1982:192.

一、1954 年初创时期

在许多西方民主国家,立法机关的出现是内部利益冲突和公众强烈诉求表达推动下的产物。我国并非如此,1954 年人大制度的创立主要是效仿苏联、增强政权合法性和动员凝聚社会各阶层的时代需要。

中国共产党成立时受到苏维埃模式的深刻影响。涉及政治制度的安排,中国共产党也把苏联作为效仿的对象。早在 1931 年,它就借鉴了由 1924 年苏联《宪法》确立的苏维埃主导的行政制度,在地方设立和中央同样的代表会议,高层级的代表会议实行间接选举等。在这一初始制度下,虽然代表会议被赋权就法律和未来发展计划进行讨论并作出决定,但在具体的实践中,它通常不能行使最高权力,并从属于行政部门制定的政策。1935 年,在确立了党内的领导地位之后,毛泽东有了关于中国人民代表大会制度的新构想,宗旨是扩大革命的群众基础,并为党的领导提供支持。具体而言,要建立一个从乡镇到全国层面由民众选举产生的代表大会,为新民主主义奠定基础,而且普选还能够根据每一个革命阶层在政府中的地位来确保适合各阶层的合适代表。从这个意义上来说,革命时期我国的人民代表大会制度就变成了动员社会各阶层,与进步人士、社会群体、小资产阶级、民族资产阶级等非党力量合作的一个重要场域。到 1949 年新中国成立,毛泽东的上述构想对我国人大的制度设计仍然有明显的影响。另外,斯大林曾多次就中国尽快召开人民代表大会、制定宪法提出建议:"如果你们不制定《宪法》,不进行选举,敌人可以用两种说法向工农群众进行宣传反对你们:一是说你们的政府不是人民选举的;二是说你们国家没有宪法。因政协不是经人民选举产生的,人家就可以说你们的政权是建立在刺刀上的,是自封的。此外,《共同纲领》也不是人民选举的代表大会通过的,而是由一党提出,其他党派同意的东西,人家也可说你们国家没有法律……我想你们可以在 1954 年搞选举和宪法。"[1]

在此背景下,随着 1953 年《中华人民共和国全国人民代表大会及地方各级人民代表大会选举法》的颁布和 1954 年《宪法》的通过,全国人大和地方各级人大的地位及框架原则得以确立。1954 年《宪法》规定:中华人民共和国全国人民

---

[1] 中央文献研究室、中央档案馆编:《建国以来刘少奇文稿》(1952.1—1952.12),中央文献出版社 2005 年版,第 533—535 页。

代表大会是最高国家权力机关(第二十一条);地方各级人民代表大会都是地方国家权力机关(第五十五条);省、直辖市、县、设区的市的人民代表大会代表由下一级的人民代表大会选举;不设区的市、市辖区、乡、民族乡、镇的人民代表大会代表由选民直接选举(第五十六条);中华人民共和国的一切权力属于人民。人民行使权力的机关是全国人民代表大会和地方各级人民代表大会。全国人民代表大会、地方各级人民代表大会和其他国家机关,一律实行民主集中制(第二条)。就机构而言,全国人大设立常委会作为全体会议闭会期间的常设机构。除了借鉴前苏联等国的经验外,当时主要的考虑是"我国国大人多,全国人大代表的宜太少;但是人数多了,又不便于进行经常的工作。全国人大常委会是人大的常设机关,它的组成人员是人大的常务代表,人数少可以经常开会,进行繁重的立法工作和其他经常工作"[1]。地方各级人大没有像全国人大一样设置常委会,主要原因在于按照当时《宪法》与地方《组织法》规定,地方各级人民委员会(即地方各级人民政府)兼行原属本级人大常设机关的部分职权。据此,刘少奇认为,"地方各级人民委员会是地方人民代表大会的执行机关,同时也行使人民代表大会常务机关的职权,如果另外设立人民代表大会的常务机关,反而会使机构重叠,造成不便"[2]。

就制度运作而言,这一时期,对形式意义上选民和代表资格(群众基础)的强调远重于实践中对选民意见的汇集和人大职权的履行。1956年,孔宪忠被"劝告"辞去人大代表资格的事例印证了这一点。

案例3.1 孔宪忠被"劝告"辞去全国人民代表大会代表资格的经过[3]

据南方日报反映,在1956年4月21日召开的广州市第一届人民代表大会第四次会议上,执行主席王德(中共广州市委第一书记)代表大会主席团宣布:广州市第一届人民代表大会第一次会议选出的第一届全国人民代表大会代表孔宪忠提出辞去全国人民代表大会代表的资格。王德还说明了孔宪忠之所以要辞去代表资格的一些"理由"。代表们是信任主席团的领导的,既然事情是由主席团宣布,于是也就一致举手批准了(全国人民代表大会《组织法》上是没有这一规定

---

[1] 蔡定剑:《中国人民代表大会制度》(第四版),法律出版社2003年版,第228页。
[2] 全国人大常委会办公厅研究室编:《中华人民共和国人民代表大会文献资料汇编》(1949—1990),中国民主法制出版社1990年版,第85页。
[3] 《新华社内参》1956年合集,1956年1月8日,第222—226页。

的)。但是,直到现在,人们还弄不清楚这究竟是怎么一回事。

孔宪忠是国营广州通用机器厂铸钢车间的炼钢老工人,中国共产党正式党员,1954年被选为广州市第二届特等劳动模范,广州市人民代表大会代表,1955年被选为广州市第三届一等劳动模范和广东省第一届甲等劳动模范。1954年,他在广州市第一届人民代表大会第一次会议上被选为全国人民代表大会代表,并且在同年9月出席全国人民代表大会第一次会议和以后的第二次会议。1955年被送往广州市文化干部补习学校学文化。

到底是什么原因使孔宪忠要提出辞去全国人民代表大会代表的资格呢?原来,连他自己也感到无限冤屈的。1956年8月10日和10月16日,孔宪忠曾经两次到南方日报去申诉。以下就是从孔宪忠方面所了解到的情况。

1956年4月8日下午,中共广州市委组织部刘谦部长找孔宪忠去谈话,劝他写一个辞职书,辞去全国人民代表大会代表的资格,理由是领导考虑到他的年纪大了,并且为了照顾他的文化学习。当时孔宪忠想:"究竟我犯了什么严重错误呢?论年龄,我才五十多岁,人民代表中比我年纪大的多着呀!"所以他不同意写辞职书。这一次的谈话没有结果。

过了两天,4月10日下午,刘部长又打电话找他去谈话。在这次谈话中,刘部长"摊牌"了,他向孔宪忠指示了四点:(1)孔宪忠对自己的历史没有交代清楚;(2)学习不虚心;(3)当车间副主任时把废品当成品;(4)经济观点重。接着,刘部长问他到底写不写辞职书?孔宪忠仍然不愿意写,他认为刘部长所说的四点不符事实,要求组织上进行调查。这样一来,刘部长有点恼火了,他对孔宪忠说:"不写吗?那么我们开大会再说吧!"孔宪忠想到开大会是一件可怕的事情:在大会上"只有他们讲,没有我讲的"。于是孔宪忠不得不表示同意了,但是他还是声明:请求组织上把那四个问题弄清楚。终于,孔宪忠的辞职书寄交给朱光市长了。从此,孔宪忠背上了沉重的思想"包袱"。

1956年7月间,孔宪忠又去找刘谦部长,问那四个问题调查清楚了没有。答复是还没有调查好,刘部长并且告诉他:1955年,中央派人来检查通用机器厂的工作时,曾经检查到他的工作表现,调查结果认为孔宪忠的劳模事迹并不是他一个人的功绩,不过是他有份参加做而已。孔宪忠对于这一点也是不能同意的,他认为上级来检查自己有关的问题,为什么完全没有找自己谈一次话呢?

在这之后,孔宪忠还写过一封信给中共广州市委副书记、工业部部长曾志同志,要求把是非弄清,但是到8月10日还没有得到答复,只是由王生保(全国人民代表大会代表,和孔宪忠同在文化补习学校学习)转告了曾副书记的意见:叫孔宪忠安心学习,辞去人民代表的问题已经决定了,不必有所疑虑。王生保还对他说:"有人说你孔宪忠的劳模事迹有不少是虚报的。"这一来,孔宪忠感到更加委屈、更加生气了。

8月10日,孔宪忠到南方日报去申诉的时候,他要求组织上召开一个座谈会,出席的应该包括通用机器厂厂长叶修青、炼钢工程师张鸿庆、广州市委、通用机器厂党委、工会的干部和他自己,大家把问题摊在桌子上谈清楚,看看究竟哪些是虚报的事迹和怎样虚报等。孔宪忠向南方日报表示,他知道自己还有不少缺点,他现在并不想计较人民代表或者"劳动模范"的光荣称号了,但是问题必须彻底弄清,否则,永远背着包袱,不能前进。他说,他已经写好了一封信给毛主席,向毛主席申冤;如果问题在广州得不到解决,他将告到中央去,或者亲自跑到北京见刘少奇委员长。

10月16日,孔宪忠第二次到南方日报去,对报纸能够反映他的意见感到兴奋,他说,经过南方日报反映他所提出的问题后,现在他已回到通用机器厂工作,该厂的党委书记已经找他谈过话了。党委书记告诉他,前些时候,中共广州市委收到广东某地公安局的一份材料,说"孔宪忠是国民党的特务分子(或坏分子)",现在已经查明此孔宪忠并非彼孔宪忠,原来只是同名同姓。党委会另一位同志还对他说,市委组织部负责同志劝他辞去全国人民代表大会代表资格时所提出的四个问题,现在也已经弄清楚了,因此并没有取消他的"劳动模范"称号。孔宪忠对南方日报说,党到底是实事求是的。广州市选举第二届人民代表大会的代表,他仍然继续当选,这真使他又惊又喜。他表示今后决心努力搞好生产。但是,他对于要他辞去全国人民代表大会代表一事仍然是不满的,他说:"我并不是要求再当全国人民代表,但组织上要我辞去全国人民代表的资格,究竟我违犯了《宪法》的哪一条?"他希望有关方面解释清楚:为什么要孔宪忠"辞职"?那样做是对的呢还是不对的呢?他说:"如果他们(指市委组织部)承认弄错了,那我就没有什么意见了!"

二、1957—1978年的停滞时期

随着实践的推进,1954年设计的人大制度在运作过程中逐渐呈现出一些不足。一方面,对集中而非民主的不均衡强调使民主集中制原则难以确保,降低了政治过程中人大,尤其是地方人大职能发挥的自主性;另一方面,政府的人民委

员会掌握着权力,担当着同级地方人大全体会议闭会期间的执行机构,这一制度安排阻碍了地方人大监督职责的履行。具体而言,法律上地方人大常规的会议应由政府召集召开,但是政府更愿意自己去决定一些事宜,而非通过召集人代会的方式进行,或者有时政府工作过于繁忙,顾不上召开会议。在当时的情形下,人大法定的职权并不能有效地行使,使政府向民众负责也更难以保障。

这些不足引发了关于进一步改进人大制度的讨论,当时,改革者们的主要关注点在于在地方人大内部建立常委会,来增强对政府的监督以及人大代表和选民之间的连接。1957年5月,中共全国人大常委会机关党组向中央呈送关于健全人大制度的几点意见的报告,提出了"建立县级以上地方各级人大常委会""原由同级人民委员会行使的一部分职权,划归常委会"以及"给予省、直辖市人大及其常委会一定范围的立法权限"等重要建议[1]。然而,这一提议随着当时席卷全国的"反右倾"斗争被搁置起来。接踵而来的"大跃进"运动和三年自然灾害,也使人大的工作陷入了低谷。1964年12月,三届全国人大一次会议召开后,在长达十年多的时间里,全国人代会再没有举行过一次。地方人大及其人民委员会则被所谓的"临时权力机构"——革命委员会——所取代。

1965年,中共中央和全国人大常委会再次考虑设立县级以上地方各级人大常委会的问题。其直接动因在于,一是为了适应社会主义革命与建设的需要,提拔一批青年干部到政府工作,原在政府的一批老同志需要安排到人大常委会工作;二是为了人大闭会期间能对本地区内的一些重大问题及时地作出决定,特别是能对政府工作进行经常性的监督[2]。随着"文化大革命"的爆发,上述"考虑"又不了了之。1975年《宪法》则明文规定:"地方各级革命委员会是地方各级人民代表大会的常设机关,同时又是地方各级人民政府"。

三、1979年以来逐步制度化的时期

尽管改进地方人大机构设置的提议屡遭挫折,但各种讨论和提议却为人民代表大会制度的完善奠定了基础。党的十一届三中全会吸取了"文化大革命"的教训,把民主和法制确立为改革时代的主要指导原则。与这一原则相对应,人大

---

[1] 转引自浦兴祖:"人大'一院双层'结构的有效拓展——纪念县级以上地方各级人大常委会设立30周年",《探索与争鸣》2009年第12期。
[2] 全国人大常委会办公厅研究室编著:《人民代表大会制度建设四十年》,中国民主法制出版社1991年版,第206—207页。

在如何适应党建设社会主义民主法治国家的议程方面的改革变得日益凸显。

在此大背景下,地方人大的制度化改革开始逐渐推进。1979年2月,全国人大常委会法制委员会在征求对地方《组织法》修订意见时,许多地方提出县级以上地方人大应当设立常设机关。1979年5月,时任全国人大常委会法制委员会主任彭真在给中央的报告中提出了三个可供选择的改革方案:第一,用立法手续把革命委员会体制固定下来;第二,取消革命委员会,恢复人民委员会;第三,县级以上地方各级人大设立常委会,恢复人民委员会作为行政机关。中央领导审阅了这一报告,邓小平等建议采纳第三方案[1]。1979年7月1日,五届全国人大二次会议修订的《宪法》与地方《组织法》出了重要规定:县级以上地方各级人大设立常委会。1979年8月14日,西藏自治区三届人大二次会议选举产生了常委会,成为中国第一个省级人大的常设机关。1980年6月,29个省级人大全部设立常委会。3 000个左右的市、自治州、县、自治县、市辖区人大也在1980年前后相继选出了自己的常设机关。这是地方人大制度化改革的一个明显标志。

这一时期地方人大制度化改革的另一个明显标志是确保人大功能正常发挥的法律规则的快速增长,这也是对"文革"期间法制化遭到破坏的一种矫正。最有代表性的是1979年《地方组织法》的出台和《选举法》的制定。1992年通过了《代表法》,1994年《预算法》、1999年《关于加强中央预算审查监督的决定》、2000年《立法法》以及2007年《监督法》等相继出台。这些法律为地方人大权力的维护与制度化运作奠定了良好的基石。在这一过程中,各地人大都纷纷制定了各地的人人预算监督条例或决定,到2002年年底,有近30个省、区、市人大常委会通过了有关人大预算监督的条例。

除此之外,从20世纪80年代开始,各地人大陆续成立了多个专门委员会和工作委员会,来应对日益增多的公共事务。在1983年全国人大正式成立财政经济委员会后,各地方政府陆续效仿,上海、江西、河南、湖南等省级人大开始设立若干个专门委员会,完善自身组织建设,协助常委会和人大全体会议做好包括预算审查在内的监督工作。以上海市某区人大为例,它目前包括法制委员会、内务司法委员会、财政经济委员会、农业与农村四个专门委员会,以及诸如预算、教育科学文化卫生、城市建设环境保护、代表资格审查、人事工作、代表工作、华侨民族宗教事务等七个工作委员会,相关的辅助机构有办公室和研究室(见图3.1)。

---

[1] 转引自浦兴祖:"人大'一院双层'结构的有效拓展——纪念县级以上地方各级人大常委会设立30周年",《探索与争鸣》2009年第12期。

各地方人大随着层级和事务重点的差异,专门委员会和工作委员会的名称存在一定的区别。更为重要的是,人大内部也逐渐发展出了由主任会议、常委会、代表团会议和全体会议构成的多层结构。其中,主任会议的全称是人大常委会主任会议,《地方组织法》第四十八条规定:"主任会议处理常务委员会的重要日常工作。"主任会议和专委会以及常委会各工作机构都在人大常委会领导下开展工作,但是分工职权不同。在由主任会议负责处理常委会重要日常工作后,各专委会或常委会各工作机构具体办理的有关常委会重要日常工作,都要经主任会议"把关"处理,这就使主任会议成为常委会工作的实际中心,对人大常委会工作起着主导作用。应当指出的是,这种主导作用不是领导作用,也不是主体作用,人大常委会的领导核心是常委会党组,主体是全体常委会组成人员。

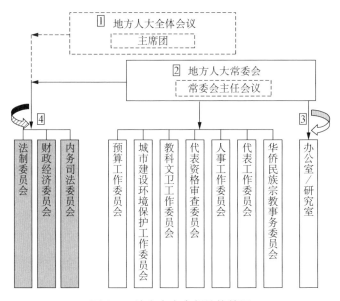

图 3.1 地方人大内部结构简图

第二节 地方人大的预算监督问责功能与理论定位

我国人大制度在三个关键节点的历史演进,凸显了对形式上政权合法性的重视和静态意义上人大制度规则框架的塑造。这些虽然为人大职权的发挥奠定了基础,但要改变传统的"橡皮图章"角色,人大核心功能能否得以充分发挥至关重要。在多元化的立法机构功能定义中,帕肯汉(Packenham)根据巴西国会的发展经验进行的概括较具代表性,他认为立法机构应包括合法性、精英培训、决策以及若干子功能,并将其功能划分扩展运用到其他发展中国家去:首先,他将合法化功能分为内在合法化功能(使政府颁布政策的合法化)、外在合法化功能(让一个政体显得有合法性),以及"安全阀"或"压力释放"功能(消解政治过程中所产生的矛盾的场所)。其次,他指出立法机构具有精英招募、社会化和精英培训功能。最后,决策功能被细化为六个方面,即立法功能、利益互通功能、冲突消解功能、行政监督功能、任免功能等[1]。这与我国地方人大制度初创期的合法性考虑以及所具有的立法、监督、代表功能描述是相契合的。

在人大的这些核心功能中,预算收支作为多元化利益的交汇点,蕴含着丰富的行政-立法权责关系,这一领域的政策制定和监督问责也因此具有较高的社会关注度,早在1949年新中国成立初期,时任国家领导的毛泽东曾敏锐地指出:"国家财政预算是一个重大的问题,里面反映着整个国家的政策,规定了政府活动的范围和方向"。当时主要由财政部门负责宏观经济政策,并对年度预算负责。直到1954年,《宪法》第二十七条把审查和批准国家的预算和决算列为全国人民代表大会的重要职权之一,明确赋予了人大预算权。1994年通过的《预算法》进一步明确了人大的预算审批权,并对各级人大及政府在预算审批中的职能分工作了界定;1999年第九届全国人民代表大会常务委员会第十三次会议通过的《全国人大常委会关于加强中央预算审查监督的决定》,不但规定了人大预算审查监督的具体内容和基本程序,而且要求政府改革预算编制模式,细化预算和提前编制预算,为人大预算权力的行使奠定了基础。

由于公共预算通过列出政府开支来描述政府行为,一定程度上反映了政府利用公众缴纳的税收做什么和不做什么的选择。在具体的预算过程中,人大、政府和公众的职责权限及角色定位各有不同。公共预算所蕴含的公共资金使用者和所有者相分离的特性,为政府独自作出支出决策或把纳税人的钱花在与公众愿望不同的地方提供了可能。在预算的编制、审批、执行和控制四个重要的环节中,政府具有法定的预算编制权,人大享有审查批准、监督执行及控制的权力,公众、社会组织、媒体、审计机构等也直接或间接地肩负着提高预算决策公开透明性、监督政府的职责。概括来说,政府是预算资金的使用者,公众是所有者和委托者,人大作为法定受托者,肩负着和公众等多元行动者一起守护"钱袋子"的职责。

与预算监督问责过程中的其他多元行动者相比,人大在公共责任的确保方

---

[1] 转引自陈文博:"行政-立法关系研究的兴起与主题",《中国行政管理》2016年第8期。

面具有相对优势和潜能:一方面,它既有法定的权力对政府预算进行全面监督,增强过程的公开透明性。比如向媒体和社会公众公开行政预算信息、预算审查监督程序和委员会会议,相关信息的公开和便利获取,可引发关于预算内容的深层次讨论,有助于解决社会公众在预算过程中的"所有者虚位问题"[1]。另一方面,人大可以充当公众、社会组织等多元参与者卷入预算过程的制度化切入口,为广泛的预算协商以及预算博弈提供平台,推动参与和构建同意,并对不同的诉求进行回应。其中,公众作为公共资金的所有者,它的参与和监督作用是不可少的,应具有通过直接参与或人大平台来表达预算诉求、影响预算决策的机会。更为重要的是,可以提供实质性的权力制约,这是完善预算管理体系和良好治理的重要组成要素(见图3.2)。

图3.2 人大预算监督问责的理论定位

注:作者自制。

第三节 预算过程中的地方人大监督问责环境的变迁

人大法定的预算权力和以责任为中心的理论定位对于这一职权的实际运作至关重要,但它只是预算监督问责过程实现的必要而非充分条件。真实的预算世界中,主要行动者之间的交互作用所形成的权力关系环境对此也有着不可忽视的影响。在此主要以人大为中心,考察1999年前后预算过程中的党-政府(审计)-人大之间的关系对人大监督问责的影响及变迁(对诸如公众、媒体等外部行动者所形成的关系环境放到下面章节考察)。

(一) 1999年预算改革之前

1999年一系列的预算改革开启之前,地方人大在预算过程中的参与和卷入

---

[1] 魏陆:"人大预算监督效力评价和改革路径选择",《上海交通大学学报》(哲学社会科学版)2015年第1期。

是非常有限的,基本处于边缘地位,预算责任难以确保。这在预算决策程序中体现得较为明显,具体如下:(1)预算申请机构向政府财政部门递交它们的年度预算需求;(2)基于整体的财政收支估计和预算申请机构的需求,财政部门会做出初步的预算分配草案,然后把它递交给同级党委的财政经济领导小组;(3)党委领导的财政经济领导小组关于如何切割"财政蛋糕"以及在整体的预算分配中确保与其政策目标相匹配的优先性项目给出建议,于是,财政部门综合党委意图、法律规定、实际的财政状况和其他政治因素形成新的平衡预算草案;(4)财政部门把完成的预算草案递交给人大财政经济委员会和常委会进行初步审查;(5)人大全体会议进行表决和批复预算;(6)根据人大的审批结果,财政部门告知相关预算申请机构具体的预算批复数额。在这一决策过程中,同级党委和政府对于如何分配预算具有决策权,对于地方人大来说,同级党委确认过的预算草案很难直接进行反对,再加上较为封闭的预算决策过程,人大的参与和信息获取能力较为有限,带来的一个可能的结果是财政部门递交给人大的预算草案,人大没做任何修改又批复回来。在同级的人大常委会组成人员看来,顾虑如下:

> 预算贯穿于政府所有活动之中。如何进行资金分配对于任何执政党来说都是至关重要的。作为人大常委会的组成人员,我们当时不愿意涉足预算决策的关键领域。时常面对的情形是前怕"狼"(同级党委),后怕"虎"(同级政府),尤其是同级党委书记兼任人大主任、政府一把手又是党委副书记的时候。因此,在那时仅仅展开一些象征意义的活动和远离实质性的预算监督是较为明智的选择[1]。

这一时期人大预算监督问责很难确保的另外一个障碍来自政府内部预算分配的随意性问题。由于预算规则的缺失和大量的预算外资金的存在,1999年前,政府内部的预算管理处于较为混乱的状态。这很大程度上影响了作为公共资金内部监管者的财政部门了解预算申请机构的自有资金是多少,以及在向不同的预算申请机构分配财政资金时应采用的标准如何。此种情景为预算权力的滥用提供了诸多可能。一位财政官员的感受如下:

> 1999年,我还是预算科长的时候,那时可以说基本上没有预算,预算就在抽屉里或脑袋里。当时钱少是一个方面,拨钱时一般根据大的门类,大致考虑一下那些单位需要多少钱,在这些大的门类中适当均衡一下,报领导一

---

[1] 访谈资料:J市人大财经工作委员会副主任,JSY20130728。

批示就完了。这种凭直觉、凭感觉的批钱方法带来了很严重的后果,每年春节根本见不到财政局长,各单位都知道一到春节该分钱了,想尽一切办法也得去要钱,不抢不争吃亏的还是自己,所以春节找分管财政的市领导批条子、找财政局长要预算的人络绎不绝,托关系争抢,多到很难制止[1]。

需要指出的是,当时面临的内外环境与人大较弱的预算监督问责意愿的形成有密切的关联。尽管1978年的改革开放逐渐开启了市场导向的财政预算改革,然而1949—1978年计划经济占主导形态的某些特征仍在持续。预算通常被认为是国家预算或政府预算,它所具有的会计特征而非公共决策功能较为突显。社会上缓慢形成的公共预算责任认知并没有对人大预算监督问责功能的发挥产生较大的压力。与此同时,预算很专业,意味着要专业人员去审,但因为专业的羁绊代表们大部分看不懂,与拥有较多专业性预算编制人员的政府财政部门相比,存在明显的信息不对称现象;审计是很重要的力量,但它通常是对已经发生的事情,在年初的时候还不涉及这些问题,只能在零星的点上产生一些影响。

(二)预算改革开启之后

预算权是政府的核心权力。在党委领导下,如何处理好党委、政府、人大之间的关系非常重要,但大的改革背景对人大预算改革的推进提供了很好的契机。1999年之后到现在,人大预算监督问责的党政环境和制度环境都发生了不小的变化。

1. 预算决策程序中的民主性和开放性有所增强

在笔者所调研的一些地方,呈现出两方面的变化:一是有些地方依旧遵循预算草案先经党委后递交给人大审批的预算决策程序,但同级党委对预算分配草案进行把关的重心逐步从传统的预控制转到提高对财政预算工作的统筹能力和明确政策重点上来;二是预算决策过程中人大和其他利益相关者的参与度有所增强,预算程序与以前相比有所改变。以上海市某区为例,在该区财政局预算处负责人看来,财政部门把综合了党委意图、政策计划、地方财力等多元因素后编制的预算草案递交区府(主要领导),然后上区长办公室会议,递交给人大主任办公会议(常委会),之后到区委(书记碰头会),最后一个环节是给区政府各个部门下达预算批示数。与以前相比,参与预算决策的面广了,参与者增多了,因为以前基本上由区委领导下的财经领导小组内部作决策,该领导小组主要由区长、分

---

[1] 访谈资料:J市财政局负责人,JCY20130830。

管财政的副区长、发改委、财政局等部门领导组成,后来领导换了,预算程序也跟着改了[1]。

2. 新时期党对财政预算工作更加重视

在当前环境下,人大预算监督所蕴含的权力制约和民生潜能已引起了国家层面的高度重视。这在党的十八届三中全会《中共中央关于全面深化改革若干重大问题的决定》(以下简称《决定》)中展现得淋漓尽致。例如,在第二部分"坚持和完善基本经济制度"中,《决定》提出完善国有资本经营预算制度,提高国有资本上缴国家财政的比例,完善国有资本经营预算制度,突出了人大预算监督的全面性和新重点;在第八部分"加强社会主义民主政治制度建设"中,强调"加强人大预算决算审查监督、国有资产监督","落实税收法定原则";在第十部分"强化权力运行制约和监督体系"中,要求健全反腐倡廉法规制度体系,着力控制"三公"经费支出和楼堂馆所建设,也都离不开人大预算监督的制度运行问题(详见表3.1)[2]。后续出台的一系列文件,如2014年8月新修改的《中华人民共和国预算法》和2014年9月《国务院关于深化预算管理制度改革的决定》,对预算管理和监督工作作出了具体明确的规定,从制度规定上呈现以党委重视为特色的"组合拳"的趋势。

在机构设置方面,党委系统内财经领导小组对财政预算有着一定的影响。中央层面设置的财经领导小组的作用主要体现在参与制定国民经济与社会发展五年规划纲要、年度经济计划制订、经济形势调研和分析以及宏观政策研究等方面,中央财经领导小组在十八大之后从"幕后"咨询逐步走向"前台"议事协调,一个明显的标志是2018年3月中共中央印发了《深化党和国家机构改革方案》,其中提到把中央财经领导小组改为中央财经委员会,负责相关领域重大工作的顶层设计、总体布局、总体协调和整体推进。在地方层面,省市县甚至乡镇一级,有些也设置了财经领导小组。各级财经领导小组组长一般由各级党委书记担任、政府首长任副组长;小部分是行政长官担任小组组长,同级的党委书记不在财经工作领导小组中任职。就职能定位而言,地方层面的财经领导小组除了旨在提高党委对财经工作的统筹协调能力和研判经济形势外,逐渐涉及更具体的研究提出重大经济决策、重大工程和重要项目安排、大额度资金使用的意见和建议

---

[1] 访谈资料:S市P区财政局预算处负责人,PFA20100129。
[2] 转引自刘剑文:"论国家治理的财税法基石",《中国高校社会科学》2014年第3期。

等[1]。比如,四川省绵阳市财经领导小组在2009年成立之初公布的《中共绵阳市委财经领导小组议事规则》中,表示市本级年度财政预算安排方案,市本级财政重大预算调整方案,市本级财政追加预算的50万元以上(含)的资金安排方案,市本级财政预算中未明确具体项目和数额的资金安排方案,市本级财政每季度预算收支执行情况,重大项目投资安排方案等均在财经领导小组的议事范围之内(议事规则详见附录1)。

表3.1 《国务院关于深化预算管理制度改革的决定》涉及的财政预算及人大监督要点

《决定》相关章节内容	与财政预算及人大监督相关的表述	关键词
第二章 坚持和完善基本经济制度	(6)完善国有资本经营预算制度,提高国有资本收益上缴公共财政比例	国有资本经营预算 公共财政
第五章 深化财税体制改革	(17)改进预算管理制度 (18)完善税收制度	预算管理制度 税收制度
第八章 加强社会主义民主政治制度建设	(27)加强人大预算决算审查监督、国有资产监督职能。落实税收法定原则。	预算决算审查监督 税收法定
第十章 强化权力运行制约和监督体系	(35)加强行政监察和审计监督 (36)加强反腐败体制机制创新和制度保障 (37)健全严格的财务预算、核准和审计制度,着力控制"三公"经费支出和楼堂馆所建设	审计监督 反腐败 财务预算 "三公"经费

另外,为使财政预算安排和政策更好地贯彻落实党中央重大方针和决策部署,2018年3月中共中央办公厅印发了《关于人大预算审查监督重点向支出预算和政策拓展的指导意见》,为新时期加强和改进人大预算审查监督工作提供了理论指导和行动指南,也是提高财政资金使用绩效和政策实施效果的客观需要,更是对预算法、监督法关于人大预决算审查监督特别是支出预算和政策审查监督规定的细化深化。

3. 政府预算编制逐渐全面化、科学化和公开透明化

政府预算编制和人大监督如同一体两翼,密切相关。如果政府内部缺乏全面、科学、详细的预算编制,递交给人大进行审批监督的资料很容易"挂一漏万",并出现"内行看不清、外行看不懂"的情形,预算监督也不可能有效。

从历史沿革来看,我国计划经济体制下长期实行的预算内外资金双轨运行体制,造成了预算外资金的大量存在,政府收支不能全部纳入预算管理。改革开

---

[1] 关于中央财经领导小组更详细的报道见王晓易:"揭秘中央财经领导小组:总书记任组长 每季度开会",《21世纪经济报道》2014年6月19日。

放后,政府职能的扩展、财权事权的不匹配以及税费并立、持费自重的政府收入分配机制的缺陷,为预算外资金的迅速膨胀提供了充分的空间。据相关数据显示,1978 年我国预算外资金是 347.1 亿元,全国的财政收入是 1 132.3 亿元,预算外资金占全国财政收入的 30.7%。之后连年上涨,1991 年我国预算外资金已经超过了全国财政收入,1992 年我国预算外资金是 3 854.9 亿元,全国的财政收入是 3 483.4 亿元,预算外资金和全国财政收入之比已经是 110%[1]。

20 世纪 80 年代进行的旨在激活地方积极性的"分灶吃饭"财政改革以后,地方政府的预算外收入开始真正地膨胀,无论是从绝对量还是占 GDP 的比重来看,预算外收入都增加迅速。在相应的管理和约束并未跟进的情形下,预算权散落在各个支出部门手中,处于全面"零碎化"的状态。规模庞大的预算外收入也为权力腐败和部门设立"小金库"打开了方便之门。为了把预算外资金在内的全部政府收支纳入规范化管理中,1999 年开始,我国在政府内部进行了部门预算改革、国库管理制度、政府采购制度改革和收支分类改革,这些预算管理制度改革逐渐搭建起了公共财政的基本框架,旨在整合财经纪律,提高公共资金的分配效率和运作效率。一位财政官员的感受如下:

> 改革之前,各个部门和单位只有到年底才会知道自己可以争取多少钱,根本无法做计划,更别提预算。实施部门预算改革把整个的没有预测性的情况给扭转了,我们财政局每年根据各个部门的职能和要支出的项目先做一个大的划分(你比如说档案局和公安局是很不同的,花钱的多少也不同),然后就各个部门内部进行定额,标准又有所区别。这样各个单位在"两上两下"过程中要钱就不至于太离谱,因为标准在那里摆着呢,多要也不会给,太离谱没有多大意义反倒不好,春节找局长要钱的现象基本被扭转过来了。财政局对各个部门的情况也好把握,"科学化"之后每年按标准做预算,即使有些部门尽力去寻求领导的批示,但处理起来就简便多了[2]。

此后,又出台了一系列强化预算外收支和非税收入管理的政策措施,深化财政改革的方向也转向了完善预算管理和提高财政资金的使用绩效上来。在 2003 年 10 月举行的中共十六届三中全会上,明确了要"建立预算绩效评价体系"。2005 年,财政部发布《中央部门预算支出绩效考评管理办法(试行)》。

---

[1] 陈京朴:"加强人大对政府全口径预算监督的实践和探索",《北京市人大理论研究会会刊》2013 年第 4 期。
[2] 访谈资料:J 市财政局负责人,JCY20130830。

2009年,财政部发布《财政支出绩效评价管理暂行办法》和《关于进一步推进中央部门预算项目支出绩效评价试点工作的通知》。与此同时,各地也积极开展了关于绩效预算改革的试点工作。这些新的改革举措有助于敦促政府细化预算和重视绩效评价,一定程度上为人大审查监督提供了技术支撑。财政工作者在实践中有较为明显的感受:

> 编预算时有关重点支出项目征求人大意见,人大财经工委经常到所在街道调研、反映情况,对预算编制有发言权;我们明显感觉到人大在预算中的作用有所增强,以2007年的超收方案为例,在预算编制时期就与人大财经工委关于钱用在哪些方面有所沟通,增长了29亿元的钱,最后做出的支出方案有40多页,提出了对项目进行相关的绩效评价,增强了资金的拨付力度。但相关的绩效指标体系确定比较困难,在中国实行绩效预算还比较早,但可以以评价作为一个突破口[1]。

十六届三中全会也提出了一个方向性的、综合性的概念,来容纳先前的一系列改革。在那次会议所通过的《中共中央关于完善社会主义市场经济体制若干问题的决定》第二十一条中,作为推进财政管理体制改革的一项重要内容,有了"实行全口径预算管理"的明确表述[2]。与行政系统内部的改革相比,十八大旨在从外部制度上强化预算收支的受托责任,提出了"加强对政府全口径预算决算的审查和监督"。全口径对应的是公共财政预算中的全面性原则(Comprehensiveness),它要求把政府的全部收支都纳入预算体系。政府的全部收支应涵盖政府凭借公权力、政府信誉、国家资源、国有资产或者提供特定公共服务形成的收入和支出,也可以细化为各级政府及其机关、事业单位、经营性机构的所有收入、支出、资产和负债。在上述制度环境下,政府编制递交给人大审查监督的预算草案时,无论是对预算口径的完整性,还是预算信息披露的详细性要求,都比以前有所提高。

第四节 党政——人大预算关系的时代阐释

"坚持党的领导、人民当家作主和依法治国的有机统一"是我国社会主义民主政治的根本原则,落实到人大预算监督领域也是如此。尽管我国《宪法》和《预

---

[1] 访谈资料:S市P区财政部门人员,PCA20130129。
[2] 高培勇:《实行全口径预算管理》,中国财政经济出版社2009年版,第3页。

算法》对预算过程中党的作用并没有明确界定,但是它在预算过程中的地位依然是比较凸显的,正如梅泽(Mezey)所言:"在行政-立法关系里,政党系统对其的影响要比其他任何因素都来得大"[1]。政党可以支持立法机构,也可以利用其掌控的资源控制和影响立法机构功能的发挥,甚至立法机构与行政机构在预算过程中的互动。如前所述,新时期我国地方人大预算监督问责不仅有了制度化的成长,而且面临着较好的党政环境,有党委支持的一系列有利于预算审查监督的规章制度出台,以及政府的预算编制口径逐渐全面、预算信息不断细化,这为其监督问责的自主性和制度绩效的增强提供了可能的机遇。然而,党政主导体制下它所面临的一些关系挑战也不容忽视。

第一,党对人大的领导和控制并存。党的领导已成为确保中国社会稳定和发展的重要原则。在此原则下,党与人大的关系可以概括为:人大必须遵从党的领导,党也必须在人大通过的《宪法》和法律框架下运作,并且服从作为民意代表的人大的监督。在2004年《首都各界纪念全国人民代表大会成立50周年大会上的讲话》中有关于这一权力关系的更为详细的阐述:

> 各级人民代表大会及其常务委员会都要自觉接受党的领导。党的领导主要是政治、思想和组织领导,通过制定大政方针,提出立法建议,推荐重要干部,进行思想宣传,发挥党组织和党员的作用,坚持依法执政,实施党对国家和社会的领导。要按照党总揽全局、协调各方的原则,科学规范党委和人民代表大会的关系,支持人民代表大会依法履行自己的职能。坚持党的领导,必须改善党的领导,切实提高党的领导水平和执政能力。要适应新形势新任务的要求,不断改革和完善党的领导方式和执政方式,坚持依法治国的基本方略,把依法执政作为党治国理政的一个基本方式,坚持在《宪法》和法律范围内活动,严格依法办事,善于运用国家政权处理国家事务。党关于国家事务的重要主张,属于全国人民代表大会职权范围内的、需要全体人民一体遵行的,要作为建议向全国人民代表大会提出,使之经过法定程序成为国家意志。各级党组织和全体党员都要模范地遵守《宪法》和法律。国家政权机关领导人员要经过人民代表大会的法定程序选举和任命,并接受人民代表大会及其常务委员会的监督。

然而,在实际运作实践中,党与人大的职权有时缺乏明确的界限。党对人

---

[1] M. L. Mezey. *Parliaments and Public Policy: An Assessment*. In Parliaments and Public Policy, ed. David Olsen and Michael Mezey. Cambridge, U. K.: Cambridge University Press, 1991.

大的领导和控制并存,后者主要通过在党委书记兼同级人大常委会主任、人大及其常委会内设置党组、领导委员长会议与主任会议、在选举中提名候选人、组织安排陪选等方式来实现的。这些多元化的策略控制基本上较好地回应了人大在权力体系中地位上升的挑战。随着公民参与意识、权利意识和参与能力的不断提升,过度控制和权力卷入也势必会带来新的挑战。早在1980年,邓小平就明确指出:"为了坚持党的领导,必须努力改善党的领导。"在此意义上,如何确保人大预算监督工作中坚持党的领导和党对人大符合法定程序的适度涉入非常重要。

第二,行政型审计体制下人大与审计的关系定位。我国采取的是审计机关隶属于政府部门的行政型审计模式,它要对政府负责。这在1994年通过的《中华人民共和国审计法》和2006年修正过的《审计法》里都有明显的体现,2006年《审计法》第九条规定:"地方各级审计机关对本级人民政府和上一级审计机关负责并报告工作,审计业务以上级审计机关领导为主。"预算执行审计是政府内部对预算安排和执行进行综合评价的重要途径之一,对财政部门而言,审计当中发现的问题和相关整改意见对于加强预算编制和执行管理,有重要的参考意义。政府财政部门与审计部门的关系,既有监督与被监督的一面,又有相互合作、共同促进预算水平提升的一面。新《预算法》已将"讲求绩效"确立为预算管理的五大原则之一,这对预算管理和预算执行审计都提出了新的要求。

同时,它在预算审计方面又要求为人大提供相关的服务,该法第四条规定:"国务院和县级以上地方人民政府应当每年向本级人民代表大会常务委员会提出审计机关对预算执行和其他财政收支的审计工作报告。审计工作报告应当重点报告对预算执行的审计情况。必要时,人民代表大会常务委员会可以对审计工作报告作出决议。国务院和县级以上地方人民政府应当将审计工作报告中指出的问题的纠正情况和处理结果向本级人民代表大会常务委员会报告。"对人大而言,审计是评价预算编制与执行,既是提高人大审查能力的重要信息来源,又是增强预算监督问责实效的技术支撑之一。在现行审计体制下,难免会出现一些类似"审计独立性比较缺乏""审计结果难以对外充分披露""审计监督难以有效规范政府行为"的公众质疑,因此,在对政府负责和为人大服务之间的审计如何定位,实践中如何推动人大与审计形成预算监督合力显得非常重要。

总之,在新的时期各地能否建立和维护一个既有张力又平衡有效的党政(审计)-人大预算关系至关重要。一方面,它有助于形成推动人大预算监督问责的外围环境;另一方面,对于建立和完善我国特色的社会主义预算审查监督制度,以及地方治理体系和治理能力现代化的推进也是大有裨益的。

第四章
地方人大预算监督问责的公众参与环境和机制探讨

> 在监督式民主的时代,民主不再局限于选举民主,民主体制延伸到它之前被排斥或者只发挥很少作用的领域。传媒革命使得公民可以通过网络和多媒体等新形式抵制不负责任的公共权力,随时随地进行公民监督,从而更好地推进问责、防御腐败和权力滥用[1]。
>
> ——基恩

近年来的实践发展使国际社会逐步认识到社会公众参与监督是一个运行良好的、负责任的预算制度必不可少的要件之一,并与立法预算监督、审计监督一起构成了相互依赖的预算监督问责生态系统。例如,国际货币基金组织(IMF)和经济合作与发展组织(OECD)纷纷加强了对预算过程中参与的支持,在2014年的财政透明度准则中,IMF鼓励"政府为公众提供具有预算政策内涵的通俗概要和参与预算审议的机会",经济合作与发展组织把它视为"预算治理的重要原则"[2]。尽管国际预算合作组织(IBP)2008—2017年的公开预算调查表明中国公共预算过程中公众参与和获得信息的程度远低于世界平均水平,并呈持续下降趋势(这期间5轮调查中此项的得分分别是13,20,14,6,6,满分100分),但有学者指出事实上我国以公众为中心的社会问责正以多元化的形式悄然兴起,其中,地方层面的公众参与预算作为一种政府与公众分享权力、重塑政府与社会关系的实践,尤其值得关注③。由于公众预算作用的增强通常能够助力人大预算监督问责的推进,本章主要从相关制度建设、主要类型和代表性实践几个纬度来检视我国情形下社会公众参与预算并进行监督问责的机会和可能。

---

[1] John Keane. The Life and Death of Democracy, London: Simon and Schuster, 2009.
[2] Warren Krafchik etc. Open Budget Survey, 2015:43. http:www.internationalbudget.org/opening-budgets/open-budget-initiative/open-budget-survey.

第一节　社会公众参与预算的相关制度规定

在我国,公共预算过程中作为纳税人的公众作用的保障缺失有所改观,制度化、规范化的特征日趋明显,主要体现在以下三个方面。

首先,"公众参与监督"已经嵌入到《宪法》和党政相关文件中,这为保障公众有效参与到预算过程中来,并成为监督预算的一个重要行动者提供了强有力的外部制度支持。一方面,《宪法》和政府组织立法赋予了公众监督政府行为、参与社会管理的权利;另一方面,改革开放以来,党和政府一直强调"公民的有序参与",并把它作为推进中国特色社会主义民主政治的重要内容。党的十七大报告强调:"坚持国家一切权力属于人民,从各个层次、各个领域扩大公民有序政治参与","推进决策科学化、民主化,完善决策信息和智力支持系统,增强决策透明度和公众参与度,制定与群众利益密切相关的法律法规和公共政策原则上要公开听取意见"。党的十八大报告进一步指出:"必须坚持人民主体地位……最广泛动员和组织人民依法管理国家事务、管理经济和文化事业、积极投身社会主义现代化建设,更好保障人民权益,更好保障人民当家作主。"近几年,中央还提出"加强和创新社会管理,完善党委领导、政府负责、社会协同、公众参与的社会管理格局"。公共预算作为公共治理的一个分支领域,也是如此。

其次,全面的、详细的和适时的预算信息是公众进行预算参与和预算监督的先决条件,在此意义上,包括预算信息在内的信息公开法律框架尤为重要,它也可以看作是基础性的制度安排。由于1951年6月1日政务院第八十七次政务会议通过的《保守国家机密暂行条例》第二条第五款把国家财政计划、国家概算、预算、决算及各种财务机密事项列为国家机密的基本范围之内,很长一段时期,财政预算账本都被看作是不能对公众及其代表公开的机密或者至少是秘密文件,直到2008年5月《中华人民共和国政府信息公开条例》的正式实施,这一状况才有所改观。该条例的第十条第四款把财政预算、决算信息纳入到县级以上各级人民政府及其部门应当在各自职责范围内重点公开的政府信息中。一个能体现明显变化的例子是,往年标有秘密文件并需要在人民代表大会全体会议之后收回的财政预算草案,2000年左右很多地方不再收回,代表可以带到会下继续审议。除了政府主动公开外,该条例还列出了公众依申请公开的方式以及相应的救济举措,如第十三条规定,公民、法人或者其他组织可以根据自身生产、生活、科研等特殊需要,向国务院部门、地方各级人民政府及县级以上地方人民政府部门申请获取相关政府信息;第二十三条规定,公民、法人或者其他组织认为行政机关不依法履行政府信息公开义务的,可以向上级行政机关、监察机关或者政府信息公开工作主管部门举报。收到举报的机关应当予以调查处理。公民、法人或者其他组织认为行政机关在政府信息公开工作中的具体行政行为侵犯其合法权益的,可以依法申请行政复议或者提起行政诉讼。这些规定将公众置于预算涉及的政治、经济与社会运行过程中来,有助于公众参与理念的提升及政府相关部门对其重要性的认知。

最后,新《预算法》及各地预算监督立法中的相关规定提供了程序性和技术性的制度支撑。程序性制度建设的目标主要是保障公众预算参与的有效性和有序性,诸如参与途径、过程公开、参与的互动性、回应性以及法律责任等方面的规则在法律改革进程中有所体现[1]。修订后的《预算法》突出预算的完整性,政府全部收支要纳入预算管理,强调预算必须接受社会监督,遵循预算公开的程序和原则,为实践中公众参与并监督预算提供了良好的制度支撑和法律通道。就具体条款而言,不但规定了"自治县、不设区的市、市辖区、乡、民族乡、镇的人民代表大会举行会议审查预算草案前,应当采用多种形式,组织本级人民代表大会代表听取选民和社会各界的意见"(第四十五条)、"公民、法人或者其他组织发现有违反本法的行为,可以依法向有关国家机关进行检举、控告;接受检举、控告的国家机关应当依法进行处理,并为检举人、控告人保密"(第九十一条),而且对财政信息的公开从内容到时间上提出了更高的要求,"经本级人民代表大会或者本级人民代表大会常务委员会批准的预算、预算调整、决算、预算执行情况的报告及报表,应当在批准后二十日内由本级政府财政部门向社会公开,并对本级政府财政转移支付安排、执行的情况以及举借债务的情况等重要事项做出说明。经本级政府财政部门批复的部门预算、决算及报表,应当在批复后二十日内由各部门向社会公开,并对部门预算、决算中机关运行经费的安排、使用情况等重要事项做出说明。各级政府、各部门、各单位应当将政府采购的情况及时向社会公开。本条前三款规定的公开事项,涉及国家秘密的除外"(第十四条)。

在地方层面,许多省份按照新《预算法》的原则和精神,对各自的预算监督条例进行了重新修订,对预决算信息公开做了明确规定,并进一步保障了公众参与预算审查监督的权利。例如,2016年9月通过的《重庆市预算审查监督条例》第

---

[1] 这部分涉及的程序性制度、支持性制度和基础性制度的提法,主要受到这一文献的启发:王锡锌:"公众参与和中国法治变革的动力模式",《法学家》2008年第6期。

九条规定市、区县(自治县)人民代表大会及其常务委员会应当在批准预算、预算调整、决算后二十日内,向社会公开相关决议、决定以及审查结果报告。在本级人大常委会会议结束后二十日内,向社会公开审计工作报告、审计查出问题整改情况的报告。公开应当选择当地主要新闻媒体和官方网站。官方网站应当建立专栏,并做到统一规范、易于查询、持续公开。2016年12月出台的《浙江省预算审查监督条例》第十条规定,各级人民政府和各部门、各单位应当按照法律、法规规定的内容、程序、方式、时限,公开预算、决算信息,接受社会监督。公民、法人或者其他组织对公开的预算、决算信息内容提出询问和质疑的,有关人民政府和部门、单位应当及时给予答复。另外,政府在关于重大决策的立法中也广泛引入了公众参与制度,比如天津、重庆、黑龙江、甘肃、广西等省级政府普遍将公众参与、专家论证与政府机关决定相结合原则纳入包括预算编制、重大投资项目等重大公共事务决策过程,赋予公众通过民意测验、接受调查、座谈会、听证会、信息公开等方式参与决策制定与执行的权利[1]。

第二节 社会公众参与监督预算的主要类型及代表性实践

党政文件及相关法规条例不但为实践中社会公众参与监督预算提供了可行的制度化通道,而且还有助于催生多元化的地方实践。

西方语境下,公众参与预算(或称为参与式预算)与政府行政预算密切相联。原本内涵是指在财政年度内通过多种方式将公众直接纳入预算决策过程,使其有机会了解预算信息、决定公共资源如何分配并对公共支出进行监督的改革创新。它最早的雏形可以追溯到20世纪初美国纽约市政研究所推动的预算改革,针对当时比较突显的乱收税、议会支出腐败、不透明等问题,改革者试图用公众参与预算来弥补代议民主的缺陷。为了吸引公众对政府预算的兴趣,动用了新闻媒体、发放小册子、电子邮件等多元方式传播预算信息,通过举办预算展览增强对市政预算收支的认识和对官员的控制[2]。

参与式预算真正成为一种推动地方治理的工具,是20世纪80年代末在巴

---

[1] 宋彪:"公众参与预算制度研究",《法学家》2009年第2期。
[2] JH Braddock, Efficiency Value of the Budget Exhibit, *Annals of the American Academy of Political and Social Science*. 1912:153-173.

西民主扩展和深化过程中得以兴起的。作为当时执政的左翼工党竞选议程的一部分,参与式预算旨在通过多元化的讨论辩论程序设计,引导公众直接参与社会和公共政策议题,来扭转往届政府倒置的社会支出优先排序,帮助低收入阶层获得更多的公共支出,从而解决困扰巴西社会的庇护主义、社会排他主义和腐败等顽疾[1]。尽管改革为政府和公众一起应对社会问题提供了很好的通道,有助于政府透明度的提高、稀缺资源的分配以及参与型公众的培育,但是绕过立法机构进行改革成了最具有争议的地方,也即是法定的立法机构监督因公众的直接参与被削减,在参与式预算中不具有实质意义。

相比之下,2004年以来参与式预算在我国不断涌现,成为地方改革创新的一个重要增长点。就范围而言,它在一定程度上不再局限于美国纽约和巴西所代表的行政型参与式预算,呈现出横跨行政系统、人大系统、社会公众的多元实践类型。各地蓬勃发展的改革也引起了学界的热切关注:一些学者着眼于近年来各地的实践模式,主要描述了参与式预算是如何展开和实施的,并对其在预算透明、地方治理和协商民主发展方面的推进作用作了探讨[2];还有一些学者侧重于不同国别地域的参与式预算实践比较,强调参与的维度、程序设计的差异、公众的参与能力、效果影响以及存在的问题等[3],但较少按照参与主体进行类别梳理,关注多元类型之间的关联,并对这一过程中的公众及肩负守护公众"钱袋子"职权的人大作用给予应有的重视。

应当承认,这在一定程度上与相当长时期内我国公共预算资金的分配都是一种行政主导型的、封闭式的制度安排有关。随着社会经济的发展和公众预算民主意识的觉醒,如何使预算决策过程更加公开、透明、民主逐渐成为改革的关注点。公众参与预算,作为顺应这一趋势的地方治理改革创新,不仅有利于打破预算决策参与者仅限于行政官员和政府机构的传统格局,而且公众、人大等多元行动者的融入,也有助于对政府预算分配中可能的权力滥用形成制约,因此备受关注。

[1] B Wampler, *A Guide to Participatory Budgeting*, World Bank, 2007:667.
[2] 林慕华:"参与式预算中的群众议事员:舞台、角色与演绎",《公共行政评论》2014年第5期;赵早早、杨晖"构建公开透明的地方政府预算制度研究:以无锡、温岭和焦作参与式预算实践为例",《北京行政学院学报》2014年第4期;陈家刚、陈奕敏"地方治理中的参与式预算——关于浙江温岭市新河镇改革的案例研究",《公共管理学报》2007年第3期。
[3] 刘邦驰、马韵:"试析参与式预算的理论基础与实践——基于巴西与中国温岭两镇的比较",《财政研究》2009年第9期;荀燕楠、韩福国:"参与程序与预算认同:基于'盐津模式'与'温岭模式'的比较分析",《公共行政评论》2014年第5期。

按照我国公众参与预算改革中的主要发起者、制度设计(预算编制、审批、执行、控制过程中侧重的阶段)以及制度化持续程度的差异,可以把多元化的实践初步划分为政府行政主导型、公众发起型和人大推动型三种类型(见表4.1)。具体而言,行政主导型参与式预算是政府财政部门发起、把公众纳入预算过程的改革,通常发生在预算编制阶段,人大作用有限,焦作、哈尔滨、无锡、顺德的改革基本采取了这种参与模式。例如,河南省焦作市从2005年开始,强调在预算资金特别是涉及农业、教育、文化等民生项目的资金安排中,通过公众投票、社会听证、专家论证等方式,倾听民生、尊重民意,让预算资金安排与公众的选择趋向一致,不断提高预算资金的分配效率;公众发起型参与式预算以公众主动参与监督或公众赋权为制度设计起点,较为强调相关行动者在推动预算信息公开、预算项目支出优先性安排以及预算资金的合规使用方面的影响;在上述两种公众参与预算类型中,虽然有时不乏人大代表的参与,但人大预算作用能否得到充分发挥并不是主要关注点。相比之下,人大推动型参与式预算强调了预算过程中发挥人大作用和影响力的重要性。

表4.1 我国公众参与预算的主要类型和代表性的地方实践

主要类型	代表性实践	开启时间(年)	改革重点	制度化持续程度
行政主导型	焦作;哈尔滨;无锡;顺德	2005;2006;2006;2012	政府预算编制中的公众参与,人大作用有限	前者中等,后两者弱;顺德开启时间短,暂时难判断
公众发起或主导型	吴君亮及"公共预算观察志愿者";云南盐津	2006;2014	按照公众支出偏好进行预算项目选择,人大作用有限	前者弱,后者因开启时间短,暂时难判断
人大推动型	上海惠南;浙江温岭;上海闵行	2004—2006;2005;2007	增强人大公众预算过程中的影响力,确保政府责任	前者弱,后两者强

资料来源:作者根据实证调研、媒体报道等信息自行整理。

在三种类型的改革模式中,公众是共同的参与者。就公众直接发起和自发参与预算监督问责的实践而言,主要有以下四种代表性的实践。

一、公众及相关组织采取了多元化的推动政府预算公开举措

预算透明和预算信息公开是公众进行有效监督的重要前提。就这方面的公众推动行动而言,以确保公共利益为主要动机,以《中华人民共和国政府信息公

开条例》为依据,并辅助其他参与渠道进行财政预算信息公开申请是较为常见的做法。比较有代表性的案例有以下三个。

案例4.1　吴君亮及"公共预算观察志愿者"团队[1]

吴君亮及其"公共预算观察志愿者"团队是这方面公众行动的先行者。之所以会关注公共预算,在吴君亮看来,主要是自己专业的原因,"作为一个公民,国家这一二十年的发展变化当然引起了我的关注。就我个人而言,我更愿意从一种政治学的角度,以一种来自民间的立场来审视这场变化,来考虑有哪些方法、哪些力量可以真正提升整个社会的品质。因为我在休斯敦大学重点研究了财政政治学,所以公共预算自然而然也就成了我的关注重点"。2006年,吴君亮回国定居深圳,成立深圳君亮资产管理公司。打理公司业务之余,他仍关注预算公开的相关进展。由于常常在公司里聊起相关话题,公司里的两个年轻人,同样具有海外留学背景的财务分析师李德涛和万宇涵加入了他的队伍。在两位年轻人的帮助下,吴君亮创办了"中国预算网",把从中央到地方的各级预算全部列出;吴君亮和李德涛、万宇涵经过探讨,之后又组成了"公共预算观察志愿者"团队,开始向各中央部委、地方政府提出查看预算案的申请。

由于很多政府部门把预算看作是秘密,吴君亮及其团队在2007年左右申请公开的难度较大,很少成功;2008年后开始利用刚实施不久的《政府信息公开条例》作为法规资源,向各级政府申请预算公开,虽然依旧艰难,但有了一定的进展。例如,2008年,在中央申请了十几个部门,也申请了三十几个地方省市区县一级的预算信息公开,很多部门仍然拒绝给预算账本,其中,以国家机密或国家秘密为理由的差不多达到了50%,这一情形在当时并不鲜见。2008年11月,沈阳律师温洪祥要求沈阳市政府60个部门公开招待费、办公费等21个项目的财务账目,未获成功;同月,合肥一位章姓市民要求合肥市财政局和审计局公开账目,未获成功。因此,对于回答是秘密的情况,他们改变了策略,再去第二封信,内容是,"我们认为根据什么条例,这不属于国家机密。如果你认为属于国家机

---

[1] 这一案例的撰写主要参考了以下文章和报道:游春亮、王桥:"吴君亮:我要看一看政府的'账房'",《法治日报》2011年5月4日;吴君亮:"看好你的钱包——公共预算",载于传知行社会经济研究所:《走向"阳光财政"——2009公民税权手册发布论坛实录》2009年11月21日;岑科:"2009公民税权手册:追问'阳光财政'",传知行社会经济研究所,2009年11月,第100页。

密,你要出示国家机密的相关认定的文件,授予的过程、保密局给你的批复等。这个时候,他拿不出东西来,第二次回答你的时候就会改变提法,说我们要跟上级部门申请,或者我们正在准备……或者,你申请的是部门预算,他给你一个预算报告,以诸如此类的东西来推诿"。2018年5月27日下午,他们的努力迎来了第一次回报。吴君亮、李德涛、万宇涵终于看到了那本粉色封面、银色标题的厚书——《深圳市本级2008年部门预算(草案)》,104个部门的预算呈现在他们面前,之后,河南省焦作市政府相关部门也向他们提供了相对完善的数据账本。接着,2009年10月15日,他们的预算公开申请取得了较大的反响:在同样提交申请8天后,"公共预算观察"团队志愿者李德涛收到广州市财政局打来的电话,回复"114个部门财政预算即将挂网",预算挂网当日,广州财政网就被4万多次的公众点击量"点瘫",这在当时国内预算公开方面开了先河。上海市以"国家秘密"为由拒绝了申请,舆论报道这个事情以后,上海市政府受到很大的压力,他们做了很多调整。在10月29号召开记者招待会,上级澄清这个事情,说他们准备改进;在11月5号做出一个方案来,准备逐步公开上海的政府预算,没有再把它归为国家机密的范畴;11月6日,上海市公布了《关于进一步推进市级预算信息公开的实施方案》,表示上海将逐步扩大报送市人代会的市级部门预算范围,2010年扩大到100个部门,2011年实现市级部门预算全部报送。

吴君亮及其团队根据实践经历,对公开预算和未公开预算的政府部门进行了统计,并对已公开的预算草案进行评价和质疑,通过发表文章、举办讲座等形式向公众普及预算相关知识,类似的公众参与预算行动客观上有助于公共预算知识的传播和公众预算参与及要求相关信息公开透明意识的培养。根据世界与中国研究所进行的2010年度我国社会公众申请政府信息公开观察,2010年度公民申请政府信息公开案例52个,其中,与财政预算信息有关的有18个(向中央申请的有8个,向地方政府申请的有10个),占总案例的35%左右。有关申请财政信息公开案例中,针对提出信息公开的事项包括北京市拥堵问题、各种乱收费(公安部门罚款、通信资费、交通收费)、教育、4万亿元投资、三峡建设、退休金、村级财务等都是社会公众对财政预算方面普遍关注的重点、热点问题[1]。

---

[1] 孟元新:"2010年度我国社会公众申请政府信息公开观察",世界与中国研究所,2011年12月24日,http://www.world-china.org/newsdetail.asp?newsid=3519。

案例4.2　上海财经大学为推动财政预算信息公开提供了另一样本[1]

上海财经大学公共政策研究中心持续展开的《中国财政透明度报告》是推动财政信息公开的另一样本。它是从2009年开始启动的一个连续性的年度调查项目,项目信息的获取主要通过网络、文献检索及向有关部门提出信息公开申请的方式进行。就内容而言,以我国31个省的本级预决算信息为对象,重点考察各地的信息公开程度,并对各地的信息透明程度、公开申请回复情况、态度等进行评估和比较分析,每年推出一本《中国财政透明度报告》,迄今已连续进行了8年。

在我国目前体制下,财政预算数据不公开和找数据难是比较大的问题,公民甚至社会精英并不知道主要来自纳税人的税收是如何支出的。打开这个"黑箱"的诸多秘诀之一就是公开,正如上海财经大学财政透明度项目组的一位成员所言,从某种意义上来说,"我觉得与其我们花这么多精力审查,有时候比审查更好的就是公开,它可以省很多力气。你把这个东西原原本本向社会公开,自然会有人审查。利益相关者一定会来审查,它一定会比人大代表审得还有经验,还有责任心,还会细致"[2]。这些理念或者初衷为推动财政预算信息公开透明的调查研究奠定了基础。

另外,研究中心主要成员的人大代表及政协委员经历也增强了对财政预算信息重要性的批判性思考。其中,一位负责人2006年在上海市一个区做人大代表,2008年成为上海市政协委员,每年会参加上海市"两会","我发现每次政协会议时,政协委员非常积极地讨论政府工作报告,但是从来不讨论预算草案报告。我一开始就发现这个问题,到现在基本上还是这样。就问大家,为什么不去评议这个预算报告?大家的反映是什么?看不懂,2015年开始,上海市也在改,编一个预算解读,力图把更多的信息呈现出来,也在不断做。上海市政协在预算监督方面总体上较为积极,专门成立了预算监督小组,我做组长,每年要听取市财政局起码三次汇报,第一次是大会之前,第二次是8、9月份编制下年预算,向

---

[1] 该案例的主要资料来源如下:上海财经大学公共政策研究中心:《2016中国财政透明度报告》,上海财经大学出版社2016年版;蒋洪教授发言,载于传知行社会经济研究所:《走向"阳光财政"——2009公民税权手册发布论坛实录》,2009年11月21日;刘小兵教授发言,见上海市闵行区《加强人大常委会预算初步审查工作专题研讨会》内部速记资料,2016年8月29日;上财发布:《2016中国财政透明度报告》,2016年11月28日,http://www.sohu.com/a/120104759_407313。

[2] 访谈资料:上海财经大学财政透明度项目组人员,PLM 2016-08-29。

政协交流汇报下年汇报的一些思考和思路。第三次在每年12月份上海市"两会"之前,要汇报一下关于今年预算执行情况和明年的预算草案。市政协针对这三次汇报交流,出具一份意见建议报告书,抄送市人大和市政府。这件事情到今年做了第四年,我们知道政协是一个比较特殊的部门,它和人大不一样,人大是权力机构,政协是反映社会各界人士的意见和政治协商的场所,但是它的作用有点类似于预算审查。无论是审查还是协商,都离不开相关信息的支撑,人大代表可以拿到预算,我们政协委员有一段时间没有。我记得以前每次审查监督时只有预算报告和一个附表,部门预算没有,我当时就给市政协写了一个提案,政协委员应该享受人大代表的同等权利,人大代表可以看到的信息,政协委员也应该看到。所以那天开始,每次分组讨论,每次讨论会议送了十套部门预算过来。但是这些委员都不感兴趣,我每次都会建议大家,那边有拿来看看,因为每个政协委员都可以归口到所有委办局。目前,相关信息公开的状况总体不是特别理想,项目支出和其他支出的公开及细化程度都不够。"

从另外意义上来讲,代表委员身份也为扩大财政透明度调查影响提供了较好的平台和途径。以蒋洪教授的经历为例,他在1997年时被选为上海市人大代表,连任两届,审查预算时很少投赞同票,理由是所拿到的预算案在口径上只涵盖了公共财政预算资金的一部分,数据是笼统的,预算信息是扁平化的,不足以让代表进行审慎的判断。因为提出的问题和要求不是上海能够明确回答或者予以解决的,2007年之后被推荐做了全国政协委员。全国政协有一个程序叫作大会发言,分为书面发言和口头发言,口头发言是站在人民大会堂的讲台上对两千多个政协委员谈自己的看法。由于在上海的经历,对透明度一直耿耿于怀。2009年"两会"时,蒋教授做了发言,把上海财经大学的中国省级财政透明度评估报告的结果也在会上作了报告,并利用该平台呼吁阳光财政的必要性。

为了进一步扩大财政透明度跟踪调查的影响力,上海财经大学每年都联合媒体和相关机构举行研讨及调查结果发布会。在2016年首次与人民日报《人民周刊》合作,分析我国财政信息公开的状况和趋势,评价我国政府绩效的成果与问题。与中央级别媒体的合作拓展了跟踪调查的影响,"发布会之后我们有一次到中央相关部门开会,在开会歇息间隙,说要插一个小会,有个部门的领导要和我们项目组谈一谈。我当时吓了一跳,以为怎么了。谈论的中间才得知一个情况,他们说你们省级透明度排名一发布,有一些排名靠后的财政系统的领导升迁受到了影响,有的该提拔的暂缓观察。虽然这不是我们做透明度研究的目的,但毫无疑问,我们的研究发布对透明理念的提升及实践的改变起到了一些作用。"

继上海财经大学的努力之后,学术界逐步成长为推动政府财政信息公开的一支重要力量。如自2012年起,清华大学公共管理学院公共经济、金融与治理研究中心每年定期推出《中国市级政府财政透明度研究报告》,中国社会科学院法学所以及北京大学公众参与研究与支持中心等机构也在这一方面做出了相应的推进。

案例4.3 公民周筱赟申请公开"毕节市留守儿童专项救助基金"[1]

2012年11月,贵州省毕节市七星关区5个男孩在垃圾箱里烧炭取火,全都一氧化碳中毒死亡。毕节市在处理相关责任人的同时,设立了留守儿童专项救助资金。当时,毕节市政府公开承诺,每年提取市、县(自治县、区)行政事业公用经费的8%,设立6 000万元的留守儿童关爱专项资金。2015年7月26日,毕节市财政局官网发布的《全市2013—2015年留守儿童关爱专项资金使用情况》显示,这3年留守儿童关爱专项资金的资金总额共计1.772 4万元。2015年,毕节再次发生4名留守儿童喝农药自杀事件,引发了公众及舆论对于留守儿童帮扶过程中政府财政预算资金如何发挥作用的关注。

仅2015年一年内,毕节市就被媒体曝光至少6起留守儿童受到伤害的事件,周筱赟(广州媒体人、资深网络爆料人、中山大学传播与设计学院"财新传媒卓越驻校记者"、浙江大学传媒与国际文化学院专业硕士生兼职导师)很想知道高达1.772 4亿元的留守儿童基金到底是怎么花的,于是以公民身份要求毕节市政府公开具体数据。为保障公民基本的知情权,他先在2015年6月16日向毕节市政府申请公开"毕节市留守儿童专项救助基金(又称毕节市留守儿童关爱基金)的财务审计报告、年度工作报告、实施效果的第三方评估报告",但毕节市政府在2015年7月9日回复其称该政府信息不存在,理由是这不是慈善基金,而是财政专项资金。对于毕节市政府的回复,周筱赟表示,《审计法》《政府信息公开条例》和当地规范性文件(《毕节地区专项资金管理使用情况监督实施办法》第八条和第十一条)都规定财政专项资金应该审计,并对公开内容作了具体规定,毕

---

[1] 该案例主要参考了以下资料:周筱赟:"留守儿童救命钱1.7亿元去向不明,周筱赟起诉贵州毕节市政府",《人民网》2015年7月29日;赵艳红、刘毓琳:"公民申请公开毕节留守儿童专项资金 政府回应不存在",《中国青年网》,2015年7月29日,http://news.youth.cn/jsxw/201507/t20150729_6938013.htm;张承磊:"网友起诉政府追问基金去向 副市长出庭表示感谢",《新浪网》,2016年6月28日,http://news.sina.com.cn/s/wh/2016-06-28/doc-ifxtmwei9430148.shtml;(周筱赟与原行政机关)贵州省毕节市人民政府、贵州省人民政府行政监督、行政复议二审行政判决书,黔行终〔2016〕715号,2016年11月3日审判,聚法案例,https://www.jufaanli.com/detail/818e779dab8d10ad3ee75c485bbd1096/。

节市政府却答复该信息不存在。如果毕节市政府每年都依照承诺拨付了留守儿童关爱基金,但没有进行审计,属于渎职;如果根本没有依照承诺拨款给留守儿童关爱基金,就是欺骗公众。接着,他于2015年7月22日继续向毕节市政府申请公开,包括公开毕节市留守儿童专项救助基金的项目数量、具体名称、项目计划完成时间、项目实施单位(个人),以及项目立项情况、实施进度、财务审计报告、验收报告,还有资金使用预算报告、决算报告、项目验收情况等,追问资金的去向。

毕节市政府于2015年8月12日分别对其申请信息给予答复,但答复的有关数据都是笼统的,没有他所申请的明细数据,并且有些答复内容属于"答非所问"。比如他申请财务审计报告,毕节市政府答复说"对属于审计范围内的专项资金都要陆续进行审计","对已完成的建设项目,均进行了竣工验收","该专项资金涉及项目共2727个,已完成2078个,其余项目在实施中"。而至于涉及哪些项目,这些项目主要用于扶助留守儿童的哪个方面,它的覆盖范围如何,建成之后的实际效果又如何,皆被忽略。基于此,2015年10月8日,周筱赟向贵州省政府提起行政复议,要求贵州省政府责令毕节市政府公开7份申请公开的信息,但在12月7日被驳回,贵州省政府对毕节市政府的7项具体行政行为作出维持的决定。随后,周筱赟针对毕节市政府、贵州省政府的7项具体行政行为,一并向两者提起7个行政诉讼案件,起诉至贵阳市中级人民法院。2016年1月8日,他收到了贵阳市中级人民法院作出的《案件受理通知书》,该项诉讼于2016年1月12日正式立案。虽然由于一系列原因最后法院并没有判决被告败诉,但在庭审过程中被告毕节市政府的代理人改变了此前答辩状中对周筱赟的负面评价,改而肯定了他对推动信息公开的积极作用,政府回应公众态度的改变是一个进步。从客观上来说,这一代表公众的起诉行为,吸引了几十家媒体和诸多网友的关注,有助于通过个案的努力推进政府财政预算信息逐步走向常态化和制度化。

二、公众在影响公共预算项目安排方面逐渐发力

云南省盐津县"群众参与预算"是云南省财政厅综合性试点、在县乡层面推动的向公众赋权、使其对预算项目安排能够产生影响的改革。2012年,盐津县借鉴浙江省温岭市泽国镇等其他地方改革模式和经验,在庙坝镇和豆沙镇采取不同的方式,开展了以"代表推选、民主恳谈、项目评议、编制预算"为主要内容的参与式预算改革;2013年,云南省财政厅组织专家深入盐津县,先后到庙坝镇和

豆沙镇现场观摩了民主议事会,对进一步的改革进行了系统的设计和指导。按照《盐津县群众参与预算改革试点方案》以及《盐津县群众参与预算群众议事员推选办法(暂行)》的规定,群众议事员由"村两委"直接推选的议事员与按人口规模随机抽取的议事员组成,一经产生,任期3年,是参与式预算项目的提出、审议和监督实施的主体[1]。

在群众参与议事规则和对公共预算项目的影响方面,盐津县规定原则上每年召开两次民主议事会,时间由镇群众参与预算领导组确定,主要议题分别是对项目库中的项目和预算调整方案进行民主议事,必要时还要通报上一年或上一阶段项目执行、绩效评价和问责等具体情况;通报本年度财力测算、项目技术性和政策性审查等相关情况,对未通过审查的项目进行说明。议事会的组成人员为群众议事员,镇政府可以根据需要确定列席会议的其他人员。由于群众参与实行现场投票表决,然后按照排序决定哪些项目进入当年预算,结果直接形成政府的预算报告,提交人大表决,几个试点乡镇群众意见的表达在程序的保障下都能被纳入到预算安排中来。以豆沙镇为例,2014年共16个项目参加预算分配,民主议事会实到群众议事员24名,按照得票数达二分之一及以上视为通过的原则,这次民主议事会可纳入豆沙镇群众参与预算总库的项目有12个。该镇2014年群众参与预算项目财力279万元的额度,财政支持项目为前10个,主要涉及镇环卫日常维护、基础设施维护、街道硬化与亮化、公路建设、砂仁种植等[2]。在公共预算过程中,这一改革侧重于间断节点上的公众(群众)赋权和预算编制阶段的参与,不涉及现行的人大预算审查监督程序。

三、公众在确保公共预算资金合规合理使用方面不断努力

"三公"经费(政府部门人员在因公出国/境经费、公务车购置及运行费、公务招待费产生的消费)是政府财政预算中最易浪费和滥用因而最受公众关注的部分,"蒋石林诉财政局违规购车"是这一领域公众自发参与预算监督的创新范例之一。2005年,湖南省常宁市荫田镇爷塘村村委会主任蒋石林发现,本市财政局违反当年市级预算购买两辆小车,遂向财政局递交了《关于要求对违法购车进

---

[1] 林慕华:"参与式预算中的群众议事员:舞台、角色与演绎",《公共行政评论》2014年第5期。
[2] 转引自苟燕楠、韩福国:"参与程序与预算认同:基于'盐津模式'与'温岭模式'的比较分析",《公共行政评论》2014年第5期。

行答复的申请》，要求财政局答复说明，然而，财政局未予答复。于是，蒋石林以纳税人身份将财政局告上法庭，要求法院认定财政局违法购车，并将车辆收归国库。法院认为起诉事项不属于受案范围，不予受理。财政局则质疑蒋石林的纳税人资格，因为诉讼发生时农业税已经取消[1]。经审查，常宁市人民法院立案庭作出了《行政裁定书》并送达蒋石林，虽然《行政裁定书》说"起诉人蒋石林所诉事项不属于人民法院行政诉讼受案范围，不符合起诉条件，故法院不予受理"，但蒋石林的做法对当时持有传统理念的人大及政府财政部门领导产生了不小的冲击。据该市人大常委会财经工委负责人证实，在当年财政年度市人大常委会通过的市本级财政预算中，市财政局的预算里面没有购买车辆的项目。随后财政局局长对记者说："蒋石林不理我，我也要去他家。被人戏称为'财神爷'的财政局成了'被告'，我一时心里受不了。经过7天冷静的反思，我认为应该尊重纳税人的知情权，维护公民的批评权。我要登门给蒋石林送'说法'，诚恳地向他道歉，当面做自我批评。"[2]从制度层面而言，这一事件凸显了公众预算参与制度与预算执行制度、预算监督制度、行政答复制度、人大监督制度的对接"盲区"，激起了人们关于作为纳税人的公众监督政府预算权力如何真正落到实处以及构建纳税人公益诉讼制度的讨论。

北京天问律师事务所律师助理叶晓静向政府申请公开北京公车数量是另外一个公众主动监督"三公"经费的案例。叶晓静分别向北京市财政局、公安局政府信息公开接待室、北京市交通委政府信息公开办公室申请公开"北京市各级政府机关、事业单位及其他北京市全额财政拨款单位所购置的公务车辆总数量及具体型号清单"。2010年12月20日，叶晓静从媒体上看到了市交通委公布的北京市治理交通拥堵综合措施征求意见稿，其中提到"北京市各级党政机关、全额拨款事业单位不再增加公务用车指标"。她又查阅了一些资料，媒体报道的公车数量有出入，政府相关部门并没有明确的说法，因此她认为，为了让市民更好地监督这条措施的落实情况，有必要公布北京市目前的公车数量，而且从具体的个案推动公共政策出现良好的结果，也是一个律师需要做的。最后，虽然政府相关部门并没有给予积极的回应，但叶晓静的行动得到了广大网友的关注，某网站的一项调查显示，超过98%的网友对叶晓静表示支持；也引发了对公车相关话

---

[1] 转引自宋彪："公众参与预算制度研究"，《法学家》2009年第2期。
[2] 王晓易："农民状告财政局 局长登门讲实情"，《新华网》，2006年4月13日，http://news.163.com/06/0413/11/2EJ7IDME0001124J.html；"农民，你有什么资格告'政府'？"《四川新闻网》，2016年4月14日，http://news.163.com/06/0414/10/2ELNRGAQ0001124J.html。

题的热议,包括公车过度膨胀、公车私用现象等[1]。

除此之外,畅通公众网络/电话监督举报渠道是党的十八大以来公众参与预算监督、确保公共资金合规合理使用的另外一种形式。根据中央纪委监察部网站公示的八项规定上海通报情况,我们搜集了自2014年5月至2015年5月通报的上海地区共计28例腐败事件。从中发现,"三公"经费违规使用、虚列会议费用、违规招待和发放食品是常见的违规形式,基本涵盖了上海市违反八项规定通报案件的主要项目。其中,"三公"经费违规案件在上海范围内共计16起,占比总28起通报案件的57%。这从一定侧面可以看出公众参与监督公车私用、公费旅游、公款吃喝等公职人员行为的必要性(见表4.2)。

表4.2 2014年5月—2015年5月上海地区违反八项规定及"三公经费"通报案件[2]

时间	单位	项目	通报时间
2014年8月18日	水文协会	发放福利、超标接待	2015年4月
2013年7—8月	江川路街道	公款旅游	2015年4月
2014年4月3日	房管局	公款吃喝、受贿	2015年4月
2014年3月19—21日	环境监测中心机动车污染监测室	公款旅游	2015年3月
2012年12月—2014年5月	海湾镇人大	公款吃喝娱乐	2015年3月
2014年10月1—3日	农业科学院综合服务中心	违规使用公车	2015年3月
2014年7—9月	司法局安亭司法所	违规发放津贴	2015年3月
2014年8月	上海电机学院	公款旅游	2015年2月
2013年12月	华漕镇政府办公室	虚列会议费套现,支付公车费用	2015年2月
	上海市住宅建设发展中心	违规发放礼品,公款旅游	2015年1月
	上海市房屋安全监察所	以会务费名义套现,向中层干部发放钱款	2015年1月
	上海市野生植物保护管理站	接受企业宴请并收受礼金	2015年1月

---

[1] 该案例主要参考了下列报道:徐冉:"北京律师助理提交申请公开北京公车数量",《京华时报》,2010年12月23日;孟元新:"2010年度我国社会公众申请政府信息公开观察",世界与中国研究所,2011年12月24日,http://www.world-china.org/newsdetail.asp?newsid=3519。

[2]《中国共产党反腐倡廉建设网》,http://www.ccaw.com.cn/sangongjingfei,华东师范大学政治学系2012级政治学与行政学本科专业陈春歌、宗宇彤、曹越等同学协助进行了这部分资料的收集,在此表示感谢。

(续表)

时间	单位	项目	通报时间
	建管署	外出考察接受企业宴请并收受礼品	2015年1月
	金山卫镇城管分队	公车私用	2015年1月
	东方国际集团	违规发放礼品	2014年12月
	交运集团	违规发放礼品	2014年12月
	上海对外经贸大学	公款旅游	2014年12月
	东方国际集团上海市对外贸易有限公司财务部	邀请浦东新区税务局第三十五税务所副所长王珍及家人公款旅游	2014年12月
2014年8月26—29日	上海市价格认证中心	违规发放礼品	2014年10月
2014年8月22日	上海市邮政公司邮政储汇局	违规发放礼品	2014年10月
2014年9月2日	上海社会科学院部门经济所	公款吃喝	2014年9月
	区疾病预防控制中心	挪用公款购买礼品	2014年9月
	白鹤成人中等文化技术学校	公款旅游	2014年8月
2013年8月2—3日	金山区税务局第三税务所	公款超标考察	2014年7月
2014年2月14日	上海奉贤燃气有限公司	大办儿子婚礼	2014年7月
2010年7月—2013年12月	浦东新区金融服务局	虚列会务支出购买礼品	2014年5月
2013年11月	上海市市容环境质量监测中心	公款旅游，发放现金	2014年5月
2014年1月8日	闵行区农委	违规招待和发放食品	

四、预算规则民主化和透明化的公众呼吁行动不断出现

《预算法》及《预算法实施条例》作为基础性的法律规则，可以看作是保障公众预算权利和公共利益的制度根基，也框定了实践中各个行政层级的预算行动者的制度空间。因此，在法律规则修订的过程中，公众是否积极表达意见和诉求，以及这些公意能否顺畅表达和得到吸纳非常关键。

就2014年8月31日修订并于2015年开始实施的《预算法》而言，它的出台前后历经了20年的时间，在艰难的修订和博弈过程中，不乏公众及社会组织的主动参与。

上海财经大学公共经济管理学院从2008年开始就介入和全国人大合作，

和全国人大预算工委一直在跟踪。从它的初审稿、一审稿、二审稿,我们一直跟进,每次我们都提意见。像2014年的时候,我们知道8月31号的常委会预算法修正案可能会被通过,7月份知道这个消息后,我们还专门对三审稿又做了一次研读,研读之后提出了一些意见,专门到全国人大进行反映。最后我们感觉预算法不是很完美,留了很多遗憾。所以,到现在为止预算法实施条例也出不来,去年好不容易拿了一个实施意见,但存在一些有待商榷的问题。例如关于预算审查和批准这一章里面,谈到了预算审查的法律依据,重点审查一下子谈了八点。当时我们提出了意见,尽管说重点审查,但是谈八方面还不够,应该留第九点,就是"其他"应该重点审查的[1]。

在《中华人民共和国预算法实施条例》的修订过程中,涌现出更多的公众呼吁行动。2015年6月24日,国务院法制办将《中华人民共和国预算法实施条例(修订草案征求意见稿)》(以下称"条例草案")在国务院法制办网站公布,并向社会公开征集意见。借助这一机会,2015年7月20日,中国九所高校和研究机构的长期从事《预算法》研究的十几位教授、专家,在上海召开了"《预算法实施条例》征求意见"专题研讨会。通过深入讨论和仔细研究,共提出了53条修改意见,并以中华人民共和国公民的身份上书国务院(参与提出修订意见的专家见表4.3)。

表4.3 2015年参与提出《预算法实施条例》修改意见的专家概览表

序号	姓名	身份简介(仅限2015年时的情形)
1	邓淑莲	上海财经大学公共经济与管理学院教授
2	冯兴元	中国社科院农村发展研究所研究员
3	傅蔚冈	上海金融与法律研究院执行院长
4	蒋洪	全国政协委员,上海财经大学公共经济与管理学院教授
5	李炜光	天津财经大学财政学科首席教授
6	刘胜军	中欧陆家嘴国际金融研究院执行副院长
7	刘小兵	上海财经大学公共经济与管理学院副院长,教授
8	聂日明	上海金融与法律研究院研究员
9	施正文	中国政法大学民商经济法学院教授、博士生导师

---

[1] 刘小兵教授发言,见上海市闵行区《加强人大常委会预算初步审查工作专题研讨会》内部速记资料,2016年8月29日。

(续表)

序号	姓名	身份简介(仅限2015年时的情形)
10	王雍君	中央财经大学教授、财经研究院院长
11	韦森	复旦大学经济学院教授,复旦大学经济思想与经济史研究所所长
12	叶青	全国十届、十一届人大代表,湖北省统计局副局长,中南财经政法大学教授、博士生导师
13	朱为群	上海财经大学公共经济与管理学院教授

资料来源:邓淑莲等:"《预算法实施条例(修订草案征求意见稿)》修订建议(上)",《澎湃新闻》,2015年7月28日,https://m.thepaper.cn/newsDetail_forward_1357727。

以联名建议的方式提出修改意见,是因为相关专家意识到《预算法实施条例(修订草案征求意见稿)》并未严格遵循《预算法》的立法宗旨,存在明显的"部门利益法律化"的倾向,背离了新《预算法》的立法精神。如果《预算法实施条例》按照"条例草案"的版本通过,新《预算法》的许多条文将被架空。在所提出的诸多修改意见中,对预算规则民主化和透明化的呼吁是一大亮点。例如,修改意见指出,《预算法实施条例》的"监督"章节应当全面落实《预算法》赋予公民、法人、其他组织的权利和各级人大的权力,按《预算法》的要求,全面增加相关条款,并进一步明确政府在应对上述主体对政府预算进行监督、询问、质询等的应当行为。具体包括:政府应当向社会公众公布经各级人大批准的全部预算内容;在指定的官方网站、平面媒体公布全部预算内容;设立专门的机构、负责人接受上述主体的询问、质询等;各级政府和部门的预算与决算报告至少应清晰阐明基础信息(如组织架构和职责)、政策目标、政策措施、绩效目标、支出节约目标和节约措施等极为关键的信息;收支预测的依据(比如预期经济增长率和通货膨胀率)也应在预算报告和决算报告中公布;以便于公众理解的形式对预算内容进行说明等。同时,针对公众关心的支出项目也应重点公开,其中,按经济分类的预算公布到款级科目;公务接待费、公务用车购置和运行费、因公出国(境)费等机关运行经费的预算和决算情况应当公布到项级科目,在项级科目下应有进一步的信息披露,以让公众了解项级科目的具体内容。审计机关应当予以重点审计并公布审计结果[1]。

---

[1] 邓淑莲、冯兴元、傅蔚冈、蒋洪、李炜光、刘胜军、刘小兵、聂日明、施正文、王雍君、韦森、叶青、朱为群:"《预算法实施条例(修订草案征求意见稿)》修订建议",《澎湃新闻网》2015年7月28日,http://www.thepaper.cn/newsDetail_forward_1357727。

第三节 公众预算参与监督能力的多元引导

在现有制度框架下,社会公众对政府预算的关注程度明显提高。然而,更多样化、更深程度的公众预算参与监督行为的激发还有赖于参与者的能力提升和多元引导。国外公众参与监督预算的能力障碍通常是通过媒体宣传、公开展览和专业技术的引入逐步破除的。我国当前情形下,媒体和专家团体所具有的比较信息优势和专业优势理应有助于保障公众的知情权、参与权、表达权和监督权,在加强公众与政府沟通对话的同时,逐步提升公众理解和参与政府预算的程度,凸显对政府的社会问责。

聚焦到实践领域,媒体在预算信息传播和引导公众预算舆论方面的作用有所增强。通过对北京、上海、广州、湖北、湖南、四川和宁夏7个省、区、市的15家地方主流媒体和相关报道的分析,发现就报道时间而言,以公共预算为主题的媒体关注主要始于2010年之后,2010年、2011年主要关注政府各部门应公开预算,之后关注点逐渐转移到如何提供公众对公共预算的重视程度;在报道范围上逐渐覆盖了整个预算过程,主要聚焦在预算公开、预算执行、预算监督、预算问责及相关的预算改革创新等领域。其中,预算公开方面的报道呈现出三个特点:一是批评预算草案内容粗略,预留的审查监督时间短,深度不够、专业性强,二是关于"三公"经费的报道比较多,几乎每个省份都会涉及重点支出项目;三是出现了一些旨在对公众预算监督审查进行引导的报道;预算监督方面,主要报道集中在事前还是事后监督,以及监督的具体举措;预算问责方面的报道相应较少,反映了部分人大代表的声音,在问责内容上涉及预算公开部门不齐全、内容"羞羞答答"、监督主体的预算知情权不够、审计暴露的问题资金等;另外,不同地区和不同级别的媒体在报道力度上呈现出一定的差异性,对非所属地域的报道通常较为客观,比当地媒体更能直面问题和进行深层次的公众引导。

宁夏2011—2016年的媒体报道情况大体上反映了这些特征和趋势:从整体上来看,宁夏的预算水平和媒体的公众引导是逐步提高的,主要体现在预算公开、监督力度、预算问责和相关的改革创新方面(见表4.4和表4.5)[1]。媒体报道中,发声群体也呈现多元化的特征,人大常委会委员能够直言不讳,媒体记

---

[1] 华东师范大学政治学系2012级政治学与行政学专业本科生刘晨、阎爽、罗佳佳、田芸玮、拉宗、井艳辉协助进行了这部分媒体报道资料的收集和表格内容的整理,在此表示感谢。

者通常也会通过报道他们的意见来侧面向公众展示人大代表监督问责职权的行使,以及政府预算中的关键问题所在。一个较为明显的作用是增强了当地政府相关部门的预算公开意识和责任意识,2011—2016年宁夏在中国省级财政透明度排行榜中排名得分从倒数第二到正数第一的大幅度提升就是很好的证明。具体而言,2011年31个省中排名第30位,百分制得分15.86;2012年第24位,百分制得分19.11;2013年第18位,百分制得分23.07;2014年第26位,百分制得分21.89;2015年第23位,百分制得分25.29;2016年排名第1,百分制得分65.53,高于31省的平均得分42.25分[1]。然而,还应指出的是,与非宁夏地区主流媒体报道相比,宁夏的主流媒体的预算报道缺乏横向对比和深度追问。例如,在2014年"预算还有下降空间"这篇报道中,记者分析了多个省份的"三公"经费下降情况,与浙江省作对比,浙江省直接砍掉了50%,然而,包括宁夏在内的一些省份只有5%。而在宁夏地方媒体的报道中,涉及"三公"经费的报道语言是积极的,诸如继续压缩、廉洁从政等,反省以及追问的深度不够。

表4.4 2011—2016年媒体关于宁夏地区公共预算报道情况一览表

预算报告	1. 重点报道在于收入支出情况的陈述说明 2. 地方公共财政预算收入执行情况(例如,2015年各县(市、区)突破公共财政预算收入亿元大关) 3. 公共财政预算支出执行情况 4. 有所发展的方面说明,如地方财政实力增强,农业农村得到发展等 5. 下一年的各方面预算草案的安排工作说明以及重点工作方向说明
预算公开	1. 重点是预算公开,政府相关部门负责人的观点(宁夏一些部门领导对预算公开的看法、积极态度和迎接挑战的态度) 2. 预算公开的深化程度,公开的数量、部门等方面的报道(例如,2013年宁夏财政厅要求公开部门"三公"经费预算,同时着重规范了预算信息公开的内容和格式,明确了预算信息公开的时间要求和载体,或者预算资金安排方面公开。宁夏政府部门财政预算不再"躲猫猫",而是在网上晒账本) 3. 预算公开进展情况的报道(例如,宁夏财政2014年预算信息公开工作有序进行,重点是自治区人大审议批复的108家自治区一级预算单位。关于预算信息公开的要求B6,B10,B11) 4. 教会公众看预算公开的文章(例如,预算公开:三招让你看清门道)

[1] 数据资料来源:"2011年省级财政透明度排行榜发布 新疆居首位",《法制日报》2011年5月31日,http://news.iyaxin.com/content/2011-05/31/content_2788220.htm;杨丹芳、曾军平,温娇秀:"中国财政透明度评估(2012)",《上海财经大学学报》2012年第4期;温娇秀,郑春荣、曾军平:"中国财政透明度评估(2013)",《上海财经大学学报》2013年第3期;郑春荣、蒋洪,彭军:"中国财政透明度评估(2014)",《上海财经大学学报》2014年第6期;杨丹芳、吕凯波,曾军平:"中国财政透明度评估(2015)",《上海财经大学学报》2015年第5期;上海财经大学公共政策研究中心:《2016中国财政透明度报告》,上海财经大学出版社2016年版。

(续表)

预算执行	1. 压缩"三公"经费方面(包括报道政府领导人的呼吁,以及几年来关于"三公"经费使用情况的事实报道) 2. 财政资金使用方面及处理(重点报道钱花在哪个领域,如民生领域,从2011年到2016年的报道中,宁夏民生领域始终是一个重点支出) 3. 报道预算执行中出现的问题(一般是陈述性的)
预算监督	1. 报道人大的监督举措方面(例如,宁夏回族自治区人大常委会预算工作委员会近日启动2014年部门预算全程跟踪监督工作。这样能够及时地发现和解决问题) 2. 报道人大常委的专题询问或者审议报告(例如,宁夏人大常委会委员"十问"财政预算)
预算问责	1. 重点报道资金不明问题(例如,宁夏审计厅厅长尹全洲向宁夏人大常委会报告了2014年度自治区本级预算执行和其他财政收支审计情况,截至6月底,审计查出主要问题金额8.7亿元,其中,违规问题金额2亿多元,管理不规范金额6.7亿元) 2. 回应机制上(例如,有关于宁夏人大常委会提出质疑,然后宁夏财政厅相关负责人进行解释的报道;媒体通过综述,侧面反映出宁夏财政预算中存在的问题)
预算改革	1. 报道宁夏如何提高预算绩效管理方面 2. 报道宁夏财政制度如何能够进步,更加完善方面 3. 报道宁夏如何编预算方面(例如,四个一致) 4. 通常是按照中央的指示、人大常委会的建议或者宁夏财政厅领导的说明进行

表 4.5 媒体报道中的主要发声群体和关注点

人大代表/人大常委会委员	宁夏人大常委会对一些不明问题的专题询问报道 通过报道人大常委会的不明问题,来侧面说明宁夏预算中存在的问题,报道中有问有答 他们通常是提出报告中问题的主要人物
本省领导	宁夏回族自治区主席(压缩"三公"经费) 自治区人力资源和社会保障厅规划财务处处长(公开预算的看法) 自治区财政厅厅长(关于公开预算的看法) 自治区人大常委会副主任(部署监督工作,说明工作要求) 以上举例主要用来说明最重要的一个声音来源是宁夏地区的财政厅领导,审计局领导。他们对本地区的预算改革、预算公开方面的意见以及要求
专家学者	无
记者	各家媒体的驻站记者,根据从财政厅了解的基本内容进行报道 重点报道钱花在哪里了,哪个领域最多 通常也会截取年度预决算报告的内容,进行深加工和说明

资料来源:读秀报刊数据库,http://www.duxiu.com/。共收集的60篇相关报道文章是上表中的主要资料来源,其中,非宁夏主流媒体报道文章21篇,宁夏主流媒体报道39篇(以《宁夏日报》为主),报道时间范围主要集中在2011—2016年。

媒体对预算改革和预算问责的关注度影响着普通公众的关注度,在引导过程中,媒体通过大量的新闻报道,降低了公众与政府间的信息不对称,发挥着信息中介的作用。然而,由于这些信息中介关于财政预算的专业知识相对不足,有可能会导致社会公众在参与监督公共预算的过程中专业指向性的缺乏,从而无法从实质意义上"倒逼"政府财政预算信息的供给和相应责任的承担。以2011年我国商务部公开"三公"经费后的媒体报道和公众引导为例,虽然一些媒体网站在报道或转载标题中指出,"商务部2010'三公'支出超六千万 出国费用占94%","商务部去年'三公'经费6171万因公出国费约占94%",但这些仅仅属于客观的描述,至于这个比例是否合理,合理或不合理的依据及判断标准等都是需要向公众解释清楚的问题[1]。否则,不但无法设置议程,进而问责政府,还容易引起公众非理性的情绪。随着社交媒体的发展,微信公众号开始承担起的公众引导的功能一定程度上弥补了网络媒体的"适合而止",在"三公"经费的后续报道中,如《嘉兴日报》微信公众号发表题为"警惕会议费成为'三公'经费新马甲"(2014年5月12日)、新华视点微信公众号发表题为"透视各地'三公'经费'猫腻'"的文章(2014年8月13日)、今日话题微信公众号发表题为"'三公'经费400多亿?不大可能"的文章(2015年3月8日)等,对政府预决算中的各类问题进行了深入犀利的分析,引起了较为广泛的公众关注。

在专业引导方面,现有的改革实践至少呈现出以下两种趋势:一是汇集专家团队的力量对充当公众和政府之间信息中介的媒体进行公益培训。比较有代表性的有上海第一财经公益基金会携手上海财经大学中国公共财政研究院启动《政府预算基础及其解读》媒体公益培训项目,到2017年7月,该项目已成功举办九期,30多位来自高校及相关政府部门的业内专家参与授课,来自全国多个城市上百家主流媒体的采编骨干参加了培训。该项目设立的宗旨在于,媒体采编人员解读公共预算专业化水平和专业报道水平的提升,有助于加强公共财政政策的宣传力度,推动公众、媒体和社会组织参与公共预算的研究、探讨和监督预算制定执行过程,促进适合中国实际情况和未来方向的现代公共预算制度的建立[2]。二是专家在公众参与监督政府预算改革的启动、理念技术的传播以及经验推广中发挥着越来越重要的作用。聚焦到浙江省温岭市的参与式预算改革,一批拥有公共管理学、政治学、法学等相关背景,将社会科学中的相关理论知识应用到公共事务实践中的公共事务专家都曾参与进去,并扮演了多元化的改

---

[1] 这两则报道分别见:《网易财经》2011年7月14日;《凤凰网》2011年7月15日。
[2] 相关报道参见:第一财经公益基金会、上海财经大学公共政策研究院:《政府预算基础及其解读》媒体公益培训项目介绍,http://www.yicaifoundation.org/front/article/452,2013年8月6日;《政府预算基础及其解读》九期结业,http://www.yicaifoundation.org/front/article/2645,2017年7月12日。

革推进角色[1]：(1)知识的拓展者，如中山大学马骏教授及其研究团队作为温岭市新河镇参与式预算整个改革流程的主要设计者，在程序上确保民主政治特点的同时，实施过程中还加强了代表和公众预算知识的培训，之后以专家身份借助媒体和所在单位的期刊为改革成效进行宣传；(2)价值追求者，长期关注中国的基层民主和社区选举问题的世界与中国研究所所长李凡，具有鲜明的意识形态主张和丰富的与地方官员沟通的经验，通过各方面的努力对新河镇预算改革的持续进行和不断完善有积极推动作用，特别是2007年在改革面临中断的情况下，李凡联系专家力量，与当地政府协商，获取时任温岭市人大主任张学明的支持，通过补救方案让新河镇的预算改革重新返回轨道，之后邀请众多媒体记者参观改革，并请他们报道宣传；(3)理论验证者，作为2005年和2006年温岭市泽国镇参与式预算制度方案的设计者，国际学者费什金和何包钢把它看作是参与式重大公共事项决策的一次政治实验，并试图解决公民参与的平等性、专家在协商过程中独特作用的发挥、参与者对恳谈内容进行深入详细的了解、保证所有参与者充分而平等的发言机会、各种不同意见和建议在交流之后形成可行方案的办法等问题；(4)以南开大学经济学院财政学系马蔡琛教授为代表的技术传播者，专注于法定程序方案的调整和技术的培训。

第四节 有待与现有正式制度深入衔接的公众预算参与监督问责

毫无疑问，现有与预算参与监督相关的法律法规的完善和多元媒介的出现为公众卷入预算过程提供了更多的可能，在此基础上，媒体和专家团体推动的公众引导实践有助于缩减与政府部门之间的预算信息鸿沟和专业鸿沟，打破由行政领导和技术官员主导预算过程的旧有局面，保障公众对公共预算决策发言权的同时，加强对预算分配和实施绩效的监督。

从现有实践来看，1999年预算改革以来，我国公众预算参与监督取得了明显的进展：不但出现了诸如蒋石林、吴君亮、叶晓静等公民主动发起的预算参与监督行动，而且也有一批以公民预算观察团、上海财经大学公共政策研究中心、世界与中国研究所为代表的社会组织及专家团队相继利用自身的专业优势，在

---

[1] 转引自朱旭峰、张培培："从理论到实践：公共事务专家在浙江温岭预算改革中的角色"，《复旦公共行政评论》2012年第2期。

吸引媒体关注、引导公众代表参与预算监督、敦促政府预算责任的提升等方面做出了尝试性的努力。此外，还陆续出现了一些政府主动吸纳公众、专家团体参与的预算问责创新。这些公众行动的兴起和发展对于人大预算监督问责具有重要的意义：它于一定程度上"倒逼"了政府财政预算信息的公开、透明及民意回应性，为人大的预算审查监督提供了良好的技术支撑和外围环境[1]。更为重要的是，社会公众监督力量的增强，还为补充完善人大自身监督力量不足提供了潜在的可能。

然而，按照世界银行提出的参与深度（公众参与对政府治理的影响程度）、包容性（社会行动者卷入的范围）以及制度化的水平（公民参与嵌入政府治理的程度）三个指标，现有的实践还面临着不少挑战，而且存在诸多有待于进一步深化的空间[2]。一方面，现有的制度环境虽然为公众预算参与监督提供了可能，但仍存在一些不利于公众及社会组织卷入或参与到预算事务的现实"羁绊"。公共预算观察志愿者及由其主导建立的中国预算网的经历从一个侧面反映了这一挑战：

> 公共预算观察志愿者吴君亮、李德涛、万宇涵等在2009年是发起申请政府信息公开的先行者，并且直接促成了广州市政府集中在网上公布2009年度部门预算。但在2010年，他们没有能够发起申请预算公开行动。2010年，由吴君亮先生出资发起和主导建立的一个非营利的公共网站中国预算网在2010年也几经沉浮。网站的目的是希望建立起一个信息系统，同时也为民间提供一个平台，将一切与我国公共预算——从中央预算到地方预算——相关的信息，存放在这个系统里，方便大家了解，也让民众能够参与公共预算的讨论。在2010年，中国预算网年初被人恶意破坏，许多功能不能使用，终致瘫痪，在8月中旬被有关部门关闭，要求重新登记。10月8日再次开通，后很快不能打开，直到2010年12月中旬，经过技术修理和防护加工，才又重新打开。之后又经过几次重新登记，于2016年12月6日重新上线，前期遭到破坏的内容还在修复整理中[3]。

---

[1] 这里提到的"技术支撑"意思是：预算信息的公开、透明对政府预算编制的技术和细致程度都提出了较高的要求，而详细规范、分类规则的政府预算账本可以改变"外行看不动、内行看不清"的传统困局，恰恰是人大预算审查监督所需要的。

[2] World Bank. "Societal Accountability in the Public Sector". 2005, P.5-16. Washington D. C.: The World Bank.

[3] 参见孟志新："2010年度我国社会公众申请政府信息公开观察"，世界与中国研究所，2011年12月24日，http://www.world-china.org/newsdetail.asp?newsid=3519；"中国预算网再次重新上线公告"，《中国预算网》，http://www.budgetofchina.com/show-4580.html。

另一方面，日益增多的公众预算参与行动时常呈现出较强的自发性和无序性，缺乏聚合效应。在深度上，对政府预算的影响过多停留在民意开启和预算公开透明的层面，较少能够对违背公共利益的预算分配和预算执行进行实质性的问责。在范围上，更多地局限于行政预算编制阶段民意的输入和对预算项目优先顺序的讨论，全口径账本中除了公共预算之外，政府基金与预算、社保基金预算、国有资本经营预算的参与监督较为缺乏。就制度化水平来说，虽然公众及预算组织试图以一种更理性、更积极的新型合作关系取代过去与政府那种疏远、对立和不合作的关系，尝试着形成常规化的、制度化的守护钱袋子的参与监督平台，然而当前情境下，仅仅依靠公众发起的"自下而上"的改革影响力比较有限，可持续性也时常难以确保，因此，必须面对的是如何与"自上而下"的行政和人大主导的参与式预算制度进行衔接和增强相应的法律保障问题。

此外，公共预算参与监督中公众和人大作用"悲观论"的改革理念依然存在。面对我国地方层面缤纷斑斓的参与式预算改革创新，有学者认为可以按照行政逻辑、公众参与赋权逻辑和旨在重塑地方人大活力的政治改革逻辑进行理剪，但指出应当谨慎看待行政主体外的行动者的贡献。在未来的参与式预算实践中，行政逻辑将继续保持主导地位，而公众参与赋权和政治改革逻辑很大程度上只是起补充作用的副产品，原因是公众参与赋权将会因政府控制作用变得有限，政治改革逻辑下地方人大在参与式预算改革中的自主权也将面临中央领导的谨慎约束以及地方政府的阻力[1]。

在财政预算过程和预算决策的体制结构中，如果说公众参与监督建立起了一种直接的社会问责机制，立法机构的预算监督则可以被看作是一种水平的政治问责机制。这两者之间不但并行不悖，而且能彼此增权赋能。也就是说，只有当公众、社会组织等能够与行政机构、人大进行协商对话，对政府的预算行为产生一定的影响和制约时，才有可能称得上有意义的参与，并进而转化为推进预算监督、提升预算责任的关键行动者。现代预算参与监督改革中，公众及相关社会组织能否与行政、人大进行实质性的衔接，以及多大程度上嵌入或被吸纳到现有的制度安排中来，构成了多元化预算监督问责模式形成的一个不可忽视的方面。

---

[1] Baogang He. Civic Engagement Through Participation Budgeting in China: Three Different Logics at Work, *Public Administration and Development*, 2011, Vol. 31, No. 2, Apr:122-133.

第五章
我国地方人大预算监督问责的类型与模式

> 描述性的预算理论在将来更具有发展的空间。它是在对公共部门活动进行详细的观察甚至参与的基础上得出的。描述取向的预算理论主要致力于描述发展趋势、事件顺序,识别出不同预算过程之间的一致性或者多样性,并推导出原因[1]。
>
> ——Rubin
>
> 我们最需要的是关于中国公共预算"真实世界"的描述性研究。这种研究有助于打开这个对我们来说仍然是黑箱的预算过程,了解中国预算运作的真实环境,了解制约着预算参与者行为选择的各种正式或非正式的预算结构、程序与规则,了解这些预算参与者实际上是如何分配资金和管理资金的。在此基础上,应该建构"尝试性的分类"并逐渐形成中国公共预算的类型学[2]。
>
> ——马骏、叶娟丽

第一节 地方人大预算监督问责的类型学思考

在有关立法机构的国外研究中,类型导向的探索日渐丰富。广受学界关注和引用的经典分类主要有以下三种:第一,迈克尔·梅泽(M. Mezey)根据立法机构的政策制定能力和公众及社会精英的支持度指标对所观察国家的立法机构进行分类,于20世纪70年代构建出五种可能的立法机构类型:活跃型(active legislatures)、脆弱型(vulnerable legislatures)、响应型(reactive legislatures)、边

---

[1] Rubin, Irene. Budget Theory and Budget Practice: How Good the Fit? *Public Administration Review*. Vol. 50, 1990:179-189.
[2] 马骏、叶娟丽:"中国公共预算研究:现状与未来",《武汉大学学报》(哲学社会科学版)2003第3期。

际型(marginal legislatures)和微弱型(minimal legislatures)。其中,活跃型立法机构同时拥有较高的政策制定能力和支持度,微弱型立法机构的政策制定能力和支持度都很低,介于中间的响应型立法机构虽然拥有较高的支持度,但政策制定能力中等[1]。第二,诺顿(Philip Norton)在对梅泽的分类标准进行精简和完善的基础上,依据立法机构政策能力的强弱,提出了政策制定型、政策影响型和政策微弱影响型三种类型。与不仅能巩固修改和否决政府的政策提案,而且有独立制定政策以替代政府政策的能力的政策制定型立法机构相比,微影响力型立法机构既不能修改与否决政府提案,也没有独立的政策制定能力,政策影响型立法机构介于二者之间,虽能够修改或否决政府的提案,但没有独立制定政策的能力[2]。第三,马文·威因鲍姆(Marvin G. Weinbaum)基于立法机构的决策功能,将其分为附和型、顺从型、合作型、模糊型和强势型五种[3]。沿着这一进路,国内有学者结合对政府预算管理制度和人大预算审查监督方式的考察,归纳出流于形式型预算监督制度、投入导向型预算监督制度和绩效导向型预算监督制度三种类型[4]。

这些类型学的探讨为我们思考地方人大预算监督问责奠定了良好的基础,但国外学者在做分类时很少把中国人大当作一个主要的考察对象放入其中,国内学者要么把我国人大当作一个整体划一的样态,要么基于一元标准进行了初步的分类,基于中国实践观察的提炼还不是特别丰富。鉴于此,本章主要在多年实践调研的基础上,根据地方人大在多元权力关系中的地位以及预算监督问责绩效的高低,可以把它分为边缘附和型、中间观望型和参与治理型三种(详见表5.1)。由于中间观望型人大呈现出较强的流动性,既具有滑向边缘附和型人大

表5.1 我国地方人大预算监督问责的主要类型

地方人大预算监督问责绩效	多元权力关系中的地位处于弱势	多元权力关系中的地位呈现增强状态
低	边缘附和型人大	中间观望型(潜力型)人大
高	/	参与治理型人大

---

[1] Michael Mezey. *Comparative Legislatures*. Durham, N. C.: Duke University Press, 1979:26-28.
[2] Philip Norton. Parliament and Policy in Britain: The House of Commons as a Policy Influencer. *Teaching Politics*, 1984, Vol. 13, No. 2: 77-78.
[3] M. Weinbaum. *Classification and Change in Legislative System: With Particular Application to Iran, Turkey, and Afghanistan*. In G. Boynton & Chong Lim Kim ed. Legislative Systems in Developing Countries. Duke University Press, 1975.
[4] 徐曙娜:《走向绩效导向型的地方人大预算监督制度研究》,上海财经大学出版社2010年版。

的可能,也具有走向参与治理型人大的潜力,在此主要分析该类型光谱两端的类型,即边缘附和型人大和参与治理型人大。

首先,边缘附和型人大可以看作是在党政-人大以及人大-公众等多元权力关系中处于边缘地位,在履行预算监督问责职能时呈现出较低的制度化水平和较弱的自主性,多采取附和态度的描述。笔者曾经调研过的一个中部省会城市区级人大可以归入这种类型,根据被访者的描述和感受,它的实践样态表现如下:

> 在省预算审查监督条例出台之前,我们曾制定过区预算审查监督办法。但是自从省里出台后,我们的就放到一边。因为我们出台的那个只能算一种工作办法,不能算作法律法规,没有强制力。省里出台后,我们觉得很清楚了。出台后,我们基本上按照省里的来做。
>
> 我们做的都是法律要求的工作,但不是很深入。涉及政府有关的财政预算工作,基本上是顺着政府走的。预算草案的编制,基本上是政府怎么编我们也没有意见。比如他们编完后给我们看看,没有明确违反《安徽省预算审查监督条例》的规定的,就通过。但这是很浅的监督。预算的编制其实很深很复杂,每一笔钱分配多少,基本上就规定了你做什么事情,以及把什么事情做到什么样的程度。预算编制就是关键到这个程度;需要不需要拨,该拨多少。但这些我们从来不涉及。我们审查的范围只是按照条例上规定的。预算外资金我们涉及,但不深入,只是泛泛地涉及一下。每年财政局、审计局都要来做汇报,我们只是被动地听听。
>
> 财经工委通常也没有办法督促政府预算行为更加合理或者更有效。有些问题,比如法律比较明确的,你可以直接讲。有些问题是个问题,但它是个复杂的问题、混沌的问题。怎样讲呢,比如说汽车燃油费的问题,基本上大多数单位都有小轿车,都有维修费和燃油费。预算上没有列,直接放到公用经费和人头经费上。但各个单位人头经费和车辆经费的比例没有确定。有些单位十几个人有一辆车,一个人两三千元经费,一年两三万元就可以养得起;但如果这个单位只有五个人,同样的钱他怎样养呢?但车还是同样在跑。这肯定是个问题。你这些经费哪里来呢?肯定是从别的专项里面转。还有一个问题,你这个单位应该有一辆车还是两辆车呢。这样就会引发一系列问题。我们对这些信息有些掌握,但觉得不太好处理[1]。

---

[1] 访谈资料:A省B区人大常委会组成人员,BST20140802。

在被访者看来,该区人大常委会和相关工委之所以在履行预算监督问责功能时采取附和的行为,与以下四方面有关。

(1)在党政人大预算权力互动结构中,呈现前强后弱的状态。预算应该讲在一个省、一个市、一个区是核心,很多活动都围绕预算展开,在很多大政方针或者大的政策方面基本上都是要经过党委讨论决定的。在一位访谈者看来:

> 前两年我们省会城市提出"工业强市",在区里具体怎样体现呢?我们区委常委会讨论,从财政预算里面拨出1 000万元注入这些资金,实施以奖代补等。党委决定的事情难道你人大认为不妥吗?这个事情肯定是党委拍板的,但之后又是通过政府向人大汇报的形式。我们这几年仍然实行的是党委书记兼人大主任的模式,人大你不可能觉得这个不妥。另外,这一政治生态还表现在人大时常被看作是最后一站,当然这也不是我们一个区存在的问题。有少数人大比较硬一些,这与他们的体制有些关系。我们曾经到晋阳市人大调研过。他们为什么人大更有权一些,与他们的安排有关。他们三四十岁的干部,就有机会到人大当工委主任、当大主任,然后他在人大干过来,接着到党委、政府去任职。他们好像是平衡的关系。不像我们这边,人大、政协基本上是最后一站。晋阳一个分管财经的副主任,已经干了两届了。换届时让他到区委去工作。晋江多次发生从人大工委主任流转到区委、政府工作。在人大工作时比较年轻,之后仍然可以到区委、政府去工作。这样在人大干工作也更加卖力一些,包括权力的使用还是会好一些[1]。

(2)负责财政预算监督问责的工委在人员编制上不但少而且专业性有所欠缺。财经工委因为它所审查对象内容的专业性,对工委主任及工委组成人员的专业通常有较高的要求。在问起这一因素与工委作用的发挥是否有关系时,该区人大内部工作人员认为[2]:

> 我们区人大财经工委通常只有一个人,财经工委主任。而且不是很专业的一个人,既不是财政系统过来的,也不是审计系统的,基本上来说不是搞和财政相关工作的,最多做一些和经济沾点边的事情。另外,年龄比较大,基本上从政府过来后干一届就退休的人。比如,我们第一届过来的财经工委主任当时有55岁。这一届财经工委主任53岁了,也是干一届就走的。

---

[1] 访谈资料:A省B区人大财经委组成人员,BFC20140803。
[2] 访谈资料:A省B区人大财经委办公室人员,BFO20140810。

原来是政府办副主任。

不具有专业性和年龄上差不多退休年龄两则一结合,工委主任通常也不大愿意使太多的劲来做这些事情。我们是办公室人员,只能协助性工作,只能在他的带领下去做一些事情。不能越俎代庖,提议该怎么做之类的。

(3) 财经工委的信息来源比较受限。

人大财经工委对预算的信息知道的很少。曾经在2007年的时候,财经工委组织了调研,到部分部门了解当年预算情况、预算编制情况。做过之后,各个部门反映各种问题,财经工委总结后,想了想怎么办呢?各个问题都是牵一发而动全身,就只当作了解情况算了,这几年就不再做了[1]。

(4) 政府预算草案"看不清"和"看不懂"问题并存。

财政预算这块我们正在逐步地从部门预算做起,这一块也是最敏感的问题。作为政府来说,也是他们把握的一个重点方向。每年人代会提出的预算报告都是一个云里来雾里去的东西,有很多代表很难看明白的。但是现在看来似乎好一些,逐步向清晰化发展。否则,模模糊糊的,也不知道怎么回事[2]。

其次,根据笔者的参与者观察,有一些人大可以归入到中间观望型人大这一类型中来。正如观察日记中所记录:

今天见了某直辖市下面区人大常委会的一位副主任,在园区、经济开发区等政府部门做过正职,因身体不太好主动申请到人大工作。现主要分管财经工委。问起财政预算监督时,感觉兴趣和动力不大。主要观点是该区人大在预算监督及全口径预决算监督方面做得不是很好,现有改革和大的政治生态有关系,区委-政府-人大要搀扶着走,他们也在边观察边想着如何探索,但目标定位较为明确,即是在这个直辖市的诸多区(县)里面既不做领头羊,也不能完全做个后进者[3]。

最后,参与治理型人大主要指在党政—人大以及人大—公众等多元权力关系中能够妥善应对,以多元参与和合作的策略而非强势的姿态使其地位呈现日

---

[1] 访谈资料:A省B区人大财经委组成人员,BSR20140810。
[2] 访谈资料:A省B区人大财经委组成人员,BSR20140810。
[3] 笔者在B市S区人大的调研日记,BSJ20150901。

渐增强的态势。这类人大在履行预算监督问责职能时通常能够显现出一定的自主性。应当进一步指出的是，在各地人大预算监督问责创新的过程中，又有不同的样态呈现：在财政预算初审阶段，以政策和预算绩效为抓手的初审、以部门预算全覆盖为导向的初审和以项目预算为重心的初审是较为凸显的类型创新；就预算监督问责的全过程而言，以人大为中心，吸纳公众等多元力量参与预算治理的制度创新模式比较常见，这类人大在预算监督问责实践中也通常呈现出较好的绩效，它也是本书重点关注的类型和模式（具体分析见第六章）。

第二节 参与治理型人大的实践模式：以财政预算初审阶段为核心的考察

就我国而言，人大法定的预算审查通常包括会前对财政预算草案的初步审查（以下简称为财政预算初审）和大会审查批准两个环节。由于人代会会期短、内容多、预算专业性强、预算审查信息要求高等原因，在具体实践中，各地人大主要依赖人大常委会的财政预算初审来加强预算监督。经过多年的改革，地方人大财政预算初审呈现出什么样的实践形态？如何进一步推进和完善这些改革模式？在现有为数不多的相关研究中，马骏、林慕华通过对有立法权的38个城市人大常委会财经委或预工委专职人员的调查发现，经过1999年以来十余年的预算改革，这些城市的人大预算监督在提前介入阶段、初步审查阶段和预算执行阶段取得了较大进展，已经开始向实质性监督迈进[1]；与此同时，有些学者指出各地差异性大、初审不力现象仍然存在，并从法律完善、程序设计以及预算初审机构在"宪政角色"和"政党国家角色"寻求契合点等维度，提出了相应的完善策略[2]。然而，从参与治理的路径出发，以相关模式和实践为中心的实证研究还较为薄弱，以至于很难具体回应人大财政预算初审在何种条件下、通过什么样的制度设计和技术改进取得了进展，需要突破哪些羁绊来进一步加强初审的有效性等。在党的十八大和2014年8月31日修订后的《预算法》对财政预算初审工

---

[1] 马骏、林慕华："中国城市'钱袋子'的权力：来自38个城市的问卷调查"，《政治学研究》2012年第4期。

[2] 代表性的文献有：苏阳顺："预算草案初审的制度与实务探讨"，《福建政法管理干部学院学报》2009年第2期；刘元贺、孟威："省级人大预算草案初审权的制度供给与创新路径"，《四川理工学院学报（社会科学版）》2016年第2期；薛凤平："预算初审机构的双重角色——以广东省预算监督室为例"，载于马骏等主编：《呼吁公共预算：来自政治学、公共行政学的声音——第一届中国公共预算研究全国学术研讨会论文集》，中央编译出版社2008年版，第161—183页。

作提出新要求的大背景下,理清财政预算初审的内涵,提炼出当前推进财政预算初审的代表性模式,以期对这一改革的进一步完善起到引导作用。

(一) 地方人大财政预算初审的内涵界定与时代价值

1. 地方人大财政预算初审的内涵界定

近年来,随着我国财政收入的快速增长和公众预算民主意识的逐步增强,人大的预算作用引起了广泛的关注。和其他国家立法机构一样,它在预算编制、审批、执行、审计及决算所构成的预算过程中分别肩负着对支出优先性和财政政策进行预算前期讨论、预算审批和修正、对年度实际收支进行监督以及审查跟踪审计结果的重任(见图 5.1)[1]。其中,地方人大财政预算初审,主要指在本级人民代表大会召开和审查批准预算草案之前,由人民代表大会财政经济委员会或人大常委会相关工作机构(财政经济工作委员会、预算工作委员会)按照法定原则,对财政预算草案初步方案进行相关审查活动,提出初步审查意见,督促政府财政等部门修改和完善预算草案的制度。预算编制阶段人大的提前介入通常是为预算初审做准备的,财政预算初审则是为大会期间的预算审查提供准备和参考,也就是说,它是预算审批系统中非常重要的一道程序,并非孤立存在。

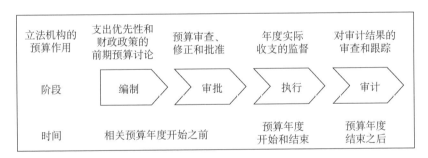

图 5.1 立法机构的预算作用

2. 地方人大财政预算初审改革的时代价值

作为人民代表大会预算审查的前置环节和关键依托,地方人大在财政预算初审中的作用能否有效发挥至关重要。在当前情形下,地方人大财政预算初审及其改革推进不仅具有可行性,而且具有很强的时代价值。

---

[1] Wehner, J. *Strengthening Legislative Financial Scrutiny in Developing Countries*. Report prepared for the UK Department for International Development, London School of Economics and Political Science, London, 2007: 12. Http://www.gsdrc.org/document-library/strengthening-legislative-financial-scrutiny-in-developing-countries/.

第一,贯彻实施修订后的《预算法》及党的十八大精神的必然要求。我国1994年颁布的《预算法》中,首次对财政预算初审作出了规定,要求在本级人民代表大会会议举行的一个月前要先对本级预算草案的主要内容进行初步审查。之后,各级地方人大先后出台了相关的预算审查监督条例和办法,细化了预算初审的时间、程序、内容等。2015年开始实施的新《预算法》不仅在1994年《预算法》的基础上增加了三个与财政预算初审相关的条款,而且就人大全口径预算审查、预算调整审查、重点支出、重大投资项目预算审查,严格债务管理、预算公开,增强预算编制的科学性、预算绩效等方面也作出了一系列规定。

这些规定一方面为人大进入到之前封闭的预算系统提供了更多的可能性和制度支撑,另一方面与党的十八大"支持人大及其常委会充分发挥国家权力机关作用,加强对政府全口径预算决算的审查和监督"以及十八届三中全会强调的"推动人民代表大会制度与时俱进""加强人大预算决算审查监督职能"文件精神相辅相成。因此,以此为契机,加强人大对财政预算的初步审查,既是全面履行新《预算法》赋予的法定职责的需要,更是贯彻十八大精神的一项重要工作。

第二,提高公共预算编制透明化、民主化和绩效化的重要举措。1999年预算改革以来,我国虽然在中央和地方层面进行了一系列的以整合财经纪律、提高预算分配效率与配置效率为重点的公共预算改革,但以人大为中心的外部责任控制机制并没有真正建立起来。由于相关预算部门具有不同程度的预算分配权和自由裁量权,单靠政府财政部门支撑的行政内部控制不足以形成透明、民主的预算编制决策过程。

公共预算改革牵动全局,虽然《预算法》清晰地界定了政府是预算编制的主体,但人大以初审等方式进行的提前介入并不等于干涉政府预算的技术细节,因为它的主要定位是对预算编制和政策设定有个摸底,把民众的想法和相关信息提供给政府,为相关问题的讨论搭建一个公共平台,使预算编制更加合理透明,确保有限的财政资金花在"刀刃"上,并从人大的立场对预算编制中违背绩效目标、公共利益和浪费纳税人资源的行为进行及时纠偏[1]。从这个意义上讲,有效的财政预算初审可以协助甚至"倒逼"预算编制的透明化、民主化和绩效化。

第三,敦促人大预算审查从形式化向实质化转变的关键支撑。将预算审查监督的重点落实到人代会前的初审阶段是许多地方人大的现实选择。然而,实际运作中预算初审形式化、与其他审批程序衔接不够等现象依然存在,比如一些

---

[1] 访谈资料:S市M区人大财经委组成人员,MCA20090516。

地方财政部门在人代会召开前的很短时间内才能提交出完整的预算草案,审查意见过于原则、笼统;部门预算编制是否存在技术性错误、项目支出标准是否存在出入、是否列赤字、法定支出是否符合规定等往往成为关注的重点,政策性、绩效性的审查不够等。因此,只有破解传统的预算初审困局,对"只见树木不见森林"或者"为初审而初审"的做法进行相应的制度改革和创新,才有可能为人代会阶段的实质性审查监督夯实基础。

(二) 研究方法说明

第一,模式提炼标准。为了对地方人大财政预算初审实践形态进行深描,理清形成多元改革模式的关键标准至关重要。理论上,从形式化财政预算初审向实质性财政预算初审的推进过程,应对时代诉求有所吸纳,对价值定位中强调的预算绩效、预算审查方法技巧、修正政府行政机关提出的预算草案等重点进行回应。这些重点为本书中财政预算初审实践形态的提炼提供了初步的标准依托。

(1) 各地人大推进财政预算初审改革时的审查关注点。从 2000 年开始,我国逐步改变了传统的预算编制方法,实行一个部门一本预算,旨在将原来分散的财政资金分配权集中到财政部门,建立起预算与部门工作间的对应关系。这一部门预算改革强调先有活动才有预算,有预算才能有支出。同时,财政预算的公共性要求有支出必要问效。因此,部门预算、项目预算、财政预算(包括部门、项目和其他财政资金)的政策要点及绩效通常可以看作预算草案编制的基础,也应成为人大财政预算初审的主要关注点。

(2) 人大财政预算初审过程向多元行动者开放及借力合作审查的程度。人大、公众、专家、社会组织、审计部门等是与公共预算过程密切相关的行动者。相比之下,拥有法定预算审查监督权的人大,不仅能在预算权力结构中为多元行动者的制度化参与提供入口和平台,而且还可以策略性地整合多方行动者的力量,通过借力合作增强财政预算初审的实效。在此意义上,人大财政预算初审过程是否向这些关键行动者开放或主要向谁借力可以构成观察相关实践的一个标准。

(3) 人大是否对政府提出的预算草案具有影响力。预算影响力通常是检视人大审查监督程度的一个关键性指标,对于财政预算初审而言也是如此。也就是说,具有财政预算初审改革推进的地方人大,最好能够对同级政府提出的预算草案进行修改或拒绝,对违背公共意愿或绩效低下的预算草案进行及时控制及纠偏等。

第二,样本选择。为了在有限的条件下尽可能捕捉到特征鲜明的多元改革形态,本书在上述三个标准的基础上,又采取了"滚雪球"式的调查样本选取方法。即以能对政府提出的预算草案产生一定影响力、以预算项目为初审关注点、强调财政预算初审过程中公众参与的上海市闵行区的实践为入口,借助它的平台联系到它在改革推进中可以借鉴学习的地方人大,然后再以同样的方式扩展关注对象。因此,书中的地方人大财政预算初审涵盖了省级人大、地市级人大和区(县)人大的实践,而非局限于某一个地方层级。调查样本的最后筛选也参考了相关的媒体报道,各地人大在审查关注点和初审过程中向多元行动者开放及借力审查程度的差异性而非共同性,恰恰构成了下文模式概括的基础。

第三,方法资料。本章的资料来源主要由三类构成:一是通过蹲点调查、参与者观察和跟随一些人大到外地人大进行学习调研获得的一手资料,包括观察记录、与财政预算初审改革相关的内部文件和发言交流资料;二是在借力搭建好联系平台后,对符合上述样本选择标准的地方人大财政预算相关委员会负责人或成员进行的访谈资料;三是通过合办研讨及经验交流会的方式进行的多元化的资料收集。比如,2016年8月29日上海市闵行区人大研究会和笔者所在单位合办了"关于加强财政预算初审工作的研究"研讨会,为这一主题资料的收集完善提供了较好的机会。此外,由于文中涉及的地方人大对财政预算初审改革的重视及开启时间存在差异,有些访谈开始时间比较早,资料收集随着改革的推进也呈现出一定的时间跨度性,比如上海市闵行区从2008年到2016年,温州则主要是从2012年进行改革推进的。

(三)地方人大推进财政预算初审的代表性模式与实践进展

自1999年预算改革以来,各地人大在加强预算初审方面进行了多样化的改革探索和制度创新。按照人大财政预算初审的主要关注点、向多元预算行动者开放及借力合作审查的程度以及对政府提出的预算草案具有一定影响力等三个标准,本章对代表性的地方人大财政预算初审进行了模式提炼和比较:一方面,尝试勾画出它们实践中日渐交融的改革图景;另一方面,指出一些亟待解决的问题。

1. 以政策和预算绩效为抓手的人大预算初审模式

这种模式是我们在考察一些省级人大预算初审情况的基础上提炼的一种模式。2000年以来,各省、区、市制定的预算审查监督条例,虽然弥补了当时法律制度的缺陷,但按照新《预算法》的要求来衡量,很多地方已显得不合时宜。新一轮改革中,一些省级人大除了利用自身的立法优势及时对财政预算初审条款及审查监督条例进行修订外,逐渐意识到政策和预算绩效在强化初审工作中的重要性。这种初审模式既强调中央、地方党委的重要政策与重大项目及预算资金安排的整合,又注重推进预算绩效制度建设,对往年预算执行中绩效较差或与原初绩效目标背离较大的预算申请尤其关注。比较有代表性的有北京市人大、湖北省人大等。

第一,以政策和预算绩效审查倒逼预算编制的完善。2014年8月31日修订后的《预算法》强调政策性审查和预算绩效的重要性。实践中,北京市人大尝试利用相关政策、部门工作报告、往年预算执行绩效等综合性信息对政府预算草案进行初步审查。以绩效信息为例,北京市政府财政部门以绩效为导向的编制工作做了几年,但对结果的运用不是很好。从2010年开始,北京市人大改变了以往召集所有人对所有部门预算一个一个过的审查监督方式,明确强调以本级预算草案初步方案、财政支出政策要点、重点支出、重大投资项目计划及其绩效审查作为推进财政预算初审工作的重心,把预算编制、调整、执行监督与预算资金使用绩效结合起来,把加强人大监督与促进政府内部监督结合起来,把解决问题与促进制度建设结合起来。其中,本级预算草案包括一般公共预算、政府性基金预算、国有资本经营预算和社会保险基金预算四本账本。在财政预算初审与预算绩效结合方面的基本思路是:不直接评价政府财政及预算部门预算编得好不好,也不说编得怎么样,关键是看执行得如何,如果信息反馈有问题的话,以之为抓手,进行相应的制度和方法创新,倒逼政府改进预算编制[1]。

近年来,湖北省人大对政府支出政策和支出绩效进行的审查监督,是其预算审查监督机制创新中的一个"重头戏"。通过部门预算与专项资金预算对比审查、以决算审查带动预算编制审查等方式增强监督实效。在2015年7月开展2014年省级财政决算预先审查期间,选择省教育厅2014年人才培养专项经费(农村优秀青年教师出国培训经费)、省科技厅科技条件平台专项、省交通厅长江港口建设等15个专项(项目)资金,从设立的必要性、政策依据的可靠性、资金规模的合理性、资金分配的公平性、资金使用的绩效性等方面进行了审查[2]。决算审查、预算执行过程、审计中暴露的不科学、不合理的预算信息,有助于在新一年度的预算初审中及时发现问题,敦促加以整改,确保相关预算编制更加科学合理。

---

[1] 访谈资料:B市人大研究会组成人员,BSA20140915。
[2] 湖北省人大常委会预算工作委员会:《认真贯彻实施预算法 推动预算审查监督工作与时俱进》,载于《部分省市预算法实施情况座谈会会议交流材料》,武汉,2015(11):7。

第二，借助审计等多元力量。在财政预算初审过程向多元预算行动者开放及借力合作审查方面，北京市人大非常重视向审计借力，把上一年度绩效审计信息与当年财政预算初审有机地结合起来。2017年新修订的《北京市人大预算审查监督条例》已把这一实践探索吸纳到具体条款中来，例如该条例第一章第六条规定：市人民政府审计部门应当对财政资金的使用效果、国有资产和国有资源的经营利用、财政政策的制定等重点事项开展绩效审计；市人民政府应当建立健全审计查出问题的整改机制，对违反相关法律、法规的行为开展行政监察，对负有直接责任的主管人员实施行政问责。与此同时，注重发挥人大各专门委员会、人大代表和顾问的合力。一方面，各专门委员会通过到对口部门调研形成的政府预算草案初审书面意见，通常是财经委或预算委形成初审报告的重要意见来源；另一方面，根据所制定的《财经代表小组工作规则》，17个代表团推荐的56名比较了解、熟悉财政预算工作的市人大代表组成财经代表小组，扩大代表提前参与审查的程度，并在人代会审查预算时起到骨干作用；此外，注重发挥常委会预算监督顾问的专业优势和带动作用。每年预算初审，请人大代表、各区（县）人大以及预算监督顾问组参加，其中，预算监督顾问的客观意见专门成文，提供给领导[1]。

湖北省人大努力借用"外脑"增强审查监督能力。于2013年启动建立了预算决算审查监督专家库，并制定了《预算审查监督咨询专家库管理办法》，明确了专家参与预算审查监督工作的内容和形式、权力和义务、激励考核等；成立了预算审查监督代表联络员队伍，为更好地服务代表参加预算初审、大会审等打好基础；在预决算预审和初审中引入第三方协作机制，旨在弥补委员会工作力量的不足，提升预算审查监督的专业化水平。

第三，完善审查方式。现有法律框架下，为增强初审的实效性，一些省级人大逐步引入了多元化的审查方式。比如，北京市人大参与预算编制阶段的事前评估，多个专门委员会全面介入预算初审，对审计结果报告中反映出的主要问题和大额专项资金进行绩效导向的"分组询问"和"联组询问"，对试点单位进行全过程跟踪调研。湖北省人大不但鼓励各专（工）委员在预算初审阶段就各自领域的预算提出意见，注重发挥人大代表在初审中的主体作用，建设预算执行在线监督系统，开展审计问题整改情况专题询问，而且在财政预算审查中引入了量化打分机制，由审查人员针对部门预算的完整性、真实性、准确性、科学性等5类37

---

[1] 访谈资料：B市人大预算工作委员会组成人员，BBA20140916。

项审查指标进行量化评判。

第四，建立初审意见沟通机制。为确保初审意见的落实，初审意见形成后，北京市人大主任专题会议进行研究，经党组审定后，报送市委并抄送市政府。在此情形下，市政府通常会重视和回应[1]。以北京市2014年预算初审报告为例，当时就增加大气污染防治投入、完善公用事业补贴政策、加强预算绩效管理、改进大额专项资金配置方式等问题对市政府提出了意见和建议，在之后的北京市政府预算报告中，可见根据初审报告建议作出的预算分配调整：新增安排20亿元支持清洁空气行动计划，调整2014年科技、文化、旅游等7项产业类大额专项资金12.4亿元，进一步加大空气污染治理投入力度[2]。相比之下，湖北省制定了《湖北省人大常委会预算工作委员会与省人民政府相关部门关于建立沟通协调工作机制的意见》，在预算审查监督数据报送、资料互换、召开座谈会等方面做出了规定。

2. 以部门预算全覆盖为导向的人大预算初审模式

这种模式是我们在考察一些地市级人大预算初审情况基础上提炼的一种模式。在所考察的地市级人大中，温州、湖州等地方人大在加强预算初审方面进行了积极探索，并呈现出鲜明的改革特征，其中，温州市人大以部门预算全覆盖为导向的初审模式尤其值得关注。部门预算是财政预算的重要组成部分，可以成为财政预算审查的主要关注点。同时，它在审查内容和审查重点方面与财政预算审查又有着明显的区别：在审查内容上，部门预算审查主要针对具体部门的预算情况，以公共预算和政府性基金预算而非全口径账本为主；在审查重点方面，财政预算审查涉及重点支出、超收收入安排、部门预算等，而部门预算审查则过多地关注部门预算编制情况、项目设置的合理性等[3]。

第一，推进以部门预算为中心的初审听证。预算改革以来，部门逐渐成为预算编制审查的主要对象。温州市人大以部门预算为突破口的初审制度设计，是以回应十八大建立公共服务型政府和温州市第十一次党代会加强公共服务型政府建设的要求为背景的。优质高效的公共服务和公共产品的提供，主要通过财政预算安排来实现。基于此，温州市委、市政府于2012年初部署开展了公共财

---

[1] 访谈资料：B市人大研究会成员，BSA20140915。
[2] 贺勇、余荣华：“北京市人大改进预算初审 治理大气'多了'十二亿”，《人民网》2014年1月21日，http://bj.people.com.cn/n/2014/0121/c82840-20439409.html。
[3] 卢苏萍、吴凌之：“浅谈财政预算审查监督与部门预算审查监督的区别和联系”，《宁夏人大》2015年第8期。

政预算改革,并制定了《关于加快推进公共财政预算改革的实施意见》,温州市人大常委会制定了《温州市市级部门预算审查监督办法》,明确了以部门预算为中心的改革模式。这在预算初审听证实践中有较明显的呈现:基本方法是市人大常委会从随机抽取的重点审查部门预算草案中,选取事关民生的部门,每个部门安排半天时间公开听证。其中的一个突显特点是对审计力量的充分利用,不但邀请审计人员为初审听证提供技术支持,而且按预算部门分组,审计局负责进行后续的跟踪审计,从预算草案到决算提供较为完整的信息,服务于人大的预算审查工作[1]。

第二,拓展预算初审范围。2015年修订后的《预算法》实施后,一些地方人大对预算初审的重点内容和范围进行了界定。就温州市人大而言,财政预算初审包括部门预算、专项资金预算和政府投资资金。审查范围的拓展主要表现在两个方面:其一,人大对使用财政资金的预算部门审查全覆盖,包括党务部门。从 2013—2015 年,温州市人大审查范围逐步从 44 个部门扩大到 81 个部门,涵盖了党群机关、政府部门、大专院校等所有一级预算单位,并每年随机抽出五分之一部门作为重点审查对象,五年(一届人大)能把所有的部门预算过一遍。各工委进行对口审查,市人大常委会预算审查专家组对部门预算草案进行分组审查。其二,要求财政部门提早编制财政专项资金预算,并根据所归属部门,分别纳入部门预算草案,提请市人大常委会进行分项审查,进一步细化公共预算和政府性基金预算的编制与审查[2]。

第三,完善审查程序。为增强人大预算审查监督实效,温州市人大在实践探索中逐步对审查程序进行了完善,形成了市人大常委会对多个市级部门预算草案进行初审,各部门根据初审意见调整预算,市人大常委会举行听证会重点审查其中几个部门预算,被听证审查的部门调整预算草案,对被调整过的部门预算草案进行逐项表决,市人代会审议通过全市和市级总预算的审查流程。在审查过程中,不断扩大各相关专门委员会、市人大代表、代表专业小组、预算审查专家、普通公众的预算参与度。这一流程不但有利于预算初审与大会审的有机衔接,而且也为程序性审查与实质性审查融于一体奠定了较好的基础。对部门预算草案产生的影响可以看作是人大预算初审逐步朝向实质化推进的表现之一,例如,

---

[1] 温州市人大常委会预算工委内部资料:《改革预算审查机制,推进公共财政建设》,2015 年 8 月 5 日。

[2] 郑滨:"温州市人大预算审查的实践",上海市闵行区人大财政预算初审研讨会发言材料,2016 年 8 月 29 日。

"关于温州市2015年市级部门预算(草案)编制情况"的报告显示,根据市人大初审意见,对81个部门预算草案进行了整改,增加58个项目,增加预算1 220.89万元;减少项目184个,减少预算3 253.18万元;对64个项目内容进行优化,涉及金额1 077.28万元。另对温州市公安局、市疾控中心、市海洋渔业局和市经合办的预算进行调整,增加预算5 610万元[1]。

第四,注重初审意见的反馈整改。实践中,温州市人大对初审意见的反馈给予了重视。在方式上,它通常会针对各工委和专家审查提出的意见,以及听证会结果进行全面汇总。在梳理共性问题的同时,针对重点审查部门逐个提出预算修改建议,并与财政等部门进行面对面沟通,同时加强跟踪监督,确保审查意见落到实处。另外,预算初审的工作与成效会及时向党委汇报。

3. 以项目预算为重心的人大预算初审模式

这种模式是我们在考察一些区(县)级人大预算初审情况的基础上提炼的一种模式。在财政预算初审过程中,项目预算因具有可进入性强、容易把握等优点,受到一些基层人大的"青睐"。其中,上海市闵行区人大的实践探索具有一定的代表性,具体的初审工作时间表和该模式的特征如表5.2。

表5.2 闵行区人大常委会预算初审工作时间表

阶段	时间节点	工作内容	实施部门
预算编制初步设想调研阶段	6月底前	区政府召开下年度部门预算编制会议	
	会议后15天内	确定预算初审前期工作对象(各工作机构1~2家)	各工作机构
	7—8月	组织开展预算编制初步设想调研,召开座谈会、走访调研	各工作机构
预算听证阶段	10月底前	根据预算编制初步设想调研情况,提出预算听证备选项目	各工作机构
	10月底前	提出预算听证项目初步方案	预算工委
	10月底前	预算听证方案报主任会议讨论审议	预算工委
	区人代会召开35天前	组织实施预算听证	常委会
预算方案调研阶段	10月底前	对部门的预算初步安排方案进行调查研究	各工作机构
	10月底前	结合预算初审前期工作情况,形成部门预算调研总结	各工作机构
	10月底前	向区财政局反馈预算初审前期工作中的建议意见,并跟踪了解建议落实情况	预算工委

[1] 戴玮:"市财政局做2015年预算报告——81个部门共53.32亿",《温州网》2014年12月25日。

(续表)

阶段	时间节点	工作内容	实施部门
初步审查阶段	11月中旬	提交下年度区本级部门预算草案初步方案	预算工委 区财政局
	11月底前	形成预算初步审查意见（送审稿）	预算工委
	12月上旬	预算草案初步方案初步审查意见（含区本级预算草案、部门预算草案审议意见、预算听证结果报告等）报告提交主任会议审议	预算工委
	12月下旬	预算草案初步方案初步审查意见（含区本级预算草案、部门预算草案审议意见、预算听证结果报告等）报告提交常委会审议	预算工委

第一，重视预算初审与前期工作的衔接。有效的人大财政预算初审离不开相关预算信息的支撑。闵行区人大于2008年年初制定并通过了《闵行区人民代表大会常务委员会预算审查监督办法》，其中明确了政府预算草案递交常委会和人代会前的细化，要求人大提前介入预算编制工作。对预算编制和政策提前摸底，围绕对口联系单位前期调研、增强监督实效是这一举措的重心所在。为贯彻落实2014年8月31日修订的《预算法》的有关规定，2015年闵行区五届人大常委会通过了《关于进一步完善预算初审工作的暂行办法》（见附录4），强调将预算初审前期工作与预算初审衔接起来，将预算监督重点落实到区人代会前的人大常委会初审阶段。

第二，建立项目为重心的绩效监督和听证会机制。财政预算项目前评估是近年来闵行区财政改革的一项重要制度安排。前评估时，2 000万元以上的预算项目根据绩效的高低分为四档：有效、基本有效、一般、基本无效。有效的项目即可直接纳入预算，基本有效的项目还需继续完善，一般的项目放到人大初审阶段进一步论证，基本无效的项目则必须撤回。前评估时，人大预算工作委员会和一些人大代表也会参与其中。

从2008年起，每年12月份人民代表大会全体会议召开之前，区人大常委会会选择一些财政预算项目前评估中绩效得分比较低、社会关注度较高、预算金额较大（500万元以上）以及具有一定争议的民生项目进行公开听证。按照《闵行区人民代表大会常务委员会预算初审听证规则》，听证会主要由人大常委会组成人员、媒体、公众、人大代表、专家以及预算项目提出部门及分管领导共同参与，程序上注重多元行动者之间的互动和辩论，听证结果通常是常委会预算初审的重要依据。2014年10月出台了《关于〈闵行区人民代表大会常务委员会听证办法〉的若干操作细则》,对预算项目选择标准、送审材料要求以及听政结果运用作出进一步细化。

随着预算初审阶段绩效监督和听证会机制的引入,2008—2015年,闵行区人大对政府预算项目预算产生了一定的影响。以2010年度该区5 000万元"劳动关系和谐企业创建"项目为例(预算草案编制时的绩效表如下),在前评估中该项目的级别为"一般",意味着预算草案有被调整或取消的可能。在听证进入询问和辩论的环节,公众、人大代表、专家、人大常委会成员纷纷对项目用途的公共性、预算资金的有效性以及绩效指标设计的合理性提出了质疑,并与预算申报部门进行了激烈辩论(详见附录5的听证记录)。政府相关部门听证会后声称压力很大,最后在递交人代会审批前取消了这一预算项目提议[1]。

表5.3 闵行区人力资源和社会保障局绩效项目公开

单位名称	区人力资源和社会保障局		
绩效项目名称	创建劳动关系和谐企业活动		
年度预算	5 000万元		
提供的公共产品或服务	在全区范围内开展"劳动关系和谐企业"的创建,推动各类企业完善经营管理,规范用工行为,依法保障职工合法权益,降低劳资纠纷案发率,建立起劳动关系自主协调机制		
操作部门	区人力资源和社会保障局		
项目类型	公共活动类		
需开展的活动	序号	活动名称	金额
	1	劳动关系和谐企业奖励费	4 913.3万元
	2	发放活动宣传资料	8万元
	3	业务培训	1.6万元
	4	新闻宣传制作和媒体报道	6.5万元
	5	和谐企业推进表彰会务	0.4万元
	6	劳动关系和谐企业抽查	15万元
	7	委托社会组织测评	48万元
	8	表彰发放获奖证书铜牌	7.2万元

[1] 笔者的参与式调研日记:MOA20101229。

(续表)

	序号	指标名称	2009年	2010年	2011年
绩效目标	1	参与劳动关系和谐企业创建主动申报的企业数	300~500家	600~800家	1 000家
	2	企业对劳动关系和谐企业创建内容的知晓率	>25%	>50%	>75%
	3	涉案人数超过10人以上的集体劳动争议仲裁案件占比	<10%	<8%	<5%
	4	涉案人数超过20人以上的群体性劳资纠纷集访案件下降率	>0.5%	>0.5%	>1%
	5	劳动者对企业的劳动保障监察有效投诉举报下降率	>1%	>3%	>5%

第三，畅通修正政府提出预算草案的制度化通道。对财政预算专业技术的把握是开展有效审查监督的前提。针对代表们担心的预算技术门槛问题，闵行区人大以制度化的培训为抓手，根据代表个人意愿和行业领域，在人代会前的初审阶段，有针对性地提供一些实务培训。在2010年年初的人代会上，一位经过培训的企业界代表领衔提出了《关于调整组织部门900万元干部学历教育支出的预算修正案》，该修正草案指出干部的学历教育支出应当由自己而非公共资金来支付，削减该项目节省下来的预算应用于区域内旧小区的改造事业。尽管由于案由案据不充分，没有通过大会主席团表决，但给预算申请部门及主管领导带来了很大的压力。2012年年初，代表们提出的《关于调整会议、课题等六项预算项目的修正案》被列入大会表决议程，并获通过。在落实这一修正案的过程中，实际压缩六项费用预算185.5万元，共涉及全区包括区委、区政府在内的67家预算主管部门、153家行政事业单位。按照修正案的建议，压缩下来的资金作为2012财年预备费，用于民生项目支出[1]。

另外，为了突破人大对政府提出的预算草案审查中要么整体否决、要么全体通过的实践瓶颈，闵行区人大早在2008年正式通过了本区《人民代表大会关于预算草案修正案的试行办法》，细化了人大代表在人代会期间对政府预算草案行使修正权的原则和程序，并在2012年年初的人代会上专门设置了"财政预算专题询问会"，从制度设计上对人大审查政府提出的预算草案进行了完善。

第四，整合多元预算审查监督力量。公共预算的编制、批准和监督，是一个

---

[1] 访谈资料：S市M区人大代表，MGA20130110。

民主参与的过程,是一个公开透明的过程,也应是一个要经过人大实质审查同意的过程[1]。在这一理念基础上,闵行人大先后成立了人大常委会预算监督专家咨询组、预算工作委员会和以人大代表为中心的部门预算对接监督小组。在具体运行中,注重常委会各个工委"议事"和"议财"相结合。通过组建专家咨询团进行改革设计、鼓励公众参与听证、邀请媒体观摩报导、引入第三方审查等方式,使专家、公众以及社会力量嵌入到初审实践中来,是一个突出的特点。另外,重视发挥审计在预算监督中的作用,比如推动政府开展预算项目绩效审计,对审计结果报告和审计整改情况报告进行专题询问。这些多元力量的合力审查监督为推进人大预算初审提供了良好支撑。

4. 地方人大推进财政预算初审的三种模式比较与问题聚焦

各地人大形式多样的财政预算初审改革可以简要概括为三种类型:省级人大以政策和预算绩效为抓手的预算初审(北京、湖北等),地市级人大以部门预算全覆盖为导向的初审(温州、湖州等),以及区(县)人大以预算项目为重心的初审(上海闵行等)。虽然不尽全面,但一定程度上反映了近年来地方人大预算初审改革的侧重点和特点。比如,以政策和预算绩效为抓手的改革,注重国家级、省级重要政策在重大项目及预算资金安排中的落实情况,侧重政策性支出、重点支出和重大投资计划,但对信息的获取要求高,预算初审过程对于公众的开放度和相应的参与有限;以部门预算全覆盖为导向的初审,虽然范围全面,并呈现出多元行动者参与的改革图景,但成本高不容易抓重点;以项目为重心的初审,方便操作,但项目间是否存在支出交叠以及与政策的整体关联不易把握。

在对这些实践进行调研时,发现它们在财政预算初审改革选择上有相互吸纳、交叉融合之处。例如,北京市人大曾在 2004 年左右采用过以部门预算全覆盖为导向的初审,但发现耗时耗力,重点不突显,2009 年开始转变为以政策和预算绩效为抓手的改革,不再局限于以部门为中心或者以项目为重点;温州市人大在接下来的改革中,将从以部门整体预算为中心的听证方式,转变为把一批部门涉及民生的预算项目集中进行听证,这与闵行区现有的预算听证实践具有不谋而合之处;就闵行区人大而言,推动并参与了预算项目的绩效评价工作,在夯实以项目预算为重心的改革基础上,注意到了向部门预算延伸的必要性。比如,2017 年预算初审听证的安排中除了教育、养老、住房项目外,新增了区交通委的

---

[1] 蔡定剑:"公共预算改革应该如何推进",载于刘小楠主编:《中国公共预算改革的理论与实践》,社会科学文献出版社 2011 年版。

部门预算,在一定程度上体现了从项目听证向部门预算听证的适度拓展[1]。

总之,透过这些特征鲜明的预算初审模式,可以看到改革的共通之处:逐步显示出对绩效、专业化审查力量、多元化审查方式的关注,虽然程度有所差异。同时,有待进一步解决的问题也日趋突显,主要有财政预算初审目标定位上系统性的考量不足,财政预算初审过程对于公众、审计部门、专家等多元行动者的开放度和借力审查的程度不均衡,现有的财政预算初审支持体系滞后于时代诉求,初审报告的运用有待加强等(见表5.4)。

表5.4 代表性的地方人大财政预算初审模式及特点

代表性模式	主要关注点	特点	优劣枚举
北京市人大以政策和预算绩效为抓手的初审	财政预算(包括部门、项目)与政策的匹配度及绩效高低	强调政策、预算绩效与预算安排的整合 注重预算初审与其他预算环节的系统关联 重视审计等多元审查力量 审查方式的多样化	侧重财政支出政策要点、重点支出和重大投资项目,但信息获取要求高,公众的参与有限
温州市人大以部门预算全覆盖为导向的初审	所有使用公共资金的部门预算	包括党政部门预算在内的全覆盖 注重听证、分项审查 审查力量的多元化	全面但成本高;可以进行多元参与,但不容易抓重点
闵行区人大以项目预算为重心的初审	构成部门预算的预算项目	重民生和实事项目 强调项目绩效 审查力量的多元化 注重听证和预算修正	易操作,代表、公众可进入性强;现有制度安排对预算项目能产生明显影响;系统性、政策性的审查有待拓展

注:表格自制。

第三节 迈向实质化财政预算初审的未来模式选择

财政预算初审已不仅仅是汇集政府预算编制信息、形成初审报告的技术性问题,更重要的是它还关乎到人大法定预算审查权能否有效运转、作为纳税人的公众基本权益能否得到保障的民主治理问题。1999年预算改革以来,地方人大在从形式化初审向实质化初审推进过程中呈现了多元化的改革模式,并取得了一些进展,然而还应在财政预算初审目标理念的系统性考量、多元参与制度的健全、回应性初审体系的构建以及初审结果运用方面进一步完善。

---

[1] 笔者的参与式观察:S市M区人大常委会组织的听证会,MOH20161129。

一、树立系统性的财政预算初审目标理念

我国情形下,由于人大全体会议期间审议财政预算的时间不充分,不少地方人大将关口前移,把预算监督重点落实到人代会前的财政预算初审阶段。按照系统预算的逻辑,在明晰目标理念时,应建立地方人大财政预算初审与预算过程其他阶段之间系统性的关联。一方面,预算初审最基本的目标定位是从形式化初审到实质化初审的转变,假若没有把预算初审做到实处,初审本身也可能就是形式。没有实质化、专业化的初审,最后大会的审批可能就像过去一样流于形式。另一方面,注重收集预算过程中编制、审批、执行和决算诸环节反馈的信息,来提升预算初审的针对性和有效性。在此基础上,追求以实质化初审为支点,培育有利于激发人大代表履职动力和预算审查监督技术发挥的权力结构,推进人大预算监督整体绩效的提升。此外,还应该把预算初审的目标定位和"民主财政""科学财政""法治财政""阳光财政"等现代财政理念结合起来,并把这些理念深化到具体实践中去。

二、健全财政预算初审过程中的多元参与制度

在"民主财政"和"阳光财政"理念下,财政预算初审应当是向公众、专家、审计等多元行动者开放,赋予它们权力参与其中进行合作审查监督的一个过程。现有的实践模式虽然开始重视多元行动者的参与,但仍然呈现不均衡状态,或者有选择地允许部分行动者参与,而且在提高参与绩效方面也有待深挖。

首先,扩展参与的渠道和方式。各级人大可以综合运用预算听证会、网络恳谈、询问旁听等制度平台让公众以较为方便的方式参与进来,并通过法律规范的保障将公众意见作为财政预算初审的重要依据之一。其次,拓展参与的程度。以审计为例,虽然三种模式里都涉及对这一力量的运用,但其参与的程度也呈现明显差异。与常见的对预算执行审计与决算审计结果的运用相比,财政预算初审阶段审计力量的融入以及全过程的参与,是一种改革的新趋势。比如,湖州市人大在进行预算听证时,初审前把部门预算草案分成七组,审计派一组,外加两个预算专家,花两天去审,之后进行跟踪审计,审到第二年决算出来[1]。这种

---

[1] 访谈资料:Z省H市人大财经委组成人员,HFA20160828。

制度安排有助于弥补人大财政预算初审专业性的不足,也能为之后的绩效审计奠定良好的信息基础。另外,提高财政预算初审过程中相关行动者的参与绩效。在专家参与方面,组建预算审查专家委员会、专家库或聘请咨询专家,已成为地方人大较为常见的做法。然而,良好的制度设置并不会自动转化为良好的制度运作,为进一步提高专家参与的绩效,有必要从专家选择到专业辅助作用的发挥进行通盘考虑:专家遴选时与人大预算审查监督任务的匹配性、独立性、专业性、实践经验的积累等因素应当考虑到,逐步引入常委会票决制;运作过程中应注重通过相关平台、程序及激励约束机制的构建,最大化地发挥专家所具有的专业辅助优势。比如,可以借助"互联网+"等技术手段,打造专人后台管理、多元互动的预算审查监督微信平台,分项目或分部门引导和鼓励专家、代表进行深度参与及审查意见的相互激发。在此基础上,有条件的地方还应进一步完善机构设置,设立人大常委会预算审查监督中心,安排若干事业编制人员,为常委会、代表和专家参与预算审查提供服务保障。

三、构建具有时代回应性的财政预算初审体系

财政预算具有技术和政治双重属性,较弱的技术和制度支持通常会成为实质性预算初审的羁绊。未来的改革应遵循"科学财政""法治财政"等理念,把时代诉求与财政预算初审体系的构建结合起来,并从审查范围、审哪些内容、如何及时获得充分的信息、采取哪些原则方法等维度进行回应。

第一,明确新形势下财政预算初审的范围和内容。新形势下,各地不仅要把全口径的预算纳入财政预算初审的范围,而且在对一般公共预算的审查中,应逐步拓展到对党群部门预算的实质性审查。例如,湖州"四大班子"(区委、区政府、区人大、区政协)的预算首先纳入到初审的范围中来,接着组织部、纪委、宣传部无一例外[1]。另外,根据各地情况,尝试着把税收政策、债务预算(融资贷款情况)、政府重大投资项目、重点支出、专项资金预算、开发区预算等作为预算初审的重要内容,必要时在初审报告中重点强调,服务于人大常委会后续的预算审查监督工作。

第二,推动预算的早编细编和预算信息的共享。为破解预算初审和人代会

---

[1] 湖州市人大内部资料:《关于2015年市级部门、专项资金预算审查监督有关事项的通知》,湖人大财〔2014〕11号。

审查时间短的困局,应结合下一财年的工作计划和重点,推动财政预算的早编细编。人大除了抓政府预算编制的重要节点外,向政府财政部门反馈初审结果或意见的具体时间也要明确规定下来,避免因拖延而致使有关部门难以修改或调整预算草案、人大初审劳而无功的现象。与此同时,政府新的财政年度预算信息的提供也应明确下来,通常包括政策依据、与中长期规划或本级党委政府工作规划的关联、重点工作安排、目标任务、规范的预算文本、预算绩效目标以及说明。另外,加快信息技术建设,确保信息资源在人大—党政—预算部门之间实时共享。建议把财政的多元在线系统端口接入人大常委会,供常委会领导、相关工委实时了解。运行稳定后,逐步向全体常委会组成人员和人大代表提供预算审查监督服务。

第三,改进初审工作的原则和方法。现有法规条例为预算初审提供了法律依据,但过于原则和笼统,人大代表往往难以掌控。省级人大可以借助2014年8月31日和2018年12月29日修订《预算法》提供的契机,在新一轮预算审查监督条例修订和初审实践推进中,除了合法性、合规性、合理性、平衡性外,对审查原则方法进行细化,比如强调预算与政策的关联,结合政府工作报告、政府财政支出政策和重点来审查政府预算草案;注重对预算完整性、绩效性的审查,加快形成"用钱必问效、无效必问责"的倒逼机制,强化财政资金使用主体的责任意识;关注其他支出等。

区(县)人大常委会作为法定的预算初审主体,在现有情形下,可以尝试着分两步加强初审工作:第一步是按照人大常委会各个工委对口的部门进行分组调研;第二步是要充分发挥常委会人员和人大代表的力量。就具体方法而言,除了听证、会前集中调研、专题询问外,浦东新区人大以"三个要点、三个步骤"为特色的会前征询改革具有一定的借鉴意义。在预算编制环节,人大的参与应把握好"三个要点",即人大搭建预算监督的平台,对口联系的工委牵头,请人大代表参与。对一个部门预算审查的时候,一般选取二、五十个人,单位资金多些的话,五十人左右;"三个步骤"分别是:集中动员、听取政府部门预算安排情况(单位情况、上一年度决算、当年资金情况以及下一年预算安排中的重点项目支出);开展调查研究;集中提出和听取意见。人大把征询意见建议分类整理后送达相关政府预算部门,预算草案编制过程中相关意见建议是如何吸纳和落实的,在十天之内应以书面形式及时反馈。相关反馈由人大相关委员会转发给人大代表[1]。

---

[1] 吴惠平:"浦东新区人大预算初审的实践与思考",上海市闵行区人大财政预算初审研讨会发言材料,2016年8月29日。

在具体审查环节,逐步确立预算草案分项审查和重点审查的机制。比如,公用经费与人员经费相对稳定,项目而非日常经费应成为每年审查的重点内容;与此同时,专项资金通常数额比较大,尤其是一些跨部门的专项,存在很大浪费,初审时应进行梳理和重点审查,有条件时可以考虑敦促政府相关部门单独编制专项资金预算。

四、优化财政预算初审的关联制度支持

预算具有政治和技术双重属性,较弱的制度支持通常会成为实质性财政预算初审的羁绊,未来改革推进中应从以下几方面进行制度优化:人大常委会制定的制度应和党委、政府的制度形成合力,并畅通多元沟通渠道;就人大内部而言,人大常委会相关工委联系部门多,更容易从专项工作的角度审查预算,预算工委更侧重从财务、技术层面审查预算,各工委的密切配合,有助于更全面地提出审查意见、推动政府工作。因此,对于地方人大来说,应通过建章立制的形式激励各工委愿意真正进行合作,比如可以尝试把预算审查列为常委会各工委年度常规工作和绩效考评的一部分。

财政预算初审结果若引不起相关政府部门的重视,很容易沦为形式。要做实财政预算初审,应从制度上确保相关初审意见能得到实质性的反馈和有效的运用。

预算初步审查的结果运用一般有两种。一是将初步审查意见提供给财政等部门,以促进预算草案编制的进一步规范、合理。二是将初步审查意见通报(报告)大会负责预算审查的专门委员会、人大代表,以便为大会审查批准预算提供参考;更为重要的是,它还可以为大会期间代表审批甚至修正预算草案提供基本的信息服务[1]。在现有预算法没有明确规定初审机构依法提出的初审结果具有何种约束力的情形下,地方人大可以从新时期这一工作的目标定位出发,把初审意见和结果运用向预算过程的前端和后端延伸,健全相关的制度规定。向前端延伸是指地方人大应分门别类地做好做实预算初审工作,提高初审报告的水平和问题整改的可操作性,避免泛泛而谈。在此基础上,可以把针对性的初步审查意见提供给财政等相关部门,要求予以研究处理,并尝试建立初审结果反馈整改满意度测评制度;向后端延伸的意思是汇总提出初步审查报告后并不意味着

---

[1] 李卫民:"预算初步审查与预算法修改",《人大研究》2013年第2期。

结束,代表大会期间可以作为预算审查报告的附件,提供给人大代表参阅。有条件的地方可以结合人民代表大会期间政府递交的预算草案,让参与财政预算初审调研的骨干代表就关联信息进行梳理和介绍,对于初审意见沟通阶段始终得不到政府响应、甚至重复出现的问题进行重点强调、公开和跟踪,便于代表利用法定职权约束不恰当的预算安排。

聚焦到通向实质化初审的具体模式,应首先对它们之间的交融趋势及各自的优缺点进行审视:以政策和预算绩效为抓手的初审模式可以比作"火警式初审监督",人大不用主动对所有部门或项目预算进行初审,而是狠抓审计出来的有问题的重大专项及绩效较差的重点支出,以问题倒逼预算编制的完善;以部门预算全覆盖为导向的初审类似于"全覆盖式警察巡逻初审监督",人大积极主动地通过查阅文件、听证、调查等方式审查所有的部门预算草案,但需要高昂的成本;以预算项目为重心的初审则可以看作是"分重点的警察巡逻初审监督",与公众利益密切相关的、社会关注度高、资金量较大、绩效可圈可点的预算项目时常受到重视,但容易"只见树木、不见森林"[1]。

在未来的预算初审改革设计和模式选择时,地方人大可以结合本地实践,尝试以一种模式为中心兼顾对其他两种模式优势的整合,同时注意所选择的核心模式有效实施的支撑条件。比如以政策和预算绩效为抓手的"火警式初审监督"是一种具有相对成本优势、容易抓重点的初审模式,而且还有利于引导预算安排有效地反映政策重点。它主张人大通过建立一套规则、程序以及非正式的惯例,赋予多元预算行动者审查、公开行政部门不当或违背纳税人目标的预算分配行为,这套规则体系不应仅仅涉及现有实践所重视的审计力量和代表力量,至少还应包括为公众、媒体、社会组织等提供预算信息知情权、预算草案决策的参与权以及与人大合作进行监督问责的权力和机制。

---

[1] "火警式初审监督""全覆盖式警察巡逻初审监督"和"分重点的警察巡逻初审监督"主要来自麦克宾斯(McCubbins)和施瓦茨(Schwartz)的研究启发,详见 Mathew D. McCubbins, Thomas Schwartz. Congresstional Oversight Overlooked: Police Patrol versus Fire Alarms. *American Journal of Political Science*, 1984(28):165.

第六章
参与治理型人大的预算监督问责过程与制度逻辑

> 预算监督的民主化不应仅以技术的改进，而应以民主治理的理念为核心，实现国家治理和公民权的统一[1]。
>
> ——J Kahn

近年来，随着实践的推进，参与治理型人大已不仅仅局限于财政预算初审阶段的模式创新，而且还逐步拓展到整个预算过程中。正如前文所述，这种类型下的人大在党政-人大以及人大-公众等多元权力关系中通常能够妥善应对，以多元参与和合作的策略而非强势的姿态使其地位呈现日渐增强的态势。就内涵而言，它是在人民代表大会的框架下通过一系列制度设置，使人大代表和公众等多元利益相关者能够参与政府年度预算方案和执行情况的讨论，实质性地参与预算审查监督，旨在影响预算、敦促政府预算责任提升的改革创新。代表性的模式有浙江省温岭市人大的参与式预算和上海市闵行区人大的参与式治理，本章主要从运作过程出发，尝试勾勒出在我国行政主导的预算体制下[2]，这些模式是如何在地方层面兴起并保持有效运转的。其中，温岭是浙江省的一个县级市，除了二手文献和媒体报道外，笔者从2009年开始进入该地做调研，对参与式预算的推动者、经历者、党政官员、乡镇及市人大代表进行了访谈，对民主恳谈会进行了参与式观察，也跟踪了解了近期改革的进展。闵行是上海的一个区，近年来在基层人大预算监督问责方面走在改革前列、备受媒体赞誉。这一案例的展开主要依赖笔者在2009—2018年所进行的问卷调查、官员和人大代表访谈、会议旁

---

[1] J Kahn. *Budgeting Democracy: State building and citizenship in America*, 1890-1928. New York: Cornell University Press, 1997: IV.

[2] 现有文献已经关注到了行政主导的预算管理逻辑与人大预算作用虚置的关联，如周振超："行政主导下的简约治理——省级人大预算权悬空的政治逻辑"，《江苏行政学院学报》2012年第1期。

听和参与者观察资料。多元化的资料来源为下文的分析提供了主要支撑,应部分访谈对象匿名化的要求,文中访谈一律做了保护性处理。

第一节　从民主恳谈到参与式预算：
浙江省温岭市人大的改革创新

在人大很少对政府预算产生实质影响的整体态势下,温岭市人大参与式预算是以预算民主恳谈为媒介、"公众-人大"双重参与为突破点,逐步兴起并培育了有利于人大预算作用发挥的内外部支撑要素。它于 2005 年始发于乡镇,然后从乡镇延伸到市,再从市辐射到更多的乡镇,逐步形成了以人大为中心,全方位、全过程、上下互动型的运转模式。其中,乡镇人大 2006 年以来持续性地提出的预算修正案和温岭市级人大 2015 年产生的正式预算修正案是观察人大影响政府预算的一个较为直观的纬度,也构成了考察温岭改革的主要时段。

一、权力结构的多纬构建

(一) 人大与社会良性互动中激活了人大的制度优势和预算作用

以预算民主恳谈为主要媒介的温岭参与式预算的兴起,是在不断改革尝试中形成的。它最初缘起于群众与政府双向交流互动的民主恳谈创新。1999 年 6 月,为响应浙江省委在全省开展农业农村现代化教育的工作要求以及中央开始创建新农村的战略部署,温岭市委宣传部选择了松门镇做试点,一改传统单向度集中讲课的教育方式,倡导干部群众坐在一起,就关注的热点及难点问题进行双向交流对话,取得了较好的效果。之后,试点逐步在温岭市其他乡镇推广,名字统一为"民主恳谈"。以民主决策为导向的恳谈会在传递民众诉求、吸纳民意方面起着重要作用,比如在已经请专家设计好的牧屿山公园规划建设恳谈会上,群众提了 60 条涉及进山的路应该有几条、哪些原有景点应保留、如何有效迁移祖坟等意见,出乎镇领导的意料,也鼓舞了执政者,最后决策中采纳了 30 多条有价值的想法。

然而,因其在体制上不具有合法性(在乡镇一级,重大决策应由人民代表大会作出),实践中又面临主要领导更换带来的非持续性困局,当时有不少质疑。2004 年,温桥镇的改革者已经意识到这一问题,探索了民主恳谈与人大相结合的可能途径。当年旱情严重,以镇政府投资两百万元预算修水渠的想法作为恳谈议题,取得了较好的效果。

真正把预算作为民主恳谈的议题固定下来是在2004年10月。困惑于如何推动"民主恳谈"进一步发展的温岭市委宣传部门在与世界与中国研究所所长李凡互动的过程中,听取了后者的改革建议,即预算会逐步重要起来,它是把"民主恳谈"和人大制度相结合的一个理想议题,"民主恳谈"是公众参与的,人大拥有法定的预算权,将体制外的恳谈变成体制内的对话,可以为公众意见诉求的表达以及公众-政府就公共问题进行预算沟通提供一个制度化的平台。这一方案于2005年在认同改革的一些乡镇进行了试点,尤其是"泽国模式"和"新河模式"的出现,标志着温岭市参与式预算改革的兴起[1]。

(二) 以"人大主动"赢得"党委重视"和"政府支持"

参与式预算改革不可避免地会对党政原有的预算权力带来一定的限制,也会给他们如何用钱带来一些压力。面对这一挑战,温岭市人大的主要做法如下:在确定做得比较好的乡镇经验有价值、值得推广后,先派分管财政、财贸的主任、财经工委的主任下去做调查研究,看看有可能在哪些乡镇进行推广,并与书记、镇长、人大主席进行沟通,有些人愿意做、有些人不愿意做;这个时候人大常委会领导出面对10万以上人口的大镇做工作,看看有什么想法,为什么不愿意做,有哪些困难可以协助解决的;经过多方调研、反复考虑,有把握后选三、五个镇向市委汇报,把改革思路和利弊说清楚,市委原则上同意后,就定下来了,人大开始做具体的方案,统一人大内部各个分管主任的思想。第一年改革从1个镇扩大到4个,第二年从4个扩大到6个,到2009年接近2/3的乡镇的财政预算开始做参与式改革。之后每年改革推广的想法形成后,人大向市委要做汇报、汇报可以后与市政府沟通。2008年开始从乡镇一级推广到市一级时,与市政府先进行沟通,准备拿出交通和水利两个资金量比较大、社会关注程度比较高的部门预算交给社会各界进行民主恳谈和预算的修改。初步方案拿出来、沟通后市政府觉得计划可行,让财政部门拿具体方案,财政部门把方案拿出来后提交给市委,市委批准后就实施了。概括来说,人大想有为的话要主动,提出方案要可行,注重多方配合[2]。

(三) 上下级人大合力确保乡镇试验的可持续性

与我国很多地方的民主试验一样,温岭参与式预算改革在推行阶段,一些乡

---

[1] 访谈资料:Z省W市宣传部门人员,WXC20091111。
[2] 访谈资料:Z省W市人大常委会成员,WSZ20091113。

镇曾出现过前任党委书记走了,后任对前任力推的参与式改革不感兴趣等"人走政息"的问题;一些领导面对代表的不断"挑刺",对改革心存疑虑。比如在改革发轫地之一的新河镇,有一年人代会上原本打算票决的年度财政预算案,因担心被否决,临时改为举手表决。2007年由于镇里主要领导更换,持续了三年的改革"缩水",一度出现险些停摆的危局。之后危局的化解、改革的推进,很大程度上得益于当年新上任的温岭市人大常委会主任的支持。他上任后公开表态,新河镇改革对中国地方政府公共预算改革有突破性意义,"参与式预算"不但要继续实施,而且要在全市各镇铺开,并逐步过渡到市一级[1]。

二、制度程序的创新完善

人大预算作用的虚置通常是与制度程序的缺失相伴而行。在温岭市的实践中,以预算民主恳谈为依托,在人大制度框架内进行了制度程序的创新和完善。

(一)将温岭原创的民主恳谈与人大预算监督过程融合在一起

具有较好民主恳谈基础的新河镇在2005年就进行了改革:人代会前,在镇人大主席团的主持下,由镇人大财经小组分工业、农业、社会3个专门小组,通过辩论、咨询、与政府对话等恳谈方式进行预算草案初审;人代会召开期间,镇政府向大会做预算草案报告→代表分组恳谈和集中审查→提出修改意见建议→镇政府解释和答复,召开镇人大主席团会议,形成修改方案→代表组讨论,还有争议的可由人大代表五人以上联名提出修正案→人大主席团审查大会辩论并投票表决预算修正案和预算草案。人代会闭会期间,由镇人大财经小组作为财经监督常设机构,对政府预算执行情况实行监督,并参与下一年的财政预算编制。

从2008年开始,"新河模式"在全市进行推广,以民主恳谈为主要形式的参与式预算创新逐步实现了从乡镇向市级的延伸,并贯穿整个预算过程。以人代会前的初审预算恳谈为例:恳谈会一般在市人大常委会初审预算草案的十五日前举行,参与者主要由市人大代表、普通公民、专家、相关政府部门负责人、常委会组成人员及财经工委等构成。具体程序如下:在集中听取部门有关情况和财经工委对部门预算草案初审情况汇报的基础上,根据与会人员的身份、地域分布状况进行分组恳谈。之后的集中恳谈会上,先由各组组长汇报分组恳谈情况,再让部门与代表、公众进行面对面恳谈并回答询问,市政府领导最后作表态发言。

---

[1] 杨子云:"预算民主的新河实验",《中国改革》2007年第6期。

恳谈结束后，常委会对相关政府部门落实恳谈意见情况进行跟踪督促，以恳谈意见"倒逼"年度预算编制的完善。它的绩效可以从预算部门对于预算民主恳谈的回应中略见一斑，以温岭市住房和城乡建设规划局关于2017年预算民主恳谈代表和公众建议意见的回复为例，作出解释说明10条，吸收代表意见3条；共调整预算项目5项，涉及预算资金2 340万元，其中，新增项目1项，新增预算资金1 000万元；调增项目1项，调增预算资金20万元；调减项目3项，调减预算资金1 320万元（详见表6.1）[1]。

表6.1　2017年温岭市住房和城乡建设规划局项目预算修编情况表（单位：万元）

序号	单位	修编前数据							修编后数据						
		项目名称	小计	一般公共预算拨款收入	省补助收入	政府性基金收入	其他收入	上年结转结余指标	融资	项目名称变动	小计	一般公共预算拨款收入	省补助收入	政府性基金收入	其他收入	上年结转结余指标	融资
1	市建设规划局	横湖桥区块至湖心公园步行桥	800						800								
2		环东辉公园绿道建设	2 000						2 000		1 500						1 500
3		测绘处运行经费	80	80							60	60					
4		旧住宅小区改造	100		100						120	20	100				
5		西环路西郊隧道复线									1 000						1 000
	合计		2 980	80	100				2 800		2 680	80	100				2 500

（二）赋予了人大预算修正权和大会辩论权

在我国相关法律法规没有赋予人大预算修正权的情形下，2006年新河镇人大通过了《新河镇预算民主恳谈实施办法（试行）》规定，完善了大会程序，赋予代表提出预算修正案的制度化权力；在预算修正案的表决程序上，从举手表决过渡到逐项票决，对意见较多的预算修正议案设立了大会辩论环节。据不完全统计，

---

［1］　温岭市人大常委会："温岭市住房和城乡建设规划局关于2017年预算民主恳谈代表和公众建议意见的回复"，2017年3月10日，http://www.wlrd.gov.cn/article/view/15614.htm。

2006—2016财政年间,新河镇人大代表共提出70多项预算修正草案,经过主席团审查后,有20件进入了大会正式表决程序,其他由于提案代表少于法定的五人联名、不符合预算修正案要求的格式、内容上偏离了预算议题或者不清楚的预算调整描述等原因审查无效,或被转为普通意见。获得通过的预算修正议案19件。由于辩论程序的引入,出现了预算修正草案经过大会辩论后表决不通过的现象(见表6.2)。这些新规则强化了代表的人大意识和公共意识,比如有代表领衔提出的"增加老城区改造支出"的预算修正议案,由于当年的预算资金有限,经过激烈的大会预算辩论,在最后的无记名票决中未获通过,代表觉得对不住选区民众的重托,伤心地哭了[1]。

表6.2 2006—2016财政年度浙江省温岭市新河镇预算修正草案及表决结果一览表

财政年度(年)	代表提出的初始预算修正草案数(件)	全体会议期间主席团的审查结果	表决方式和对初始预算修正草案的表决结果
2006	8	2件进入表决程序 6件转为普通意见	举手表决:2件通过
2007	16	1件进入表决程序 1件涉及大额资金,需要调查后重新考虑 14件转为普通意见	票决制:1件通过
2008	17	2件进入表决程序 2件进一步讨论后视为普通意见 13件转为普通意见	票决制:0件通过
2009	9	2件进入表决程序 2件有效提议,进一步讨论后视为普通意见 5件转为普通意见	票决制:2件通过
2010	1	0件进入表决程序	0件
2011	8	3件进入表决程序	票决制:3件通过
2012	15	2件进入表决程序	票决制:2件通过
2013	3	3件进入表决程序	3件通过
2014	/	/	2件通过
2015	/	/	票决制:2件通过
2016	2	2件进入表决程序	票决制:2件通过

资料来源:作者根据温岭市调研日记、媒体报道等信息整理。其中,缺失信息已用"/"标出。

[1] 访谈资料:W市X镇的人大代表,WXQ20091112。

温岭市级层面,正式的预算修正案是在2015年市十五届人大四次会议上出现的。当时10名代表以上联名共提出了9件预算修正议案,经大会初审和大会主席团票决程序,《关于要求增加城乡交通治堵经费的预算修正议案》获得通过,其他8件因提案依据和建议合理性方面存在一定的欠缺,未能提交全体代表票决,改作预算审议意见,建议政府吸纳到预算编制的修改中[1]。在此之前,人大对于政府预算安排的影响并非不存在,比如可以在非正式的修正提议中感受到,正如一位人大代表所言:

> 2009年人代会期间,我们专门审议的时候,有个项目是市里面定的,就是我们前面的一片空地,想搞一块像上海的新天地一样,休闲的、高档的、小资情调的咖啡厅,向外面招标8 000万元。为了引这个项目,让我们财政拿出3 000万元来投资一些桥梁、地下室等。这个项目我们觉得不妥,有个代表提出,这是属于市场的事情,不属于财政应该出的钱。我们觉得有道理,会议结束之后,我们和有关局里的领导进行沟通,把我们的意见告诉他,后来他们去改正。我们还没有投什么票,但通过这种方式发出的信号,至少可以减少党政部门拍脑袋的决策方式,提出的事情要考虑人大的想法[2]。

(三)部门预算实行票决制

温岭市于2013年开始选取一些部门预算进行票决。在人代会前30天左右把选定的部门预算草案提前发到代表手中,经过会前的预算征询恳谈会、会中的专题审议会,由全体人大代表对部门年度预算草案进行无记名投票表决,最后决定年度预算分配。随着《温岭市人民代表大会票决部门预算工作规程》的出台,这一创新逐步走向制度化。

(四)外部制度的完善为温岭人大预算作用的增强提供了支持

随着党的十八大报告中"全口径预决算审查监督"要求的提出、中央层面一系列财经法规的修改以及财政预算信息公开的加强,政府性基金、土地出让金、债务等原本游离在人大视野之外的资金纳入了预算监督,拓展了参与式预算的资金范围,为温岭市人大预算作用的发挥提供了更好的制度支持;从人大所处的政治系统来说,2010年,温岭市委确定"参与式预算改革"为上级党建工作责任制考核的特色创新自选项目,同时首次将参与式预算纳入对各镇、街道党建考核

---

[1] 岳德亮:"浙江温岭市人代会'破冰'票决修正预算",新华网浙江频道,http://www.zj.xinhuanet.com/newscenter/headlines/2015-04/07/c_1114885094.htm,2015年4月7日。
[2] 访谈资料:Z省W市人大财经委组成人员,WFP20150319。

内容。之后还陆续出台了一些支撑改革持续进行的制度化文件[1]。

三、监督能力的协同增强

温岭市主要是通过多元化监督力量和监督工具的整合来弥补自身能力的不足,具体有以下三点。

(一)专业能力

在当前县一级人大常委会没有专门预算工作机构的情形下,一方面,温岭市建立了人大财经工委议事委员会,聘请熟悉预算业务的专家或专业人士参与预算调整、决算审查监督有关具体工作,弥补预算监督力量的不足。另一方面,从2010年9月开始,温岭市人大常委会着手组建预算审查监督参与库和人才库,通过组织推荐与公众自愿报名相结合的办法,鼓励和引导专家、社会公众以及中介组织、行业协会、社会团体等组织广泛参与人大预算审查监督中来,提升参与的专业性、广泛性、代表性和有效性。这些举措随着2012年《温岭市市级预算审查监督办法》的实施得以固定下来。

(二)信息能力

除了按照法律规定敦促政府提供全面详细的预算信息外,利用代表力量,在调查走访及与选民互动中收集意见建议,注重网络化平台的运用是温岭市人大提升信息汲取能力的一大特色,比如2007年市人大网站上开通了"曙光论坛",作为了解社情民意、筛选恳谈和监督议题的重要渠道。在信息互动与信息传递方面,不断尝试着向审计和新媒体"借力":围绕每年审计报告反映出来的突出问题对相关财政预算资金申请和使用部门进行有针对性的询问监督;询问过程以网络视频直播的方式进行信息公开,在温岭人大网、温岭新闻网等开展全程直播,并通过《温岭日报》、温岭人大网、温岭市人大官方微博、当地热门网站虎山论坛、微信公共平台"微温岭"等发布公告及会议进展情况。网友通过留言、现场提问、发表意见和建议等方式,与询问会现场开展有序互动,并对政府职能部门产生一定的影响[2]。

(三)参与式监督工具开发与使用能力

温岭市人大采用了多种参与式监督工具:第一,多样化的预算恳谈。以税收

---

[1] 访谈资料:Z省W市人大常委会组成人员,WSH20150320。
[2] 温岭市人大常委会:"温岭人大:首试网络直播交通治堵专题询问会",《台州日报》,2014年12月12日。

收入、性别预算、政府重大投资项目等为议题的专题民主恳谈,区域民主恳谈,专业民主恳谈、大会集中恳谈等。第二,部门预算项目初审听证。听证内容选取事关民生、关注度高或有争议的重大项目,听证时间上选取项目提交给市政府常务会议之前,由人大常委会组织听取相关预算部门陈述、实地考察、分组讨论、询问辩论、问卷调查以及网上征询等,广泛收集社会各界意见。第三,以绩效为导向的部门预算专题审议。近年来,温岭市逐步把财政总量相当于市财政总量的50%左右的教育、农业、科技、卫生、计生、城建、水利等多个部门预算专题放到人代会上进行重点审议。第四,专题询问。它是温岭市人大2012年以来在预算执行监督环节的一个创新,重点跟踪每年审计工作报告反映的突出问题和绩效审计情况,旨在强化政府部门的预算管理意识,提高公共资金的运作效率,增强财经纪律。

四、行动者的多元激励

人大代表作为参与式预算的主要行动者,微观层面他们如何看待和以何种姿态参与预算改革对于制度运转绩效至关重要。温岭实践中他们之所以积极地参与到预算过程中去,与所面对的多元激励有关。

(一) 信任激励

温岭以人大为平台展开的参与式预算,无论是在议题选择还是在恳谈制度的设计上,都强调公众导向,这潜在地增强了公众对人大的认可和信任,也有利于激发人大代表履职的热情。一位乡镇人大和一位市人大官员的感受分别如下:

> 人大已经不是"橡皮图章"了,地位一天比一天高。普通的老百姓对人大的信任在逐渐增强,他们有什么问题愿意来找人大代表。像过去我们老城区的路不好的问题,好多人都来找我,我不是办理这个事情,但他们觉得找你比较可信,我那个时候是人大副主席,我们人大主席团用民主恳谈的方法,然后进行实地考察,后来38米路的预算还是解决了。与以前视察时,老百姓向我们镇人大代表发牢骚说"你们人大代表大都没有用"相比,把这个路造起来的时候,那里老百姓对我们非常有好感[1]。

> 我们现在人大的作用还是比较显著的,老百姓觉得有事通过人大反映有用,参加预算民主恳谈有用。现在反映问题或上访,到人大的比例比较

---

[1] 访谈资料:W市X镇两级人大代表,WXL0091112。

高,我们人大常委会主任那里都要"挂专家门诊号"的,每天都要接待几批人[1]。

(二) 组织激励

人大代表除了主观意愿外,客观上面对的预算专业性强、任务量大、力量不足等困难也会影响履职积极性。针对这些障碍,温岭市人大一方面邀请专家、预算相关社会组织以及"市阳光预算宣讲小组"成员对人大代表进行培训,以提高他们的预算审查监督能力;另一方面,以人大代表工作站为依托进行参与式预算任务的分解和合作,从2011年开始,30多个人大代表工作站的代表根据人代会期间将要审查的部门预算,向所在选区的选民进行预算征询的恳谈,推动政府职能部门与选民的双向沟通,从选民中吸纳有价值的意见建议。与此同时,温岭十年实践中发展出的多种参与式监督工具,几乎动员了人大内部所有工作委员会及人大代表进行协同努力,在一定程度上改变了财经工作委员会"单打独斗"的传统格局,使"议事"与"议财"有机地结合起来。

(三) 参与绩效激励

在多大程度上使政府预算向公众公开、对疑问进行回应以及施加影响和控制,是衡量人大参与式预算绩效的重要标尺。近年来,温岭市人大不但加大了敦促政府预决算信息的公开力度,而且引入了面对面预算恳谈、对话和协商等方式,对原来封闭的预算形成了不小的"冲击",政府回应性有所增强。正如一位经历了十年改革的人大代表所观察的:

> 随着我们人大代表预算意识、法律意识的提升,如果政府编的预算不科学、不清楚,代表就要监督,问个为什么;执行的过程中如果不按照人代会期间通过的预算进行执行,代表就提意见;民主恳谈过程中代表提出问题,就要回应,这个问题要什么时候怎么做。假如没有做,下次开会的时候,代表就会提出来,同时来自公众等社会力量的意见也不少。因此,几年下来一些行政领导最大的体会就是应重视预算,大的开支他们通常都要打开预算看看,有没有安排,不敢马虎[2]。

更明显的绩效还体现在通过初审听证、部门预算票决制以及预算修正权等创新,拓展了公众及人大对于政府预算的实质性控制。如一次"水利局预算恳谈

---

[1] 访谈资料:Z省W市人大常委会办公室人员,WOW20091119。
[2] 访谈资料:Z省W市人大常委会会组成人员,WSP20151013。

会"上,政府准备上马一个19.17亿元的排涝工程,被来自预算审查监督参与库中的民众代表否定[1];在2010—2014年,温岭市人大常委会共对145个拟新增项目和84个重大前期项目进行审查,对25个项目提出了重新论证或调整的意见,督促政府取消了5个项目,涉及资金23.776亿元[2]。

第二节 从参与式预算到参与式治理: 上海市闵行区人大的实践推进

参与式治理是治理理论与民主理论的结合,以赋权、参与、协作和网络为特征,强调公民、组织和政府一起参与决策、资源分配、合作治理的过程;旨在通过利益相关者之间的对话和协商,使公共事务决策更加透明,在权力依赖和互动基础上促使各方采取持续的合作行动,调和或融合多元化的利益诉求,是一种新型的既有"参与"又有"治理绩效"的模式[3]。在我国地方公共预算中,肩负着守护"公众钱袋权"的人大无疑是重要的参与式治理主体:一方面,它拥有法定的代表和预算监督权,不仅能在体制结构中为多元诉求提供制度化的平台,而且可以策略性地整合多方行动者的力量从预算边缘状态参与到预算过程中来,对违反公共利益的预算行为进行及时纠偏,必要时实施惩罚;另一方面,人大预算监督作为以执政党领导为中心的整体制度下的一个局部制度,提升实际运作绩效的改革无疑应考虑到整体治理制度框架下预算过程、制度环境、权力结构及行动者变量的影响。

一、参与式预算治理改革的实践样态:以上海市闵行区人大为例

为完善公共预算监督,闵行区以制度建设为切入点,以绩效为导向,在现有体制框架下努力吸纳多元行动者合作参与到预算过程中来,化解预算监督面临的障碍,彰显出参与式治理的创新趋向。

(一)预算编制阶段的参与式介入和预评估

虽然《预算法》清晰地界定了政府是预算编制的主体,为降低政府与人大之

---

[1] 娜迪娅等:"温岭市两会'预算票决'扩至四部门",《南都网》2014年1月10日。
[2] 访谈资料:Z省W市人大财经委组成人员,WFL20151014。
[3] 陈剩勇、赵光勇:"'参与式治理'研究述评",《教学与研究》2009年第8期。

间信息不对称带来的预算监督困境,闵行区于2008年开始明确规定了政府预算草案递交常委会和人代会前的细化,要求人大提前介入预算编制工作。但提前介入并不等于干涉政府预算的技术细节,主要目的是对预算编制和政策设定有个摸底,把民众的想法和相关信息提供给政府,为相关问题的讨论搭建一个公共平台,使预算编制更加合理透明,并从人大的立场对预算编制中违背公共利益和浪费纳税人资源的行为进行及时纠偏[1]。

在这一过程中,按照绩效原则参与对2 000万元以上的部门预算项目进行预评估是其中重要的治理技艺。作为预评估的主要参与者之一,人大财经工作委员会和人大代表的提前介入对政府预算草案的编制能产生一定的影响。比如,2008年预评估中40多个项目有几个就因为不符合相关的绩效和财经原则被砍掉和要求撤回。2008—2015年来呈现了更多代表性的例子,详见表6.3。

表6.3 2008—2015年闵行区人大对政府提出的预算项目草案产生影响的代表性例子[2]

年份	预算申请机构	项目名称	预算数(元)	砍掉、削减及影响
2008	区公安局	智能化信号灯	7 700多万	砍掉 这些措施不能从根本上解决交通
2008	区社保局	帮助创业带动就业的风险基金	1 000万	砍掉 缺乏相关风险规避技术保障
2008	区公安局	确保交通安全的隔离带	600万	砍掉 从施工要求到相关技术,闵行难以满足
2010	区人保局	劳动关系和谐企业创建	5 000万	取消 听证会后大会审议前主动取消
2011	区园林绿化局	景观道路照明项目 (电费部分的争议)	358万	削减 听证会后电费减为200万元
2012	区文化局	建区二十周年大型文艺演出	115万	砍掉 与"金秋闵行"活动合起来做
2015	区教育局	民办学校补贴项目	900多万	取消 听证会前主动取消

---

[1] 访谈资料:S市M区人大财经委组成人员,MFG20090516。
[2] 此表格作者自制,内容主要来自访谈资料:S市M区人大代表MRQ 20090809,人大财经委人大预算工委组成人员MBW20161202。

（二）预算审批阶段的参与式听证和修正

1. 拓展预算审查监督的时间和范围

为解决普遍存在的人大预算审查时间不足和人大代表"看不清"预算的症结，闵行区规定，政府在每年人代会召开的45日前将预算方案提交给区人大常委会，区人大常委会通过预算听证召开论证会的形式对预算草案进行初步审查，并在会议举行的25日前完成审查工作，提出审查意见。在常委会召开之前，相关委员会通常会采取明查和暗访的方式参与并收集部门预算信息，敦促政府逐步把全口径预算纳入到人大审查监督的范围中来，细化预算内容，公开预算信息；常委会召开时，审查方式采取听取预算总报告和分报告的形式，重点关注教育、卫生、科技、社保等重点预算项目和民生项目，并进行逐步的审议和表决；在人代会召开前的两个星期，一套包括总预算表、部门预算表和项目明细表的预算草案送达给人大代表，便于其理解政府预算草案的基本内容和支出重点，并在此基础上作出理性的审查。

2. 把公众和人大代表参与为导向的预算初审听证逐步制度化

听证会制度在闵行区最早萌芽于2007年，针对代表反应比较突出的及民众意见比较大的问题，该区尝试着举行了教育和科技方面的预算听证会。最初主要是在人大、财政部门、预算申请部门内部进行的互动尝试，并安排相关代表参加，最后因为参与的主体很有限，加上缺乏听证相关的程序设计和观念的原因，大家只是进行了一些信息交流，效果比较有限。面临的主要挑战是面对新生事物大家思想和观念上的禁锢以及利益引发的人脉冲突[1]。然而它却开启了人大代表及预算部门的预算民主观念，为后续的制度化改革奠定了不可忽视的基石。

2008年制定的《闵行区人民代表大会常务委员会预算初审听证规则》在一定程度上解决了制度规则供给不足的问题。根据笔者的参与观察，最贴近公众生活、预算编制阶段预评估得分比较低、财政部门很难定夺或有争议的项目时常成为听证的对象。主要由人大代表、媒体、社会公众、专家以及预算项目提出部门及负责领导参加，在听证过程中注重多元行动者的互动和辩论，基于听证会结果的听证报告通常是常委会初审预算草案的重要依据，并最终成为常委会初审意见提交给政府进行预算的整改。

3. 建立落实预算修正权的制度化通道

闵行区人大在2008年正式通过了本区《人民代表大会关于预算草案修正案

---

[1] 访谈资料：S市M区人大常委会组成人员，MSA20090820。

的试行办法》,细化了人大代表在人代会期间对政府预算草案行使修正权的原则和程序,并在人代会上专门设置了财政预算专题询问会,从制度设计上完善了人大预算监督权。在制度设立第一年,一些代表跃跃欲试,但一开始由于知识、信息有限,没出现修正案。一位代表的感触如下:

> 我在2009年人代会上就想提关于征地养老补贴的预算修正案,征地养老680元,全区养老3个亿,而且两者相互脱节。并轨的议案提了,但修正案涉及增加或减少,加上对别的项目不了解,自己的知识也不能准确说出哪些该拿掉,增加或减少多少,只好放弃[1]。

针对代表们担心的预算技术门槛问题,闵行区以培训为抓手,根据代表个人意愿和行业领域,有选择地提供有针对性的实务培训,提升人大代表预算审查监督能力。2010—2018年的人代会上,被培训过的代表中有些时常提出预算修正案和相应的改进建议。

(三) 预算执行和审计监督阶段的绩效导向

主要改革重点在于通过多元主体的参与式跟进,逐步形成绩效导向的执行监督机制。在监督范围上着力以下六点:(1)教育、科技和农业等法定的范围;(2)民生领域的支出,包括医疗、公共卫生、公共安全等方面;(3)年度预算外资金的使用与管理,以及下年度计划安排情况;(4)年度超支收入的使用和执行情况,超收收入一般用于民生领域;(5)年度预算增加和调整情况;(6)政府采购工作的情况。

在监督技艺上,除借助审计和具有专业背景的人大代表力量,参与寻找预算编制与实际执行情况的差异,将预算执行结果与干部考评、奖惩和提拔挂钩外,建立专家咨询组是闵行区人大增强监督科学性和专业性的另一重要举措。专业咨询组的成员主要是精通财政预算、财务审计的专业人士,其中,针对政府预算执行、审计与评价中有关问题开展调查研究是其主要职责之一。与此同时,该区人大财经工作委员会还在尝试与第三方机构合作,立足于从人大视角研究制定部门预算绩效评价体系,尝试扭转过度依赖行政预算信息和评价指标进行被动监督的局面。

二、闵行区人大参与式预算治理有序运作的实现逻辑

预算监督问责绩效与对政府预算提议的影响力是成正比的,也就是说,人大

---

[1] 访谈资料:S市M区人大代表,MRB20100106。

越被认为有能力对政府预算进行深入监督并提出修改建议,表明其预算监督绩效越高。根据2010年对闵行区106位实际履行预算监督职权的人大代表(该区四届人大代表为263人,笔者发放问卷263份,回收106份有效问卷)问卷调查显示:57.5%的代表认为实施改革后人大对政府预算分配及决策产生了一定的影响,35.9%的代表表示产生了较大的影响,可以对政府预算提议进行修正;当被问起改革后人大在预算过程中的作用时,63.2%的代表指出有所增强,认为大大增强的代表占23.6%[1]。据调查,闵行区人大实现的上述制度创新及良好监督绩效的取得有赖于以下要素的构建与支撑。

(一) 环境要素

1. 政治经济环境

在我国政治体制下,如果没有党委的支撑,人大预算监督很难落到实处。在经济快速发展和社会加速转型的过程中,处于城乡结合带的闵行区面临公共服务支出急剧增长的需求和不断出现的财政资源供求矛盾,社会对政府预算分配的关注度越来越高。由于意识到党领导能力的提高与党领导经济工作及财经工作的水平密切相关,该区委常委于2008年提出了建立公共财政体系的目标,以促进政府支出效率提高和将政府预算活动纳入法治化轨道。这无疑为人大预算监督权的运作提供了良好的政治环境。

2. 技术环境

闵行区从2008年起实施了科学细化、简易透明、以绩效结果为导向的预算编制改革,这为人大预算审查监督的推进提供了良好的技术环境:一方面,递交人大的总预算表、部门预算表、项目明细表中大量使用柱状图、饼图、表格、文字说明,对预算信息进行了层次和类别的技术化区分,提高预算透明度的同时服务于人大代表预算审查监督的基本信息需求;另一方面,采用绩效评级工具,强调部门预算绩效与下一年度预算资金分配的结合。预算主管部门提供的项目描述不仅包括与区委区政府的战略目标及部门工作目标的契合度,也包括项目类别、资金来源、提供的公共产品和服务、项目绩效的具体衡量指标等信息,有利于人大代表及公众进行监督。

(二) 权力结构

预算权力结构制约着主要行动者的行动空间和治理绩效。近年来,闵行区

---

[1] 更详细的探讨见 Wang YS: *The Accountability Function of Legislature within a One-party Regime: The Case of China's Local People's Congress*, Germany: Scholar's Press, 2013:189-213.

之所以出现良好的预算监督绩效，离不开背后开放的、互动型权力结构的支撑。

1. 人大-党委-政府之间预算权力结构日益规范

与许多发展中国家一样，无论是立法-政党关系还是立法-行政关系都会对立法机构预算监督绩效产生影响[1]。就闵行区而言，一方面，正式制度的创新明确了人大-党委-政府之间的权责分配，形成了党委统揽全局，协调各方，管重大原则、作重大财政预算决策，政府按照党委定的原则编制执行预决算，人大按照法定程度进行预算审批和监督的体制结构。同时，根据区委通过的《关于加强财经工作领导的意见》，设立了区委财经工作委员会，每年都会对公共预算进行专题会议讨论，预算改革的项目方案采取常委会票决的形式，人大、政府的主要领导参与或列席[2]。另一方面，非正式层面权力精英之间良好的人格化互动增强了人大在预算权力结构中的地位。在该区几位常委会领导看来：

> 我们区几个主要领导之间配合得非常默契，思路和理念都比较相近。有不同的见解首先会进行党内争论和通气；人大与政府建立了党组联席会议，加强彼此间的信息沟通，比如政府每年的大体财政预算安排思路、工作重点会及早与我们沟通；重大事情则以党组名义向区委汇报，党委直接领导人大是不对的，但以党的名义进行协调反倒能被我们接受[3]。

> 我们区委书记曾经在人大系统工作过，非常尊重法律，尊重程序，尊重人大。一般书记会给政府说，你重大事情要先报区委常委会，特别是钱财的事情。而我们的书记经常会倒过来说，你这个事情报人大了吗？人大通过了我这里不会有太大问题。凡是法律规定的必须报人大[4]。

2. 人大-社会之间逐渐形成开放的、互动式的结构

我国长期以来行政主导型的预算模式不仅使人大在预算过程中处于边缘地位，对于公众、社会组织和媒体的开放程度也是非常有限的。闵行区通过组建专家咨询团进行改革设计、鼓励公众参与听证、邀请媒体观摩报导、购买专业服务对政府预算开展第三方审查、培训代表等方式，使专家、公众以及社会力量嵌入到具体的治理实践中来，在一定程度上弥补人大"单兵作战"监督不足的同时，客

---

[1] Lippman, H. & J. Emmert. *Assisting Legislatures in Developing Countries: A Framework for Program Planning and Implementation*, Programs and Operations Assessment Report. Washington, D. C. 1997.
[2] 访谈资料：S市M区党委办公室人员，MPW 20101211。
[3] 访谈资料：S市M区人大常委会组成人员，MSB20090810。
[4] 访谈资料：S市M区人大常委会组成人员，MSF20120201。

观上形成了推动政府预算改革深化的合力,二者的互动塑造着新的预算权力结构。

3. 人大内部的预算权力结构逐步由原来的"金字塔型"向"网络型"转变

与原来少数权力精英主导预算决策相比,改革后的权力结构内,无论是常委会组成人员、工作委员会领导还是普通的人大代表,实质性地参与预算讨论以及审查活动的机会都有所增加。闵行区专职人大常委会委员中,除少数委员认为财政预算过于专业,和自己分管部门联系不多外,大多数认为他们有充分地表达自己观点的机会。如果提的意见科学,有法律依据,就能够对人大的决策和政府的行为产生一定影响[1]。正如有些常委会委员所说:

> 按照改革后的规定,政府想用钱必须报人大来批准,1 000万元以上的必须报。有次常委会有关部门预算项目的审议,我发现有项1 000万元以上的预算并没有提前上报,就立刻质问列席的政府部门,后来常委会敦促政府进行了改进,这方面的法律规则意识有所增强[2]。

> 有次人代会前,政府对改善弱势人群的住房问题进行了关注,比如经济适用房,但推行力度不大,与此同时准备打造人才公寓,也就是说,10万套人才公寓用于吸引更多白领来工作;10万套经济适用房,用于解决低收入家庭的住房问题,但政府把后者作为实事工程,把10万套经济适用房列为常规工作。我个人认为这样的工作次序安排反了,在人代会上提出主流应该是经济适用房,为更突出民生,10万套不够,还要增加。后来政府采纳了我的意见,把10万套经济实用房和人才公寓同时列为实事工程[3]。

(三) 主要行动者

理解预算过程中多元行动者的动力机制,对任何财政预算治理改革来说都是一个关键环节。他们的监督理念、政治意愿虽受特定预算环境和权力结构的影响,但其能动性的发挥反过来对治理绩效也会起到拓展或制约作用。

1. 现有制度约束下人大常委会领导具有以预算监督为改革突破点的意愿

我国省以下人大虽拥有法定的监督权、选举权、人事任免权,但因后两者和

---

[1] 访谈资料:S市M区人大常委会组成人员,MSI20090914,MSK20100123,MSG20101202,MSJ20101208, MSL20110113, 人大代表 MRE20091220, MRF20100111, MRA20120115, MRG20130119,MRH20130125。

[2] 访谈资料:S市M区人大常委会组成人员,MSH20090716。

[3] 访谈资料:S市M区人大财经委组成人员,MFG20090809。

执政党关注的重点有明显交叉,往往会因较强的政治性变得棘手。而蕴含技术性的预算监督在此背景下就成了一些人大增强影响力的切入口,具有激发人大常委会和各专门委员会工作积极性的潜力。

> 我来到人大后其实主要抓两件事情,一个是钱,钱是纳税人的钱,人大是受老百姓委托的;人事权党管,人大看着钱。第二是关注民意,畅通和选民的沟通渠道,通过倾听民意来监督政府。我们规定每位代表每年至少两次去选区,尤其是常委会领导和委员要起表率作用,听取选民的呼声和意见。选民意见逐渐多得不得了,靠人工没法传上来,我们搭建网络,到居委会去,到选区去,然后把网络意见和选区调研意见以代表书面建议形式反馈给政府委、办、局办理,意见和建议的办理也能间接影响政府预算分配[1]。

> 我们常委会主任经常说政府最重要的是人和财,人方面党委管,财方面人大要看牢。与改革前相比,我们委员比以往参与的次数和机会都多了些,应该说作用很大,政府用钱方面比以前规范了很多,财政工委做得很好[2]。

2. 人大代表作为预算监督的行使主体,系统化的履职激励机制在一定程度上调动了他们的积极性

为避免代表干与不干一个样,调动他们的履职积极性,该区主要采取以下四种方式。

(1) 以培训为基点,敦促代表履职能力的提高。一方面,派经验丰富的人大常委会领导和专家到各个代表组做培训;另一方面,让一些履行预算监督职责中备受好评的代表现身说法,鼓励并帮助代表履职。在原有制度基础上,闵行区人大常委会从2017年开始推行代表联络员带教代表制度,每个代表联络员每年带教2~3名代表。由于代表联络员是经人大有关工委、代表组推荐和主任会议讨论、人大常委会聘任的有履职热情、履职实践、履职能力的优秀代表,通过带教,有助于推动代表履职骨干队伍建设,提高代表履职的整体水平[3]。

(2) 有针对性地与代表进行沟通,帮助他们制度化地联系选民,有策略地向政府反映选民面临的问题,协助并监督政府合理利用好相关预算。

(3) 建立代表电子履职档案,记录他们按自己兴趣选择参加的视察、代表小组活动的次数,按季度进行通报和表彰,以履职绩效评估和公开促履职。2015

---

[1] 访谈资料:S市M区人大常委会会负责人,MSL20090810。
[2] 访谈资料:S市M区人大研究室人员,MRF20100403。
[3] 访谈资料:S市M区代表工委组成人员,MCT20171218。

年,闵行区人大常委会讨论通过了《闵行区人大代表年度履职基本要求和保障办法(试行)》,把代表法和相关法律法规规定的代表义务分解为七个方面(见附录8):出席区人民代表大会会议;联系选民不少于2次;向选民报告履职情况1次;参加代表组活动不少于2次;列席区人大常委会会议(包括扩大会议)不少于1次;参加区人大常委会及各工作机构和办事机构组织的培训、视察或调研活动;按照有关法律规定和程序提出议案或代表建议。代表完成这些要求的每一项都有相应的积分,由相关人大工作机构进行登记,并记入代表任期履职档案。为了兼顾代表履职的质和量,对代表全程出席区人民代表大会、开展公开接待选民、向选民口头报告履职情况等"高质量"履职行为予以高积分。例如,一般区人代会会期为3天半至4天,办法规定出席每半天记3分,对于全程参加的,则记30分。联系选民每次记5分,而按相关要求公开接待选民,则每次记10分。向选民报告履职情况,书面报告每次记5分,按相关要求口头报告每次记10分[1]。实践中代表履职的积分差距也比较大,以某代表组2017年2月—2018年2月48名代表的履职登记档案为例,积分最高的是660分,最低的是0分,300分以上的有6位代表。一位参与代表履职情况登记及履职档案检查的代表认为,该办法实施以来,对促进代表积极履职有明显的作用,在履职情况进行交流的过程中,有些代表,包括官员背景的代表,发现自己的积分很看不过去,明显地感觉压力很大,开始想办法确保时间,尽力积极地履职[2]。

(4) 最关键的是为积极履职的代表"撑腰",除了经济上给予代表履职一定的补贴外,还主动为履职过程中碰到的酸甜苦辣和不公正待遇向党委和政府去呼吁[3]。这些机制在一定程度上降低了代表履职的后顾之忧。

> 我在履职时顾虑不多,如果自己的监督方式没有不妥,政府相关部门仍然比较傲慢和粗暴、无视我们反映的问题,可以依据法律赋予的监督权理性地"纠缠"到底,让他们知道我们代表不是为我们自己的,实在不行,可以寻求人大的帮助和支持[4]。

> 区里出台了相关规定,总体上还是比较支持代表认真履职的。我们作为代表,要帮助政府改正不当的行为,无愧于选民对我们的信任。比如,区

---

[1] 李贺:"代表履职档案:代表履职及其保障的助推器",《上海人大月刊》2017年第6期。
[2] 访谈资料:S市M区人大代表,MRQ20180321。
[3] 访谈资料:S市M区人大常委会组成人员,MSD20090824。
[4] 访谈资料:S市M区人大代表,MRI20120108。

人大四届四次会议通过了代表联系选民的1000万元预算。有比没有好,我们代表提出1000万元资金的使用应是人大使用,不是政府使用。明年开人大会议,我首先提1000万元怎么花,有没有真正用在解决选民问题上来,要向常委会报告工作[1]。

3. 社会组织作为公众和政府人大的连接者,为预算监督提供了较为专业的技术支持

在闵行区人大实践中,诸如中国政法大学宪政研究所、复旦大学绩效评价中心、世界与中国研究所等组织陆续出现,并以更专业、更理性、更积极的方式跻身于连接公共利益和党政预算决策的对话平台,在拓展预算影响力的同时也增进了人大预算监督决策的力量及价值。以中国政法大学宪政研究所为例,作为独立性的专业机构首先与闵行区委构建了推进公共预算改革的合作关系,之后为该区的改革提供了理念支撑和技术路线图:把公共预算看作是应有公众参与、立法机关民主审查批准、公开透明、专门机关和民众都可以监督的公共过程,在这一理念的基础上,提出系统性预算过程中的三个改革目标,即预算编制的科学细化、预算审查的民主化和程序化以及预算执行监督的科学化和广泛化[2]。闵行区人大近年来实施的一系列改革毫无疑问地得益于这一改革设计。

第三节 通向有效运转的地方人大参与式预算治理改革之路

在日趋多元化的参与式预算治理实践中,参与主体和运转绩效不尽相同。以行政预算过程中公众适度参与为主要特征的改革,持续性时常受到行政系统内部主要领导更换或改革认知侧重点不同等因素的挑战,假若同时缺乏来自同级立法机构推动预算民主参与的外部压力,改革"搁浅"通常难以避免;有的改革虽然开始重视发挥立法机构在参与式预算改革中的作用,但常因系统化制度程序的缺乏,最终"昙花一现"。上述浙江省温岭市和上海市闵行区的实践在一定程度上勾勒出它们所呈现的微观参与式治理图景和现有体制下的实现逻辑。

就浙江温岭经验所代表的人大参与式预算而言,是沿着公众参与和人大预

---

[1] 访谈资料:S市M区人大代表,MRA20111209。
[2] 蔡定剑:"公共预算改革应该如何推进",载于刘小楠主编:《中国公共预算改革的理论与实践》,社会科学文献出版社2011年版。

算监督的双重纬度推进的,呈现出不同于西方的兴起背景。就运转绩效而言,它不但没有因为中央的谨慎约束和地方党政的阻力而搁浅,而且经过十年的努力,在国家相关法律法规尚缺乏明确规定的前提下,通过权力结构的多元构建、制度程序的创新、监督能力的协同提升以及主要行动者的多元激励四纬系统性支撑要素的整合,试出了一条以人大实质性预算监督为中心、助推政府预算责任提升的参与式预算之路(表6.4),也因此引起了更高层面的关注,如2011年浙江省委在《中共浙江省委关于加强"法治浙江"基层基础建设的意见》中对这一基层实践予以肯定;2013年5月,全国人大常委会调研了温岭参与式预算实践[1]。

表6.4 温岭市人大参与式预算有效运转的制度逻辑与制度"菜单"

预算责任为中心的绩效目标	系统化改革的多个纬度	制度"菜单"
公开透明性	权力结构	人大与社会结构为人大参与式预算改革奠定了外部支持;公众-政府就公共问题进行预算恳谈亟需人大的制度化支持
		党政人大关系:以"人大主动"赢得"党委重视"和"政府支持"
		上下级人大:合力确保乡镇试验的可持续性
回应性	制度程序	民主恳谈与预算过程的融合;人大预算修正权、人大代表大会辩论权;部门预算票决制;中央财经法规的修改及温岭市党政文件对参与式预算改革形成了外部制度支持
	监督能力	专业能力;信息能力;多元参与式监督工具开发及使用能力(多样化的预算民主恳谈;部门预算初审听证;绩效导向的部门预算专题审议;依托审计反映的突出问题进行的专题询问)
控制性	主要行动者	主要聚焦关系到人大代表履行预算责任职能积极与否的激励:选民的信任激励;人大组织提供的保障性激励;参与效能感激励

注:作者自制。

上海市闵行区人大虽然在参与技艺、纳入审查监督的预算口径、技术力量、行动者动力等方面仍有待进一步地拓展,但是通过在预算过程中吸纳和激发公众、社会组织、媒体、人大代表、审计机构等多元行动者的力量,发挥人大-党委-政府预算职责的联动,实施参与式介入、听证、修正、绩效导向的执行监督等制度创新,也已初步展示了较好的治理图景。

党的十八大以来系列文件精神和2014年修订后的《预算法》,对推进人大预算审查监督及采用多种形式将公众引入预算过程提出了新的要求,越来越多的

---

[1] 姚建莉、余列平:"全国人大常委会调研温岭参与式预算实践",《21世纪经济报道》2013年5月29日。

地方意识到在人民代表大会的框架下进行参与式预算改革的必要性和重要性。温岭市和闵行区的实践虽有不少需要完善的地方,但它为现有体制下突破监督问责瓶颈、有效推进参与治理型人大提供了一定的经验借鉴。

首先,应注重人大在政治权力结构中的策略性嵌入。在横向权力结构中,党政很少主动并不等于没有推动其支持行动的空间。温岭市通过人大主动提出思路、主动调查研究、有把握后向党委汇报、改革举措与政府部门激励相容等消除顾虑的方式,最终赢得了党委的支持和政府的同意;在纵向权力结构下,温岭市人大主要领导的公开表态、逐个谈话、分担风险和同面困难等方式,防止了乡镇实践的中断,也激发了更具特色的参与式改革尝试。闵行区人大一方面主动把预算监督权的落实与党政面临的治理难题和年度实事项目对接,另一方面通过列席党政会议和重点议题联席会议的方式积极与党政进行沟通,这为良好预算监督问责环境的营造奠定了基础。

其次,在改革推进阶段,制度程序的创新和监督能力的协同增强至关重要。温岭市参与式预算不能简单地等同于预算"民主恳谈"。十年实践还发展出了预算初审听证、预算修正、预算辩论和预决算票决等多元制度。具有不同改革基础的地方可以因地制宜,逐步区别化地进行制度创新,比如预算听证可以从预算项目而非温岭模式中的部门预算做起,部门预算表决可以从整体表决向分项表决推进,票决可以在常委会试点再逐步扩大到全体代表大会等;另外,通过向外部公众、社会组织、审计、媒体借力以及整合内部资源是增强人大预算影响力的较为可行的一条路径。温岭市人大通过与专家和社会组织合作,进行了理念的创新、改革制度的设计、代表的培训以及技术能力的提升。对于闵行区人大而言,预算过程中多元行动者参与治理、预算听证和绩效监督技艺的引入,不仅为人大预算监督争取了必要的力量支援,激活了人大的法定功能,而且它确保了在体制框架内以策略化的方式和规则化的程序吸纳公共意见,为之提供理性化的公共辩论协商平台,诱使之前封闭的行政预算过程变得透明,减少腐败的发生。

再次,人大代表作为微观运作层面的主要行动者,他们参与和监督预算的积极性是否得到恰当有效地激励至关重要。静态意义上制度能力的增强不会自动转化为良好的制度绩效,正如托马斯·卡罗瑟斯所言:"若要建立有效的立法机构,对于政治权力行使者积极性的调动要比技术能力的提高更为重要"[1]。人

---

[1] Carothers Thomas. *Aiding Democracy Abroad: The Learning Curve*. Washingtong DC: Carnegie Endowment for International Peace, 1999:181.

大代表作为参与式预算和预算治理有关的大小制度的落实者,人大常委会等组织的支持、与选民的连接以及参与效能感都会对他们的能动性产生影响。

最后,人大参与式预算及治理绩效的评判应以在多大程度上确保了政府预算责任为标尺,包括但不能直接等同于多大程度上修正了政府的预算草案和相关提议。"预算修正权"是西方学者常用的评判立法机构预算绩效的指标[1],在我国现有的情形下,一方面,人大预算影响力从敦促政府预算公开透明、倒逼政府对预算疑问的回应,再到诸如预算修正等对预算的控制存在一个慢慢推进的过程。温岭市从2008年开始改革,2015年才第一次成功地通过预算修正案,这一间隔期间政府预算公开透明意识和回应意识的提升逐渐得以积累,正式和非正式制度带来的预算修正也不乏存在。另一方面,我国现行《预算法》并未赋予人大预算修正权力,无论是温岭市人大还是闵行区人大,都是通过制定审查监督办法或条例的方式弥补这一权力规定的缺失,并注重实践层面修正权与治理结构中代表能力、意愿、预算监督表决程序及政府间权力关系的"比翼齐飞",为人大预算监督问责绩效的提升提供"硬件"支持。这些发现提醒未来的研究者和改革者,应立足更多的本土经验,提炼出根置于我国实践的绩效评判指标和改革推进策略。

总之,上述代表性的参与式治理型人大改革经验表明,我们现有体制下人大法定预算权、公众参与和党政领导之间并非此消彼长的关系。相反,在人民代表大会框架下展开的参与式预算及参与式治理创新,可以使三者呈现增量赋能的共赢状态。随着我国公众预算民主意识的日渐增强,越来越多的地方人大在推进这一类型的改革时,以主动塑造有利的权力结构为前提,进行系统性的制度程序设计、能力提升和行为激励,是取得较好的制度运转绩效、确保政府预算向公众负责的一条可以尝试的路径选择。

---

[1] Joachim Wehner, Assessing the Power of the Purse: An Index of Legislative Budgets Institutions, *Political Studies*, Vol 54., 2006: 767-785.

第七章
全口径预决算改革中的人大参与式监督及绩效

> 推进政治建设和政治体制改革要抓好以下重要任务：一是要支持和保证人民通过人民代表大会行使国家权力。支持人大及其常委会充分发挥国家权力机关的作用，依法行使立法、监督、决定、任免等职权，加强立法工作组织协调，加强对"一府两院"的监督，加强对政府全口径预算决算的审查和监督。
>
> ——中共十八大报告全文
>
> 按照党中央的改革部署要求和预算法、监督法的规定，人大预算审查监督重点要向支出预算和政策拓展，对政府预算开展全口径审查、全过程监督，切实保障党的重大方针政策和决策部署贯彻落实。
>
> ——中共中央办公厅《关于人大预算审查监督重点向支出预算和政策拓展的指导意见》

如前所述，1999年预算改革以来，不少地方人大在预算监督问责方面取得了长足的进展。然而，需要指出的是，无论是公众的预算参与还是人大对同级政府预算编制的影响所涉及的财政资金面是有限的，多数以"三公"经费、民生项目等在内的一般公共预算为重心。党的十八大报告提出要"加强对政府全口径预算决算的审查和监督"，并将其作为支持和保证人民通过人民代表大会行使国家权力的一项重要内容。十九大以来，尤其是2018年第十九届中央委员会第三次全体会议通过的《中共中央关于深化党和国家机构改革的决定》中，在深化人大改革部分指出了"加强人大对预算决算、国有资产管理等的监督职能，健全人大组织制度和工作制度，完善人大专门委员会设置，更好发挥其职能作用"，进一步强调了加强对包括国有资产在内的政府预决算审查监督的重要性。这些党的文件精神既重申了人大在预算过程中的作用，又对新时代人大预算监督问责提出了更高的要求。本章主要以上海、北京、深圳、广州、杭州、郑州等代表性城市为例，从缘起内涵、整体进展、改革绩效等几个维度来理解地方人大以何种方式参与到新的改革中来，又在何种程度上通过外部控制机制的强化守护了公众的"钱袋子"。

第一节　全口径预决算的缘起和内涵

全口径预决算是一个具有一定中国特色的概念。它是针对我国预算管理过程中的突出问题提出的。从历史沿革来看，我国计划经济体制下长期实行的预算内外资金双轨运行体制，造成了预算外资金的大量存在。改革开放以来，政府职能的扩展、财权事权的不匹配以及税费并立、持费自重的政府收入分配机制的缺陷，为预算外资金的迅速膨胀提供了充分的空间。据相关数据显示，1978年我国预算外资金是347.1亿元，全国的财政收入是1132.3亿元，预算外资金占全国财政收入的30.7%。之后连年上涨，1991年我国预算外资金已经超过了全国财政收入，1992年我国预算外资金是3854.9亿元，全国的财政收入是3483.4亿元，预算外资金和全国财政收入之比已经是110%[1]。

20世纪80年代进行的旨在激活地方积极性的"分灶吃饭"财政改革以后，地方政府的预算外收入开始真正的膨胀，无论是从绝对量还是占GDP的比重来看，预算外收入都增加迅速。在相应的管理和约束并未跟进的情形下，预算权散落在各个支出部门手中，处于全面"零碎化"的状态。规模庞大的预算外收入也为权力腐败和部门设立"小金库"打开了方便之门。为了把预算外资金在内的全部政府收支纳入规范化管理中，1999年开始，我国在政府内部进行了部门预算改革、国库管理制度、政府采购制度改革和收支分类改革，此后又出台了一系列强化预算外收支和非税收入管理的政策措施。在2003年10月举行的中共十六届三中全会上，提出一个方向性的、综合性的概念，来容纳先前的一系列改革。在那次会议通过的《中共中央关于完善社会主义市场经济体制若干问题的决定》第21条款中，作为推进财政管理体制改革的一项重要内容，有了"实行全口径预算管理"的明确表述。与这些以整合财经纪律，提高公共资金的分配效率和运作效率为目标指向的改革相比，十八大旨在从外部审查监督制度上强化预算收支的受托责任，并把其提升到政治改革的高度，带来了这一概念从经济意义到政治意义的转变。

从公共预算的演进过程来考察，这一概念蕴含的政治责任特性一直比较明

---

[1] 陈京朴："加强人大对政府全口径预算监督的实践和探索"，《北京市人大理论研究会会刊》2013年第4期。

显。全口径对应的是公共财政预算中的全面性原则(comprehensiveness)。全面性原则要求一定时期内与相关收入预测、整体政府活动范围相联的完整支出必须纳入预算内,进入预算程序,以财政语言清晰地表达给作为纳税人的公众,并受预算程序和机制的约束。也就是说,它既包含了财政预算口径的完整性,也逐步从预算信息披露的完整性扩展到预算报告类别、预算程序的完整性等方面[1]。在践行这一原则的过程中,代表纳税人的立法机构预算监督就成了非常重要的制度安排。法律和制度决定的立法机构的这一角色,为资金滥用的控制和责任的推进起到不可忽视的作用。这种外在的控制一般是要先于行政系统内部的控制进行,尤其是对发展中国家而言,因为它可以养成按照规则进行管理的习惯和实践方法,培养法制理念[2]。

在我国现有的情形下,行政系统虽然先于外部控制,开启了一系列内部的预算改革。然而,政府收支预算领域里,长期存在的两大问题始终没有得到制度化的解决:一是现有政府收支未能全部纳入政府预算;二是并非所有已经纳入预算的政府收支都受到了严格的控制。预算收入管不住财政超收、"预算外资金"和"监督外资金"并存等情况广为公众所诟病,一些潜藏背后的矛盾也不时地暴露出来。这与建立规范化、法治化的公共财政制度,与透明预算、阳光预算的要求是不相符的。一位走在预算监督改革前列的地方人大财政预算监督工作的负责人曾这样表达过他的担忧:

> 现在反映出一个问题,基层反应也比较强烈,大家都知道财政重要,都知道人大重要,但真正涉及人大监督只能是预算内的一块,预算外的特别是土地出让资金根本没管理起来,根本没有法治意识,也根本没有法律依据去管它,所以,我觉得这一块是一个很大的问题,一方面,要加强民主,要人大管好钱;另一方面,法律不认可你。如果这个问题不解决的话,真正要让人大管起来也管不到位,我觉得这是个很实际的问题。包括《监督法》《预算法》的修改都很矛盾,下面都在改革和创新人大制度,但上面没有制度支持,让下面怎么改?下面就没法做。包括政府赤字财政、债务问题,根本问题就是相关制度的不完全,政府有政府的小金库,可以支付,脱离了人大的监督[3]。

---

[1] 王雍君:"'全口径预算'改革探讨",《中国财政》2013年第6期。
[2] [美]艾伦·希克著,王卫星等译:《当代公共支出管理方法》,经济管理出版社2000年版,第120页。
[3] 访谈资料:Z省W市人大财经委组成人员,WFH20100213。

在新一轮的推进公共预算法治化和民主化的治理改革中,具有涵盖"横到边、纵到底"财政资金特征的全口径预决算一定程度上就成为标识改革方向的旗帜,强化相应的全口径审查监督的提出恰逢其时,有助于从制度上预防握有财权的"一把手"腐败的发生,从长远看,更有助于地方治理。

  乡镇层面的人大代表眼睛不能仅仅局限在小部分的民生支出上,预算监督问责应当扩大关注的范围。与上级党政不同的是,镇里管钱的通常是书记,绝大多数是书记一个人说了算。人大经常缺位时,一把手监督的解决就变成了主要靠自律。在这方面我们有过大的教训,以前某区前任领导因为贪污1亿多元被处理,这1亿元多里面,9 700万元都是预算外资金,还有100万元是挪用的土地储备中心的,就没有被人大列为监督范围之内;纪委前一天打电话到镇政府,镇长说,人大提了很多意见,但不讲具体的,只是给了一些压力[1]。

就其内涵而言,全口径要求把政府的全部收支都纳入预算体系。根据新《预算法》的规定和财政部等相关文件,全口径预决算主要包括"四本账":(1)一般公共预算。它是政府凭借国家政治权力,以社会管理者身份筹集以税收为主体的财政收入,用于维持国家行政职能的正常运转、保障和改善民生、保障国家安全等方面的收支预算;(2)政府性基金预算。它是政府通过向社会征收基金、收费以及出让土地、发行彩票等方式取得收入,专项用于支持特定基础设施建设和社会事业发展等方面的收支预算;(3)国有资本经营预算。它是政府以所有者身份依法取得国有资本收益,并对所得收益进行分配而发生的各项收支预算;(4)社会保险基金预算。它是政府通过社会保险缴费、公共财政预算安排补助以及其他渠道等方式取得收入,专项用于社会保障支出的收支预算。

在全口径预决算中,政府与人大的权责划分可以表述为:政府是全口径预决算的编制和实施主体,政府的全部收支应涵盖政府凭借公权力、政府信誉、国家资源、国有资产或者提供特定公共服务形成的收入和支出,也可以细化为各级政府及其机关、事业单位、经营性机构的所有收入、支出、资产和负债;人大作为监督主体,按照全口径预算审查监督的要求,应敦促这些政府机构的所有收入、支出、资产和负债全部纳入预算管理,并通过一系列方法和措施将其纳入预算和决算、对其进行审查监督并确保政府负责的法制化机制。

---

[1] 访谈资料:S市M区X镇人大主席,MXH20131012。

第二节 地方全口径预决算审查监督的整体进展

一、全口径预决算审查监督体系逐步形成

长期以来,人大对政府预决算的审查监督主要集中在公共预算和政府基金预算方面,以上海为例,2009年之前向人代会提交的预算草案只有一般公共预算一本预算,从2009年起市政府正式将政府性基金预算提交人代会审批,并从2010年起将上一年度政府性基金决算提交人大常委会审批[1]。截至2012年,上海、江西、吉林等16个省、区、市向人大提交了公共财政预算与政府性基金预算。按照财政部的有关规定,依照预算外资金管理的收入全部纳入预算管理,全额上缴国库,区别资金性质后分别纳入公共财政预算和政府性基金预算管理,逐步降低甚至消除了预算外。十八大以来,尤其是2013年以来,各省市在不同程度上相继启动了全口径预决算审查监督的调研、会议讨论、建章立制和上人民代表大会工作,有些人大不断督促政府加强预算制度建设,在原有公共预算和政府基金预算审查监督的基础上,积极推进国有资本经营预算和社保基金预算的编制,对"四本账本"逐步纳入到审查监督视野中来提出了明确要求(见表7.1),这一进展在一些省市政府递交的年度财政预算报告中也得到直接的反映(见表7.2)。应当指出的是,这一时期的改革要求主要是通过党的文件、会议精神体现的。例如,温州市委、市政府办公室2012年《关于加快推进市级公共财政预算改革的实施意见》的联合发文中就提到,要真正建立起"收入一个笼子、预算一个盘子、支出一个口子"的全口径的预算管理体系(见附录2)。在此基础上,就进一步健全人大对全口径预决算的审查机制和加强预算执行的监督管理也提出了新的要求。

表7.1 2013—2014年代表性省市人大实施全口径预决算监督的进程

省份	时间	行动主体	核心工作
北京市	2014年1月	人代会	实现了全口径 首次把社保基金纳入审议范围
上海市	2014年1月	人代会	国有资本经营预算、社会保险基金预算首次提交
广东省	2014年1月	人代会	国有资本经营预算(2013年提交)、社保基金首次提交

---

[1] 访谈资料:S市人大财经委员会组成人员,SFY20180116。

(续表)

省份	时间	行动主体	核心工作
重庆市	2013年1月	人代会	按公共预算、政府基金预算、国有资本经营预算编报,代编了社保基金预算
江苏省	2013年12月	主任会议	《江苏省人大实施全口径预决算审查监督工作方案(讨论稿)》2014年重点加强社保预算的编报
湖南省	2013年11月	常委会	《湖南省人民代表大会常务委员会关于加强政府全口径预算决算审查监督的决定》国有资本经营预算有待纳入
西北五省区(陕西、甘肃、青海、宁夏、新疆)	2014年8月	人大财经委	探讨和交流加强全口径预决算审查监督工作的方法、思路

注:资料主要来源于公开的媒体报道和有关省级人大的内部报告。

表7.2 部分省(区)市财政预算报告反映的预算构成情况统计(单位:省市个数)[1]

预算构成 预算报告	公共财政预算	政府性基金预算	国有资本经营预算	社会保险基金预算
2013年预算草案	30	26	16	5
2014年预算草案	30	29	23	19

数据来源:财政部网站。

在预决算监督内容上,重心从一般公共预算向其他"三本账"延伸。2014年3月,上海市制定印发了《国有资本经营预算决算管理工作规程》,对国有资本经营预算从编制、审查、执行和决算整个过程进行规范。初步构建了国有资本经营预算管理的制度体系。以上海市黄埔区为例,在监督好公共财政预算的基础上,不断加大对政府性基金预算与国有资本经营预算的监督力度。将政府性基金收支情况纳入预、决算管理,作为预算报告的重要组成部分,每年向人代会、常委会报告收入、支出及收支平衡情况。尤其是土地使用权出让金部分,多年来一直是地方政府的最大财政收入来源,既不应成为"预算外资金",更不应沦为"监督外资金",因此,要求政府在工作报告、计划报告中列明年度动迁地块量、收尾土地量及相应情况,并对土地的招、挂、拍全过程进行动态跟踪监督,进而实现人大对

---

[1] 转引自于军:"地方人大加强全口径预决算审查监督的思考",《嘉兴人大网》2014年11月17日,http://www.cnjxol.com/gov/jxrd/jnrd60/content/2014-11/17/content_2562179.htm。

土地使用权出让金的有效监督。在国有资本经营预算监督方面,把国有主体企业全部实行国资经营预算,按规定比例上缴国库,统一纳入财政预算管理;同时督促政府相关部门制定了国资经营预算、收益收缴管理、预算支出管理等三个试行管理办法,并在每年的主任会议专题听取国资经营预算试编情况报告,提出改进的意见建议[1]。

二、全口径预决算审查监督的法治化得以提升

从2015年开始,人大全口径预算监督问责相关的法制化、制度化和信息化方面取得了明显的进展。

第一,全口径成了2015实施的《预算法》中的一大亮点。总则第五条明确了全口径预算所包括的"四大账本"及关联,即预算包括一般公共预算、政府性基金预算、国有资本经营预算、社会保险基金预算。一般公共预算、政府性基金预算、国有资本经营预算、社会保险基金预算应当保持完整、独立。政府性基金预算、国有资本经营预算、社会保险基金预算应当与一般公共预算相衔接。第四十六条又对全口径预算的编制细化提出了具体要求,它规定:报送各级人民代表大会审查和批准的预算草案应当细化。本级一般公共预算支出,按其功能分类应当编列到项;按其经济性质分类,基本支出应当编列到款。本级政府性基金预算、国有资本经营预算、社会保险基金预算支出,按其功能分类应当编列到项。在预算审查和批准章节,又把预算的编制是否完整、是否符合第四十六条的规定作为全国人民代表大会和地方各级人民代表大会对预算草案及其报告、预算执行情况的报告重点审查的内容之一。

第二,从2015年以来有些省份陆续修订的预算审查监督条例来看,把政府所有开支都纳入预算管理、加强全口径预决算的审查监督基本上是修改条例所强调的重点之一。由于各地通常会借条例修改之机,把自身相对成熟的实践探索上升为法律规范,而且新修订的条例大都适用于县级以上人民代表大会常务委员会审查和批准预算、预算调整方案和决算,以及监督预算执行,例如,《上海市预算审查监督条例草案》将预算审查监督的使用范围由"市本级"扩大至"市、区、乡镇"三级,预算审查也扩大至乡镇;浙江省也废除了《浙江省省级预算审查

---

[1] 上海市黄浦区人大常委会财经委:《黄浦区人大常委会关于加强政府全口径预算决算审查和监督的实践与思考》(内部资料),2014年7月。

监督条例》，把新条例的使用范围扩大到本省各级人民代表大会，笔者对新《预算法》实行之后新修订的省级人大预算审查监督条例进行了文本收集，尝试着从预算口径是否强调预算的完整性、预算审查力量的规定、审查机制和平台、影响政府相关部门预算草案设定的权力以及法律责任的规定等确保人大全口径监督职权的诸维度进行了初步梳理。相关制度供给状况如下（见表7.1）：据不完全统计，2015年1月1日到2018年1月1日，已有11个省级人大修订并施行了新的预算审查监督条例，四川、青海等省、区、市预算审查监督立法工作已经启动。11个省级人大在立法总则中都提到政府所有开支纳预算、预算审查监督应遵循完整性原则。然而，在预算过程的各阶段，有关全口径的规定存在一定的差异性。10个省规定预算初审递交材料应包括"四本账"，广西在对其他"三本账本"收支表提出要求的基础上，指出已编制国有资本经营预算的应提交相应的预算收支表；除了初审阶段外，云南、甘肃省对大会审、执行监督和决算审计各个阶段应关注的全口径中的相关账本作了详细的规定，上海、浙江相对笼统。就预算审查力量而言，所调查的省份大都明确了人民代表大会财政经济委员会和常委会有关预算机构在预算审查监督中的作用，在此基础上，11个省级人大中至少有6个强调了专家和第三方机构的技术辅助作用，分别是安徽、云南、广西、重庆、吉林、上海。在问责方面，新的《预算法》明确提出："未将所有政府收入和支出列入预算或者虚列收入和支出的，责令改正，对负有直接责任的主管人员和其他直接责任人员依法给予降级、撤职、开除的处分"。新修订的省级人大预算监督条例中，除了北京市没有明确规定外，其他10个省级人大在此基础上进一步作了细化和深化。另外，有9个省份就公民等对违法行为的检举和控告给予了相应的制度保障。《浙江省预算审查监督条例》还明确了审计结果的运用，将审计结果及整改情况作为考核、奖惩、问责和预算安排的重要依据。

第三，更便利的预算信息获取为各地人大预算监督问责提供了重要支撑。在新修订的条例中，有8个省级人大规定了财政信息一体化平台的建设，为信息的共享、制度化沟通和联网监督提供了必要的法律保障。比如，2017年3月1日开始实施的《重庆市预算审查监督条例》不但规定"市、区县（自治县）人大财经委、人大常委会预算工委可以与本级政府财政、税务等部门建立信息联网系统，实现信息共享、实时监督"（第二十四条），而且还强调，"市、区县（自治县）政府财政、税务、金融、统计、国资、人力社保等部门应当及时将部门预决算、年度绩效目标编制、执行与评价情况、预算信息公开情况、国有资本管理和营运情况以及社会保险基金收支管理和保值、增值情况等相关资料抄送本级人大财经委、人大常

表7.3 2015年以来省级人大新修订的预算审查监督条例中与全口径有关的制度规定

省份	新修订条例实施时间	强调预算完整性（全口径）	预算过程（预算初审/大会审查、执行调整审查、审计决算审批）各阶段强调的预算口径	预算审查力量规定	预算审查机制和平台	提出预算修正案	对违法行为的检举和控告	法律责任
安徽	2016年1月1日	1	1. 预算初审会审递交材料包括全口径预算收支表 2. 大会审和执行审强调完整、细化 3. 规定县级以上人民政府应定期向本级人大常委会报告国有资产管理和运营情况 4. 决算审会审的审查内容包括部门决算编制及预决算衔接情况	1. 人大财经委和常委会有关机构 2. 预算审查监督机构 3. 聘请专家 4. 大会期间代表团预算审查监督小组	1. 询问/质询 2. 专项审计/绩效审计 3. 特定问题调查 4. 对审计整改情况进行满意度测评 5. 联网监督	0	1	1. 责令改正 2. 通报批评 3. 书面检查 4. 给予处分 5. 撤职 6. 依法追究刑事责任
甘肃	2016年1月1日	1	1. 提交预算草案初步方案，应同时提供政府债务的预算安排使用和偿还情况 2. 请求本级人大常委会审批准的预算草案应按照"全口径"分别编制，并对其细化程度有要求 3. 政府性基金预算、国有资本经营预算、社会保险基金预算应当与一般公共预算相衔接 4. 决算草案编制时涉及的"四本账"有具体细化要求	人大财经委和常委会有关机构	1. 特定问题调查 2. 询问 3. 质询 4. 专题资金调研 5. 审计监督	0	1	1. 责令改正 2. 依法追究行政责任 3. 行政处分 4. 刑事责任
河北	2016年3月1日	1	1. 本级预算草案初步方案以及提交大会审的材料应包括"四本账"的收支预算表 2. 预算执行中应进行预算调整的情况包括本级一般公共预算、政府性基金预算、国有资本经营预算出现短收，分别需要减少本级预算总支出的	人大财经委和常委会有关机构	1. 座谈会 2. 论证会 3. 听证会 4. 整体表决和分类表决相结合 5. 联网监督	1	1	1. 处则 2. 撤销职务 3. 追究刑事责任

（续表）

省份	新修订条例实施时间	强调预算完整性（全口径）	预算过程（预算初审/大会审查，执行调整审查（审计决算审批）各阶段强调的预算口径）	预算审查力量规定	预算审查机制和平台	提出预算修正案	对违法行为的检举和控告	法律责任
云南	2016年7月1日	1	1. 本级预算草案初步方案包括"四本账本" 2. 人大会审查内容涉及社会保险基金和债务 3. 预算执行和监督内容包括财政、社会保险基金和财政资金中介及债务管理情况 4. 预算调整的审查涉及债务 5. 决算审计工作报告应重点报告本级"四本账"执行和决算审计涉及重点情况、政府债务资金的使用	1. 人大财经委和常委会有关机构 2. 人大代表预算审查小组 3. 聘请专家 4. 具有资质的中介机构	1. 听取和讨论政府专项工作报告 2. 执法检查 3. 视察、专题调研 4. 专项审计	1	0	1. 限期改正 2. 依法撤销和罢免职务 3. 行政处分 4. 依法追究刑事责任
广西	2016年7月1日	1	1. 本级预算草案初步方案表已编制国有资本经营预算的收支表 2. 对预算草案初步方案重点审查包括政府性基金预算、国有资本经营预算、一般公共预算与本预算是否衔接以及政府债务 3. 预算执行重点监督内容包括政府国有资产管理情况 4. 预算调整和决算审查涉及债务	1. 人大财经委和常委会有关机构 2. 代表预算审查小组 3. 聘请专家 4. 具有资质的中介机构	1. 听取和审议政府专项工作报告 2. 执法检查 3. 视察、专题调研 4. 规范性文件备案审查 5. 专题询问 6. 质询 7. 特定问题调查	0	0	1. 责令改正 2. 追究行政责任 3. 追究刑事责任
北京	2017年3月1日	1	1. 预算初审材料要求具体说明详细的全口径预算收支表，要求说明四类政策重点的编制原则、国家和本市的财政政策、预算根据、支出政策、标准和项目内容，收入支出平衡等情况 2. 预算调整涉及政府债务 3. 对决算草案的审查涉及市级政府设立的各项基金的管理和使用情况	1. 人大财政经济委员会 2. 人大常委会预算工作机构 3. 第三方机构 4. 人大财经代表小组	1. 专题评估/审议 2. 询问和质询 3. 特定问题调查 4. 执法检查 5. 规范性文件备案审查 6. 数据联网	0	1	无明确规定

（续表）

省份	新修订条例实施时间	强调预算完整性(全口径)	预算过程(预算初审/大会审查、执行调整审查/审计决算审查)各阶段强调的预算口径	预算审查力量规定	预算审查机制和平台	提出预算修正案	对违法行为的检举和控告	法律责任
重庆	2017年3月1日	1	1. 预算初审递交材料包括部门全口径预算收支表 2. 预算执行监督内容包括部门全口径预算执行、经营性国有资产运营和保值增值、社会保险基金、政府债务等 3. 决算草案报告包括政府债务的余额、限额、当年新增和偿还情况	1. 人大财经委 2. 人大常委会预工委 3. 聘请专家 4. 委托第三方绩效评估	1. 听取审议专项工作报告 2. 执法检查 3. 询问/质询 4. 规范性文件备案审查 5. 代表视察 6. 专项审计 7. 对审计问题跟踪监督 8. 联网监督		1	1. 限期改正 2. 依法撤销和罢免职务 3. 依法追究刑事责任
浙江	2017年3月1日	1	1. 本级预算草案初步方案包括"四本账本"的收支表和政府债务 2. 预算执行和预算调整监督内容包括政府债务	1. 人大财经委 2. 常委会预算工作机构 3. 预算审查小组	1. 专题调查/专家论证 2. 听证会/专家论证 3. 专项审计 4. 对审计整改情况进行满意度调查 5. 财政信息一体化平台	0	1	1. 限期改正 2. 依法免职和罢免
吉林	2017年6月9日	1	1. 本级预算草案初步方案包括"四本账本"的收支表和政府债务相关清单 2. 县级以上人民代表大会财政经济委员会对"四本账"的初步方案分别进行研究、提出意见 3. 部门预算审查的内容包括全口径财政预算管理情况	1. 人大财经委 2. 常委会预算工作机构 3. 预算审查小组或者设置预算审查联络员 4. 人大专门委员会 5. 专家	1. 听取政府专项工作报告 2. 专题调研 3. 规范性文件备案审查 4. 特定问题调查 5. 专题询问和质询 6. 联网监督	0	1	1. 作出检查 2. 通报批评、调整或取消部门的专项资金使用 3. 依法撤销或罢免其职务 4. 依法追究刑事责任

（续表）

省份	新修订条例实施时间	强调预算完整性（全口径）	预算过程（预算初审/大会审查、执行调整审查、审计决算审批）各阶段强调的预算口径	预算审查力量规定	预算审查机制和平台	提出预算修正案	对违法行为的检举和控告	法律责任
贵州	2017年7月1日	1	1. 本级预算草案初步方案包括"四本账本"的收支和债务 2. 对预算草案初步方案的重点审查包括政府本级预算、国有资本经营预算、社会保险基金预算以及一般公共预算是否衔接以及债务的合理性 3. 预算执行监督包括国有资产管理和保值增值、政府债务和风险防范 4. 决算草案报告包括政府债务及政府投资情况	1. 人大财经委 2. 人大常委会有关工作机构 3. 聘请预算审查监督顾问或邀请有关专家 4. 人大常委会其他专门委员会和工作机构	1. 提出询问 2. 组织调研 3. 查阅或调阅资料 4. 听取汇报 5. 专项审计 6. 建立完善预算执行网络监督系统	0	1	1. 限期改正 2. 依法撤销和罢免职务 3. 依法追究刑事责任
上海	2017年10月1日	1	1. "四大账本"政府债务都纳入预算管理 2. 预算草案初步方案的提交和审查都涉及"四大账本"的完整性 3. 预算执行情况监督涉及政府支表	1. 人大财经委 2. 人大常委会预工委 3. 人大各专门委员会 4. 预算审查专业代表小组	1. 座谈会、论证会、听取审议政府专项工作报告、执法检查、视察、专题调研、询问、质询、特定问题调查 2. 跟踪监督 3. 推进预算联网监督	0	1	1. 责令改正 2. 追究行政责任 3. 追究刑事责任

注：表格来自笔者2015年来对各地新修订的预算审查监督条例的收集和整理，搜索时间截至2018年1月1日。"强调预算的完整性""提出预算修正案""对违法行为的检举和控告"栏，如若相关条例中有，就是"1"；相关条例中没有，就是"0"。

委会预算工委"(第二十五条)。上海市2017年10月1日开始实施的《预算审查监督条例》第三十条强调建立信息共享机制、推进预算联网监督工作的同时也规定:"市、区政府财政、税务、国有资产管理、人力资源和社会保障、统计等部门应当及时将下列预算相关资料通过预算联网等方式送本级人大财经委、人大常委会预算工委"。其中,需要递送的材料包括预算管理政策、预算执行分析、预算信息公开、国有资本经营预算执行、社会保险基金管理情况等。

三、"四大账本"的透明度皆有所增强

根据上海财经大学2015—2017年度发布的中国省级预算透明度报告,我们初步整理出新《预算法》出台后"四本账本"的省份得分和透明度均值。就省份得分来说,一个大体的趋势是虽然有些年份部分省的得分会有暂时性回落,但大多数省份"四本账本"的透明度呈现出逐年递增的特征。省级政府部门预算透明度得分从2010年的1.8分增加到2016年的35.5分。就"四大账本"的透明度均值而言,虽然得分都不及格,但至少呈现出逐年提升的趋势:2015—2017年一般公共预算的透明度平均得分分别是48.77、55.15、57.50,政府性基金预算透明度的年平均得分分别是30.70、38.76、49.11,社会保险基金预算透明度的年平均得分分别是30.70、38.76、49.11,国有资本经营预算透明度的年平均得分分别是34.80、43.05、43.64。这与2015年新《预算法》出台前相比有较大的进展,以国有资本预算透明度为例,2014年天津、河北、福建、江西、湖南、四川、西藏、青海8个省份未公开国有资本经营预算的任何信息,预算透明度得了零分,2015年仍然是零分的减少到5个省份,分别是天津、河北、福建、江西、四川;2016年国有资本预算信息披露为零的只剩天津1个,直到2017年天津的平均得分接近省份均值,四川以72.22的得分远超多数省份(详见表7.4、表7.5、表7.6和表7.7)[1]。

---

[1] 表7.4、表7.5、表7.6和表7.7"四本账本"2015—2017透明度比较的表格主要根据以下文献汇总而成:杨丹芳、吕凯波、曾军平:"中国财政透明度评估(2015)",《上海财经大学学报》2015年第5期;吕凯波、邓淑莲、杨丹芳:"中国省级财政透明度评估(2016)",《上海财经大学学报》2017年第2期;邓淑莲、曾军平、郑春荣、朱颖:"中国省级财政透明度评估(2017)",《上海财经大学学报》2018年第3期。

表 7.4 中国省级一般公共预算透明度比较（2015—2017 年）

序号	省份	2015 年	2016 年	2017 年	序号	省份	2015 年	2016 年	2017 年
1	北京	68.42	73.68	69.47	17	湖北	26.21	36.84	27.63
2	天津	44.74	57.89	46.65	18	湖南	26.32	73.68	69.74
3	河北	36.84	46.37	38.16	19	广东	57.68	52.63	50.24
4	山西	73.68	73.68	74.47	20	广西	73.46	73.68	73.68
5	内蒙古	52.63	56.58	44.74	21	海南	63.16	57.89	64.47
6	辽宁	52.63	73.68	76.32	22	重庆	27.68	43.97	47.37
7	吉林	48.03	36.84	37.83	23	四川	47.37	31.58	78.95
8	黑龙江	36.84	46.00	51.32	24	贵州	34.86	61.40	54.48
9	上海	52.63	52.63	53.68	25	云南	26.32	28.18	36.62
10	江苏	32.37	30.37	74.74	26	西藏	71.05	49.23	63.16
11	浙江	52.63	56.14	64.21	27	陕西	26.32	38.71	26.32
12	安徽	73.46	73.68	75.00	28	甘肃	73.68	73.68	76.32
13	福建	78.95	73.68	76.32	29	青海	38.68	41.10	36.62
14	江西	21.05	38.71	32.24	30	宁夏	36.84	73.68	73.68
15	山东	63.05	68.75	66.51	31	新疆	52.63	68.42	69.74
16	河南	41.67	46.38	51.97		平均	48.77	55.15	57.50

表 7.5 中国省级政府性基金透明度比较（2015—2017 年）

序号	省份	2015 年	2016 年	2017 年	序号	省份	2015 年	2016 年	2017 年
1	北京	7.14	16.84	26.07	17	湖北	7.14	35.71	24.93
2	天津	7.14	27.86	26.07	18	湖南	7.14	75.00	77.14
3	河北	78.57	15.00	24.93	19	广东	74.68	65.79	74.76
4	山西	7.14	75.00	77.14	20	广西	18.57	11.43	24.93
5	内蒙古	19.84	21.37	77.14	21	海南	24.29	24.43	24.93
6	辽宁	77.86	71.43	77.14	22	重庆	7.14	39.29	23.21
7	吉林	78.57	72.86	69.29	23	四川	7.14	8.67	77.14
8	黑龙江	78.57	57.30	48.25	24	贵州	7.14	8.98	23.21
9	上海	60.36	40.00	73.17	25	云南	10.71	75.00	77.14
10	江苏	7.14	9.29	40.79	26	西藏	14.29	7.14	21.43
11	浙江	14.29	11.43	24.93	27	陕西	7.14	12.43	23.21
12	安徽	36.51	68.65	77.14	28	甘肃	14.29	14.14	77.14
13	福建	7.78	19.29	26.07	29	青海	7.14	14.14	23.21
14	江西	78.57	71.43	77.14	30	宁夏	7.14	75.00	25.00
15	山东	78.57	71.43	77.14	31	新疆	60.16	49.84	25.50
16	河南	39.37	35.40	77.14		平均	30.70	38.76	49.11

表 7.6 中国省级社会保险基金预算透明度比较（2015—2017 年）

序号	省份	2015年	2016年	2017年	序号	省份	2015年	2016年	2017年
1	北京	7.14	16.84	26.07	17	湖北	7.14	35.71	24.93
2	天津	7.14	27.86	26.07	18	湖南	7.14	75.00	77.14
3	河北	78.57	15.00	24.93	19	广东	74.68	65.79	74.76
4	山西	7.14	75.00	77.14	20	广西	18.57	11.43	24.93
5	内蒙古	19.84	21.37	77.14	21	海南	24.29	24.43	24.93
6	辽宁	77.86	71.43	77.14	22	重庆	7.14	39.29	23.21
7	吉林	78.57	72.86	69.20	23	四川	7.14	8.67	77.14
8	黑龙江	78.57	57.30	48.25	24	贵州	7.14	8.98	23.21
9	上海	60.36	40.00	73.17	25	云南	10.71	75.00	77.14
10	江苏	7.14	9.29	40.79	26	西藏	14.29	7.14	21.43
11	浙江	14.29	11.43	24.93	27	陕西	7.14	12.43	23.21
12	安徽	36.51	68.65	77.14	28	甘肃	14.29	14.14	77.14
13	福建	7.78	19.29	26.07	29	青海	7.14	14.14	23.21
14	江西	78.57	71.43	77.14	30	宁夏	7.14	75.00	25.00
15	山东	78.57	71.43	77.14	31	新疆	60.16	49.84	25.50
16	河南	39.37	35.40	77.14		平均	30.70	38.76	49.11

表 7.7 中国省级国有资本经营预算透明度比较（2015—2017 年）

序号	省份	2015年	2016年	2017年	序号	省份	2015年	2016年	2017年
1	北京	38.89	22.78	27.77	17	湖北	5.56	47.22	5.56
2	天津	0.00	0.00	41.67	18	湖南	5.56	72.22	72.22
3	河北	0.00	27.78	27.78	19	广东	33.33	11.11	27.78
4	山西	72.22	72.22	72.22	20	广西	22.22	27.78	27.78
5	内蒙古	44.44	44.44	44.44	21	海南	44.44	38.89	30.56
6	辽宁	61.11	72.22	72.22	22	重庆	44.44	41.67	36.11
7	吉林	61.11	5.56	11.11	23	四川	0.00	11.11	72.22
8	黑龙江	38.89	61.11	44.44	24	贵州	5.56	44.44	5.56
9	上海	61.11	61.11	61.11	25	云南	44.44	44.44	44.44
10	江苏	5.56	5.56	61.11	26	西藏	72.22	44.44	33.33
11	浙江	27.78	25.00	25.00	27	陕西	27.78	28.33	5.56
12	安徽	72.22	72.22	72.22	28	甘肃	72.22	83.33	72.22
13	福建	0.00	72.22	72.22	29	青海	5.56	38.89	44.44
14	江西	0.00	5.56	11.11	30	宁夏	22.22	72.22	72.22
15	山东	67.17	47.22	69.44	31	新疆	61.62	72.22	61.11
16	河南	61.11	61.11	27.77		平均	34.80	43.05	43.64

第三节　代表性城市全口径预决算监督的参与式推进与绩效评估

在新的改革情境下,一些地方人大从以前既无权也无渠道知晓"四本账本"的边缘状态逐步向具体实践中的参与状态转变,全口径预决算审查监督工作也逐步在上台阶。聚焦到改革中的代表性的人大,其全口径预决算审查监督相关的制度如何推进,又在多大程度上落实了公众的知情权参与权、推动了政府公共资金的使用向公众负责则需要具体化的评估。

一、预算权力结构

第一,城市党委对全口径预决算的支持程度。十八大以来,城市的全口径预决算审查监督被提到改革日程,一些城市党委驱动式的改革比较明显:以深圳市为例,为了贯彻党的十八大精神和发挥经济特区的"窗口""试验田""排头兵"和"示范区"作用,在2013年制定了《深圳市全面深化改革总体方案(2013—2015)》。其中,全口径预决算审查监督工作被纳入这一总体方案,在推进建立健全权力运行制约和监督制度这一重点改革事项中,指出了"建立全口径预算决算制定、审查和监督制度,细化预算决算公开和'三公'经费公开",并把推进全口径预决算列入当年市委的重大调研课题。还有一些城市是市人大常委会领导非常重视,如上海市人大2013年把加强对政府全口径预决算审查监督作为全年工作的重中之重,成立了包括财政局、国资委、人保局一起参加的专题研究[1]。应当指出的是,一些地方也存在一些因对全口径预决算所蕴含的治理和责任内涵认知不清带来的不支持改革的情形。

第二,公众及社会组织是否有参与到预算过程中的通道和行动。综观代表性的城市,杭州市、北京市、深圳市、上海市、广州市主要通过以下几种渠道确保或使使公众及社会组织参与到预算过程中来:一是法律赋权,如2016年12月出台的《浙江省预算审查监督条例》第十条规定,各级人民政府和各部门、各单位应当按照法律、法规规定的内容、程序、方式、时限,公开预算、决算信息,接受社会监督。公民、法人或者其他组织对公开的预算、决算信息内容提出询问和质疑

---

[1] 上海市人大常委会预算工委:《人大预算审查监督工作情况汇报》(内部资料),2014年7月。

的,有关人民政府和部门、单位应当及时给予答复;二是向政府申请信息公开。北京市和深圳市的公民都做出了很好的典范,例如,深圳市的吴君亮及其预算团队;三是利用代表委员身份和与媒体合作推动预算信息公开,上海财经大学连续发布的《中国财政透明度报告》及其产生的影响就是较好的例证(见第四章中的案例4.1和案例4.2);四是利用新媒体平台吸纳公众参与和增进代表选民互动。"市民议政厅"是广州市人大常委会与大洋网合作,依托市人大信息网开设的网络文字直播节目,从2013年4月到2018年12月,已举办了41期。它的议题从当期常委会会议的重要民生议题中产生,每次选取3名与议题相关领域的市人大代表与网民进行在线交流,回答网民提问。时间安排在常委会召开期间举办,便于把网民意见反映到审议意见中。由预算工委负责联系的议题有"如何管好政府钱袋子""请您为政府对民生基础设施建设的投入建言献策""请您为国有资产管理建言献策"等[1]。在此意义上,可以看作是新媒体环境下激发公众参与热情、拓展人大(人大代表)与民众(网民)联系,提高常委会审议质量,增强监督实效的创新举措。

第三,人大是否拥有对政府预决算草案的修正权。它是观察预算权力结构是否极度偏向党政的一个重要标识。目前笔者收集到的2015年以来11个省级人大新修订的预算审查监督条例中,仅有河北、云南、重庆3个省级人大明确规定了"代表大会会议期间,大会主席团、人大常委会、各专门委员会、人大代表依法联名,可以书面提出预算草案修正案,由有关专门委员会或者人大常委会有关工作机构审议或者研究,并征求本级人民政府财政部门的意见后,再由大会主席团决定是否列入大会议程或者是否提交大会审议、表决"。具体实践中,在没有受到明确的法律约束的情形下,本级人大要对政府编制的预算进行协商和修正面临的阻力通常很大。以本节重点关注的6个代表性城市为例,只有广州市人大、深圳市人大作出了相关规定,其中,广州市人大赋予了相关委员会和人大代表大会期间提起预算议案的权力,如2014年修订的《广州市人民代表大会审查批准监督预算办法》第十八条规定:"市人民代表大会主席团、常务委员会、专门委员会或者代表十人以上联名,可以向市人民代表大会书面提出关于预算方面的议案";相比之下,深圳市人大在这方面的赋权较为明确和具体,《深圳市全口径预算决算审查和监督规程》第三章第八条规定:"市人民代表大会举行会议时,可以按照法定程序对预算草案提出修正案";第四章第四款第七条提出:"常委会

---

[1] 详情参见广州市人大常委会网站,"市民议政厅"栏目,http://www.rd.gz.cn/smyzt/ndyt/。

举行会议时,可以按照法定程度对预算调整方案提出修正案"。与广州市、深圳市相比,无论是作为直辖市的北京、上海还是作为较强城市辐射能力的杭州市、郑州市在这方面还有待于进行实质性突破。

二、代表性城市全口径预决算透明度比较

良好的预决算透明度对于城市的管理、公众立法机构监督以及城市竞争力的提升都有重要的意义。清华大学公共经济金融与治理中心在2013年发布的《中国市级政府财政透明度研究报告》中提出了衡量城市政府财政透明度的全口径量化指标体系,即由纳入预算机构和部门、一般性预决算收支情况、专户(预算外财政)与政府债务情况、国有资本经营与国有企业收支情况四部分组成;在2013年、2014年构建的指标体系基础上,2015年按照全口径、一站式、用户友好三大原则又对评价指标进行了若干修订和补充,调整后的指标体系包括以下三大部分:(1)纳入预算的机构;(2)市级政府预算与预算执行情况,包括政府的"四本账",即"本级公共财政收支情况""本级政府性基金收支情况""国有资本经营与国有企业收支情况""社会保险基金收支情况";(3)其他重要的财政信息,包括政府性债务、"三公"经费、大额专项资金及重点项目、政府采购公开以及预算编制说明等内容[1]。

其中,市级政府预算与预算执行情况是衡量政府财政透明度的核心指标。在政府财政"四本账"透明度持续提升的大背景下,2015—2018财政年度,上海市、北京市、广州市的财政预算透明度以相对稳健的态势位居前列,其中,北京市预决算等政府财政信息公开情况连续三年位居全国市级政府的首位,并领跑其他城市。深圳市、杭州市2015年后有了快速的提升,其中,2015年深圳市的得分仅为24.76,在全国292个市级政府财政透明度排名中排237名,2018年上升到第10名;杭州市在2015年的得分是55.67,排第58名,2018年295个市级政府透明度排名紧随北京市、广州市之后,位列第3。相比之下,郑州市虽然在2015—2017财年以相对低的起点上实现了"小步提升",但2018年却有较大幅度的下降,得分15.07分,排名278,较为靠后(见表7.8)。据调查,2018年排名比较靠前的几个城市得分比较接近,差别主要体现在"地方政府债务""产业投资

---

[1] 俞乔主编:《2017年中国市级政府财政透明度研究报告》,清华大学出版社2017年版,第12—18页。

基金"和"政府与社会资本合作(PPP)"等其他重要财政信息的公开部分,对这些财政信息做了较好的披露;排名倒数30位的城市全都没有对本市2017年预算执行和2018年预算情况的详细表格进行公开,大部分仅仅在报告正文中对"四本账"某些项目总额加以介绍,具体细项则无从得知。此外,排名靠后的城市在"其他重要的财政信息"方面也表现不佳[1]。

表7.8 代表性城市2015—2018年全口径财政透明度评估(百分制)

序号	代表性城市	2015年	2016年	2017年	2018年
1	上海	85.79	81.85	81.04	76.69
2	北京	86.51	86.31	84.63	83.59
3	广州	86.03	85.54	82.84	83.31
4	深圳	24.76	63.08	76.42	76.06
5	杭州	55.67	78.62	82.09	79.93
6	郑州	33.49	45.31	52.46	15.07

注:表格自制。

在全口径决算透明公开方面,各大城市也有了较大的进展。在我国,部门决算公开大概经历了四个阶段:第一阶段是"国家机密,不得向社会公开",1951年出台的《保守国家机密暂行条例》规定,国家财政计划和国家概算、预算、决算及各种财务机密事项是国家机密,不得向社会公开;第二阶段是"部分预算向人大代表公开",1999年全国人大常委会通过《关于加强中央预算审查监督的决定》要求部门预算细账开始向人大代表公开;第三阶段是"预决算向社会公众公开",2010年我国开启部门预算改革之后,中央部门先后公开了本部门的预决算信息,与此同时,中央部门"三公"经费预决算首次向社会公开,但地方部门决算还处于封闭状态;第四阶段以2013年十八届三中全会为标志,呈现出"公开为常态,不公开为例外"的特征[2]。

近年来公开为常态特征的持续与两份法律规定的支撑密切相关,一是2015年实施的《预算法》第十四条的规定:

---

[1] 张璐晶:"2018年地级及以上城市财政透明度排行榜",《中国经济周刊》2018年8月2日,http://www.ceweekly.cn/2018/0820/232246.shtml。

[2] 凯文:"部门决算公开,你准备好了吗?"《搜狐网》2018年8月5日,http://www.sohu.com/a/245373753_751870。

经本级人民代表大会或者本级人民代表大会常务委员会批准的预算、预算调整、决算、预算执行情况的报告及报表,应当在批准后二十日内由本级政府财政部门向社会公开,并对本级政府财政转移支付安排、执行的情况以及举借债务的情况等重要事项作出说明。

经本级政府财政部门批复的部门预算、决算及报表,应当在批复后二十日内由各部门向社会公开,并对部门预算、决算中机关运行经费的安排、使用情况等重要事项作出说明。

二是 2016 年财政部出台的《地方预决算公开操作规程》,要求部门决算公开及时、内容准确、形式规范。在本级政府或财政部门门户网站上预决算公开统一平台中,对地方人大审查、地方财政批复的部门决算报表进行公开,方便公众查阅和监督。其中,部门总体收支情况至少包含 3 张表格:(1)部门收支总体情况表;(2)部门收入总体情况表;(3)部门支出总体情况表;财政拨款收支情况至少包含 5 张表格:(1)财政拨款收支总体情况表;(2)一般公共预算支出情况表;(3)一般公共预算基本支出情况表;(4)一般公共预算"三公"经费支出情况表;(5)政府性基金预算支出情况表。除此之外,各部门还应一并公开本部门职责、机构设置情况、预决算收支增减变化、机关运行经费安排以及政府采购等情况说明,并对专业性较强的名词进行解释。在各大城市向社会公开的部门预决算中,无论是内容的准确性还是表格的完备规范性,都有较好的呈现,这一特征在郑州市环保局和北京市环保局 2017 年收入支出决算总表中可以略窥一斑:两地的环境保护部门在收入支出的列表中使用了统一的标准,并按收支的功能分类进行了细分,容易把所花的公共支出与政府相关部门公共职责的履行对接起来。其中,北京市的收支决算总表(表 7.9)中又增加了年初预算的数额,便于社会公众对相关信息的获取和监督。

北京市人大从为代表履行预算监督职权提供保障的角度进行了一系列创新。一是积极推动预算信息公开的规范化、制度化,督促政府部门按照国家的相关规定,抓紧研究预算公开的具体办法,对预算公开的责任和公开时限、内容都作出明确规定,使公开工作做到有章可循。二是促进部门预算执行审计情况逐步公开。从 2010 年起,市人大常委会审查市级决算时,审计部门向常委会提交部门预算执行审计情况的报告,供常委会组成人员审议。部门范围从最初的 11 个,逐年扩大到 2013 年的 40 个,为代表更好地掌握财政资金的使用情况提供了充分细致的材料。三是督促政府改进和完善预算编制工作,进一步细化了预算

表 7.9 北京市环境保护局 2017 年度收入支出决算总表 [1]

单位：万元

收入			支出		
项目	年初预算数	决算数	项目（按功能分类）	年初预算数	决算数
一、财政拨款收入	138 920.060 618	405 060.109 993	一、一般公共服务支出	0.000 000	0.000 000
二、上级补助收入	0.000 000	0.000 000	二、外交支出	0.000 000	0.000 000
三、事业收入	9 199.837 520	8 248.718 032	三、国防支出	0.000 000	0.000 000
四、经营收入	0.000 000	0.000 000	四、公共安全支出	0.000 000	0.000 000
五、附属单位上缴收入	0.000 000	0.000 000	五、教育支出	105.150 000	81.695 616
六、其他收入	496.876 700	1 760.947 768	六、科学技术支出	14 647.137 520	13 392.377 934
			七、文化体育与传媒支出	0.000 000	0.000 000
			八、社会保障和就业支出	1 593.959 743	1 512.199 401
			九、医疗卫生与计划生育支出	3 066.610 228	3 022 315.268
			十、节能环保支出	186 405.726 485	282 910 335.371
			十一、城乡社区支出	0.000 000	0.000 000
			十二、农林水支出	0.000 000	0.000 000

[1] 北京市环保局 2017 年度部门决算公开 http://www.bjepb.gov.cn/bjhrb/xxgk/ywdt/czxx/ysjssgjfqk/835971/index.html；为便于比较，郑州市环境保护局 2017 年部门决算公开信息可参见 http://www.zzepb.gov.cn/Information/Content/?id=38756。

(续表)

收　入			支　出		
项目	年初预算数	决算数	项目（按功能分类）	年初预算数	决算数
			十三、交通运输支出	0.000 000	0.000 000
			十四、资源勘探信息等支出	3 188.360 000	3 188.360 000
			十五、商业服务业等支出	0.000 000	0.000 000
			十六、金融支出	0.000 000	0.000 000
			十七、援助其他地区支出	0.000 000	0.000 000
			十八、国土海洋气象等支出	0.000 000	0.000 000
			十九、住房保障支出	868.650 395	868.650 395
			二十、粮油物质储备支出	0.000 000	0.000 000
			二十一、其他支出	0.000 000	0.000 000
			二十二、债务还本支出	0.000 000	0.000 000
			二十三、债务付息支出	0.000 000	0.000 000
本年收入合计	198 616.774 838	418 069.775 783	本年支出合计	209 875.594 371	304 975.933 985
用事业基金弥补收支差额	506.325 800	104.183 755	结余分配	—	56.672 328
年初结转和结余	10 752.493 733	15 928.103 462	年末结转和结余	0.000 000	129 069.456 687
总计	209 875.594 371	434 102.063 000	总计	209 875.594 371	434 102.063 000

草案。按照人大要求,2011年市级预算草案原则上都已编列到款级科目,部分重点支出已编到了项级科目,进一步增强了财政预算的透明度;进一步扩大了向代表大会提交的部门预算范围,从最初2009年的30家到2011年除涉密部门外的所有政府组成部门的58家,2013年再扩大到90家,并在会后及时向社会公布。四是保障和扩大代表知情权。从2011年起,通过市人大常委会门户网站,每月向全体市人大代表发送北京市财政收支月度分析报告的电子版,使代表能够更加及时便捷地了解市预算执行的情况,也为代表对预算监督工作提出更多更好的建议提供了便利条件[1]。

自十八大强调"加强全口径预决算审查监督"以来,决算公开细化的推进在全口径账本中较为薄弱的板块也有体现。以2013年深圳市国有资本经营决算为例(见表7.10),它在决算项目支出表中不但按照资金使用性质进行了划分(资本性支出、费用性支出及其他支出),而且给出了当年的预算数便于比较,并对项目中通常含糊不清的"其他支出"做了细分,包括国有资产监管费、国有文化资产监管费、监事会主席、财务总监薪酬、企业绩效考核奖励支出、援疆支出、向市社保局划转资金六部分细项,其中,最后一项可以看到现有法律法规要求的全口径不同账本之间的衔接。为贯彻落实党的十八届三中全会精神和预算法要求,进一步完善国有资本经营预算资金调入一般公共预算的机制,2018年深圳市安排国有资本经营预算调出资金10.8亿元。以当年利润、股利股息收入和上年超收收入为基数,按照24%的比例计提10.8亿元调入一般公共财政预算,用于保障和改善民生支出[2]。

三、代表性城市全口径预决算审查监督的能力机制供给

预算能力机制通常包括完备的机构、充分的人员、较高的专业能力和多元有效的监督机制,它们嵌入在预算过程中发挥作用。当前情形下,代表性城市全口径预决算审查监督的能力机制供给呈现出多元化和不均衡的特征,其中,深圳市、广州市较为良好,杭州市、郑州市有待于进一步提升(见表7.11)。

---

[1] 访谈资料:B市人大预算工作委员会组成人员,BBA20140912。
[2] 深圳市不同年度本级国有资本经营预算决算的信息详见深圳市人民政府国有资产监督管理委员会网站中的"财政信息公开"栏目,http://www.szgzw.gov.cn/xxgk/zjxx/。

表 7.10 2013年深圳市国有资本经营决算项目支出表

填报单位：深圳市财政委员会

财资地块 04 表
金额单位：万元

项目名称	行次	2013年预算数									2013年决算数								决算数是预算数的%
		合计	小计		资本性支出		费用性支出		其他支出		合计	小计		资本性支出		费用性支出		其他支出	
				省本级	地市级及以下	省本级	地市级及以下	省本级	地市级及以下	省本级	地市级及以下		省本级	地市级及以下	省本级	地市级及以下	省本级	地市级及以下	省本级	地市级及以下	
栏次		1	2	3	4	5	6	7	8	9	10	11	12	13	14	15	16	17	18	19
一、国有经济结构调整支出	1	290 000	290 000		290 000						289 509	289 509		289 509						99.8%
1. 特区建发集团增资	2	40 000	40 000		40 000						40 000	40 000		40 000						100.0%
2. 资本运作资金	3	250 000	250 000		250 000						249 509	249 509		249 509						99.8%
二、重点项目支出	4	117 000	117 000		115 000				2 000		116 960	116 960		115 000				1 960		100.0%
1. 投资控股公司增资	5	45 000	45 000		45 000						45 000	45 000		45 000						100.0%
2. 企业科技创新资金	6	2 000	2 000						2 000		1 960	1 960						1 960		98.0%
3. 远致公司增资	7	70 000	70 000		70 000						70 000	70 000		70 000						100.0%
三、产业升级与发展支出	8																			
四、境外投资及对外经济技术合作支出	9																			
五、困难企业职工补助支出	10																			
六、其他支出	11	17 837	17 837		7 500		10 337				17 372	17 372		7 500		9 872				97.4%
1. 国有资产监督费	12	1 500	1 500				1 500				1 375	1 375				1 375				91.7%
2. 国有文化资产监管费	13	113	113				113				60	60				60				53.1%
3. 监事会主席、财务总监薪酬	14	1 100	1 100				1 100				1 100	1 100				1 100				100.0%
4. 企业绩效考核奖励支出	15	700	700				700				521	521				521				74.4%
5. 援疆支出	16	7 500	7 500		7 500						7 500	7 500		7 500						100.0%
6. 向市社保局划转资金	17	6 924	6 924				6 924				6 816	6 816				6 816				98.4%

表 7.11 代表性城市全口径预决算审查监督的能力机制供给概览表

序号	城市	主要审查监督机构	人员配备	专业能力	监督方式/机制
1	上海	预算工作委员会（常委会工作机构）	5（1主任+2副主任+2委员专职）	ACD	abdefghik
2	北京	预算工作委员会（常委会工作机构）	5（1主任+2副主任+2委员专职）	ABCE	cdfghl
3	广州	预算委员会（专门委员会,2013)	23（1主任+1副主任+21委员专兼职）	ABCDE	acdefghij
4	深圳	计划预算委员会（专门委员会,2000)	10（1主任+2副主任+7委员专职）	ACDE	abcdefghij
5	杭州	财政经济工作委员会（下设预算审查办公室）	3（1主任+1副主任+1委员）	ACE	abdghj
6	郑州	预算工作委员会（常委会工作机构）	3（1主任+1副主任+1委员编制5人未满）	CDE	acde

注：* 专业能力
A 预算相关委员会的主任具有较明显的财经专业背景 B 重视发挥人大内部各委员会的合力作用 C 专家/财政预算审查小组 D 第三方专业机构的引入 E 较为重视借用审计力量
* 监督方式/机制
a 视察/专题调研 b 询问 c 专题询问 d 质询 e 听取和审议专项工作报告 f 特定问题调查 g 财政资金拨付情况实时在线监督/联网监督 h 听证会 i 专项跟踪监督 j 满意度测评 k 执法检查 l 规范性文件备案审查

注：表格自制，表格信息主要来源于代表性城市人大官网、各市人大预算审查监督条例和访谈调研。资料收集时间截止到2018年12月31日。

从主要审查监督机构的设立和规格来看，北京市人大、上海市人大、郑州市人大设立的预算工作委员会都是人大常委会的工作机构，杭州市人大的做法是在财政经济工作委员会下面设了预算审查办公室，有的地方是财政经济委员会和预算工作委员会一套班子、两个牌子。这种制度安排与新时期日益增多的预决算审查监督担子是不匹配的。深圳市人大和广州市人大主要负责预算审查监督的机构都是专门委员会，规格较高。其中，深圳市人大的计划预算委员会是由计划预算审查工作会升格而来，后者成立于1995年，是全国最早的。1999年，全国推行预算改革后各地纷纷成立预算工作委员会，而深圳市人大的预工委在2000年由人大常委会的一个内设工作机构升格为专门委员会，委员必须是人大代表，并且由全体人大代表选举产生。广州市人大在2013年《关于提请审议设立广州市人大常委会预算工作委员会的议案的说明》中着重指出新时期设立预算委员会的必要性："由于预算审查监督工作专业性强，工作量大，而财政经济委员会及财经（预算）工作委员会联系的部门较多，工作范围较宽，对预算的审查监督存在覆盖面不全、专业性不强、经常性不够等问题。特别是面对公共财政改革不断深化、预算公开程度逐步提高的新形势,目前的预算监督工作体制的不适应越来越明显。为了更好地履行市人民代表大会及其常务委员会对预算的审查、批准和监督的职责,进一步提高审查工作质量和加大监督工作力度,使市人民代表大会审查通过的预算更加符合实际情况,更能体现国家和全市人民的利益,并使批准的预算得到正确有效的贯彻实施,市人大常委会需要设立专门的预算审查监督工作机构——预算工作委员会"。

在人员配备上,郑州市人大、杭州市人大、上海市人大和北京市人大预算工作委员会的编制基本保持在3～5人左右,编制过少通常会带来预决算审查监督人手不足的问题。广州市加上兼职委员是23个(通常是从人大代表中选出),大多数都具有财经、金融、会计等专业背景,面向11个区的11个人大代表团,每个代表团有2位代表委员,作为"种子"起审查监督骨干作用。深圳市的编制是10个,也远超其他城市。

就专业性而言,从预算相关委员会主任是否具有明显的财政预算专业背景、是否重视发挥人大内部各专门委员会的作用、是否外聘了专家或成立了财政预算审查小组、是否聘用了第三方专业机构以及是否重视借用审计力量是考察的重点。在这些指标上,广州市人大、深圳市人大、北京市人大的表现较好,上海市人大、杭州市人大、郑州市人大稍弱,从预决算审查监督的主体-人大代表-的预算专业性来看,这一评述也具有一定的信度。以2014年对上海市864名市人大代表的专业构成分析为例,从事财政会计相关专业的约47名,仅占代表总人数的5%左右。

一些城市在监督方式/机制上进行了拓展和创新。广州、深圳、上海、北京与预算审查监督相关的法律规定中增强了相关机制的供给,聚焦到实践领域,北京、上海、广东等人大采取了通过参与调研的方式提前介入预算编制过程,形式上较惯常的听取汇报也有了很大的突破。提前介入并不等于干涉政府预算的技术细节,主要目的是对预算编制和政策设定有个摸底,把民众的诉求和相关信息提供给政府,使预算编制更加公正合理。例如,2013年广东省人大财经委和人大代表以"底线民生保障"为专题,在深入调查研究的基础上,9月份提前介入财政预算编制,这比以往预算编制将近结束的12月份提前了3个月。代表们发现,从2003—2013年,医疗救助标准已经连续10年没有增长,不及全国平均水平的一半,2014年的预算安排也没有增加。与此同时,在医疗欠费中困难低保户欠费占40%,大病无钱结账占30%,底线民生的病有所医没有得到政府强有力的保障。建议在以后的预算中设立省级底线民生资金,国有资产收益可做补充,财政部门回应在以后的预算编制中尽力补齐短板、兜住底线[1]。

北京市人大在绩效导向的监督改革方面比较有代表性,这一过程中涉及多元监督方式的复合运用。一是把人大监督口前移,开展事前评估工作。这项工作从 2010 年开始,在编制预算过程中,财政部门拿出一部分申报的项目,邀请第三方评估机构和市人大代表参加,对这些项目的可行性和必要性进行评估,作为编制预算重要的参考依据。通不过事前评估或者事前评估结果很不好的项目,就排不进当年的预算或者会遭遇预算削减。到 2012 年,北京市先后组织 46 名人大代表参加 70 多个项目的事前评估。当年选取的 36 个项目,资金额为 35.9 亿元,涉及教育、科技、农业、城市建设等社会比较关注的领域,当年审查削减资金 6.3 亿元,占资金总额的 17%。二是对大额专项资金进行专题询问。2012 年 9 月,北京市人大常委会首次探索采用这种监督方式,对市级大额专项资金管理使用情况进行监督,询问内容为全部 11 项大额专项资金,2011 年预算资金安排 175.2 亿元。2013 年,市人大常委会抓住旅游委负责的 10 亿元旅游发展专项资金展开专题询问,并进行了网络直播。最后因该项目没有得到很好落实、资金使用和绩效存在问题而遭到取消[2]。在 2014 年对 100 亿元文化创新发展专项资金管理使用情况的专题询问中,人大常委会委员提到的避免财政资金重复支持一些文化或者旅游、体育交叉项目,大量资金闲置、决策机制不完善、全过程的监管薄弱等问题,为市文化改革和发展领导小组办公室、市文物局等 9 部门提了个醒,应进一步加强和改进市级大额专项资金的使用效率。2015 年,11 个大额专项每项都要从资金里面选择一到两个项目列入事前绩效评估的范围,事前评估的规模要比 2014 年增长 20% 以上。重点选择民生类等社会关注度比较高的项目,根据评估的结果来安排下一年度预算[3]。此外,建立大额专项资金决算新系统与部门决算信息公开机制,各部门要将大额专项资金决算信息在官方网站上与部门决算信息同步公开。

广东省人大从 2003 年开始积极探索开展预算联网工作,预算联网监督系统横向逐步扩展到本级政府其他收入征管和监督部门,纵向逐步完善省与市、市与县的联网,实现全省"一张网"的架构。它一方面是对全国人大要求的回应,2017

---

[1] 蔡晓丹:"省人大首次提前介入预算编制",《南方网》2013 年 9 月 23 日,http://news.southcn.com/g/2013-09/23/content_79906769.htm。
[2] 访谈资料:B 市人大代表,BRY20180120。
[3] 李天际:"部分部门大额资金存在多头申报",《北京青年报》2014 年 11 月 28 日。

年2月17日,全国人大常委会预算工委召开会议,要求三年内全国各级政府预算执行系统要与同级人大实现联网;6月30日,全国人大常委会办公厅印发了《关于推进地方人大预算联网监督工作的指导意见》,明确推进地方人大预算联网监督工作的"时间表"和路线图、任务书。在自上而下的改革推动下,不少地方人大以此为创新监督工作的主要平台。另一方面,通过"互联网+"和大数据手段进一步完善"全过程、全口径、全覆盖"的预算审查监督体系,以技术赋权为支撑,增强了监督的自主性和有效性。联网监督的资金,从最初的一般公共预算资金和政府性基金预算资金,扩展到现在的"四本预算"资金全覆盖;监督的单位,从2004年的几十家,到目前覆盖省级全部预算单位几百家。网络模块通常包括"查询、预警、分析、服务"四大功能,政府财政预算、社保基金、政府采购资金甚至政府的债务,全部纳入监督预警。根据预算法对预决算监督的要求,以及省人大常委会开展预决算监督的需要,设置了十几项预警指标,对存在或者可能存在的问题进行预警提示。例如,省人大利用联网监督系统查询跟踪了广东省流浪乞讨人员救助省级专项资金预算支出情况,结果发现,在中央加大对广东省该项转移支付补助的情况下,省本级支出却较上年同期大幅压缩46%,用于救助支出的资金比上年同期减少49%。针对这个异常情况,省人大要求省财政部门作出解释并提出改进意见。省财政厅对此高度重视,在编制次年的预算草案时专门在"临时救助"款下安排了"流浪乞讨人员救助支出",并对该项资金作了合理安排[1]。

在地市层面,中山市的全口径预算实施在线监督系统有一定的代表性,设立在市人大机关的预算监督查询室共有16个查询端口,每周三向全体市人大代表开放;同时还设置了50个密钥,通过密钥可以在所有中山市党政机关专网终端机上登录系统。2014年3月,距离中山市人代会批准预算后还不到两个月,工作人员通过系统查询到已有7个部门发生了预算追加的情况,市人大常委会为强化预算管理的严肃性,出台了《关于进一步加强部门预算管理的意见》和《中山市市级财政支出预算追加联审试行办法》,推动了预算管理更加规范有效。2015年9月,工作人员通过系统查询到有9个预算单位的15个项目资金仍未使用,中山市人大及时与财政部门沟通,市政府把这些资金调剂用于科技专项资金、重点绿化项目建设经费等各类民生和重点支出项目上,有效加强了对"睡眠资金"的监督和管理[2]。

---

[1] 朱宁宁:"广东省人大预算支出联网监督:'第三只眼'让政府花钱不再任性",《法制日报》,转引自《人大新闻网》2016年12月27日,http://npc.people.com.cn/n1/2016/1227/c14576-28979432.html。
[2] 黄丽娜:"推进地方人大预算联网监督 广东人大做得好",《金羊网》2017年7月6日,http://news.ycwb.com/2017-07/06/content_25188334.htm。

四、审计力量的运用

审计是预算过程中协助人大履行监督职责的重要参与者之一,它在多大程度上涵盖了全口径预决算以及绩效如何至关重要。北京市人大通过抓审计,关注预算执行效果。核心理念是人大不评价政府预算编得好不好,也不说编得怎么样,关键是看执行得如何,如果不行的话,倒逼政府改进预算编制。在这一过程中,和审计部门进行合作监督。比如,通过制定《审计条例》的方法来支持审计工作。日常工作中,审计配合比较多,每年9月会看一些审计出问题的整改。财经委要听,看整改怎么样。原来只是每半年决算时有互动,现在已形成经常性的沟通机制。而且人大也让审计做很多事情,审决算时,审计部门要提供关于很多部门的信息,最开始时只有30多个部门进行决算审计,现在涉及的预算部门更多。深圳市从2010年开始,市审计机关积极探索构建立财政审计大格局,逐步将部门预算、政府投资项目计划、土地出让收支、政府性基金、社保基金、国有资本资金、融资资金等纳入审计范围,自2013年开始,预算执行审计基本上涵盖了全口径预算的主要内容,在此基础上,进一步建立了绩效审计和审计整改问询制度来增强审查监督合力,这在2017年深圳市本级预决算执行情况审计中有所体现(见表7.12)。

表7.12 2017年深圳市本级全口径预算执行情况审计   单位:亿元

	一般公共预算			政府性基金预算			国有资本经营预算			社会保险基金预算		
	预算	决算报表	完成率(%)	预算	决算报表	完成率(%)	预算	决算报表	完成率(%)	预算	决算报表	完成率(%)
收入总量	3 277	3 347.28	102.14	1 216.9	1 356.48	111.47	41.8	52.61	125.86	1 473.7	1 518.94	103.07
支出总量	3 277	3 244.24	99.00	1 208.1	946.01	78.3	41.8	39.63	94.8	503.85	541.47	107.47
结转结余	0	103.04	\	8.8	410.48	\	0	12.97	\	969.85	977.46	\

注:1. 社会保险基金预算及决算数为全国统一险种及深圳自有险种二者合计数。
   2. 一般公共预算收支总量和结转结余数为市财政委(2019年1月10日发布的深圳市机构改革方案中更名为市财政局)提供的《深圳市本级2017年财政总决算报表(批复前)》数据,因与上级体制结算尚未完成,故不为最终数。

论及审计监督绩效,除了对一般公共预算进行监督问责外,政府性基金预算、国有资本经营预算是否合理合规使用也逐步成为审计关注的重心所在。在2018年8月深圳市第六届人民代表大会常务委员会第二十七次会议上,审计局受市政府委托,向本级人大常委会做了《深圳市2017年度本级预算执行和其他财政收支审计工作报告》,其中指出的代表性问题有:第一,审计发现决算草案未全面反映预算稳定调节基金情况。经市人大批准,2017年市本级预算稳定调节基金全年使用327.2亿元。但在编制决算草案时,并未列明预算稳定调节基金全年使用的金额及结余规模,只列明107.2亿元用于增加轨道交通四期项目资本金,其余220亿元的用途未作说明。审计指出问题后,市财政委已在决算草案中增加了全年使用金额及结余规模等内容,并按财政部批复的决算数据调整当年增加数。市审计局要求市财政委按照人大预决算审查相关要求,重点报告和反映支出预算调整、支出决算和政策实施效果等情况。第二,国有资产在报表中反映的完整性。2017年12月,市财政委拨付深圳市引导基金投资有限公司的100亿元注册资本金未登记为股权投资,国有资产反映不完整。市审计局要求市财政委完整地登记股权投资,规范政府投资引导基金核算,切实保障国有资产的完整性。第三,国有资本经营预算资金使用的不规范和低效问题凸显。2017年12月,深圳市国资委出台了《深圳市国资委创新资金管理办法(试行)》(深国资委〔2017〕193号),规定从2017年起连续5年,每年从国有资本经营预算中新增1亿元,用于扩充市国资委创新资金,对市属国有企业的创新发展进行扶持奖励,奖励方式包括奖励、股权投资、虚拟股权投资扶持等(其他关联法律法规和政策详见附录9)。审计发现,该专项资金的设立未报财政部门审核同意,也未报市政府批准,并且公示的奖励项目与市本级设立的企业高层次人才奖、市长质量奖等奖励存在重复。审计还发现,该专项资金2017年预算安排1亿元,2018年预算安排2亿元,市国资委将2017年度预算资金采取"以拨代支"的方式转入市属二级企业专用资金账户进行管理,虚列支出1亿元。市审计局要求市国资委严格执行财政专项资金设立的规定,纠正创新奖励存在的问题,规范财政资金管理和使用[1]。

第四节 全口径预决算审查监督中存在的问题反思

由于全口径预算具有"牵一发而动全身"的复杂性和系统性,当前,人大对预算的审查监督还处在由程序性监督向实质性监督、由部分监督向全口径监督、从

---

[1] 审计的全口径覆盖和对四本"账本"的监督详见深圳市审计局:《深圳市2017年度本级预算执行和其他财政收支审计工作报告》,http://www.szaudit.gov.cn/zxbs/bggk/201808/t20180829_14044519.htm。

公共预算账本向其他"三大账本"拓展的初步阶段。在新一轮的改革中,尽管一些城市在预决算审查监督方面进行了卓有成效的制度供给和实践创新,但问题也不断凸显。

一、"四本账本"的功能、口径管理和审批程序不明晰

一是各预算的功能划分不清,存在交叉重叠现象。如政府性基金预算和公共财政预算都安排了教育、社会保障和就业、农林水事务、交通运输等方面的支出;纳入公共财政预算管理的专项收入专款专用,性质与政府性基金相同;国有资本经营预算和公共财政预算都编列了支持国有经济发展、国有企业改革和改善民生的支出等。带来的可能影响是公共资金的重复支付。据上海市2013年度本级国有资本经营预算收支管理的专项审计结果显示,由于缺乏与一般公共预算间信息的沟通与共享,39个技术创新与能级提升支持项目中,2个项目既获得公共预算资金,又获得国有资本经营预算资金[1]。

二是预算口径管理上的不统一,影响了政府对财政性资金的集中统一调控。现有法律法规及规范性文件对教育、农业、科技、农村公路养护、安全生产、计划生育、残疾人就业保障等支出都有比例要求,不仅肢解了政府预算,而且有的与地方实际需要相脱节,如河南郑州市开发区基本上没有农业,按规定却要每年从土地出让收入中提取农业开发资金,一定程度上造成资金闲置浪费[2]。相应的财政预算权分散在主要预算部门中的情形依然存在。财政部门每年编制国家预算时,往往会给发改委、教育部、科技部等部委切出一笔资金,但预算中并未列明这些资金的具体用途。作为预算审批部门的全国人大在批准当年预算案时,同样不了解这些资金的具体支出走向。这一问题在城市也比较突显,除了财政部门外,发改委、科技部也享有部分预算分配权,主管的项目和资金比较散,分配时存在"撒胡椒面"现象。以发改委为例,它主要制定各部门的规划,需要财政负担的大多数通过融资。由于他们通常是考虑项目的总规模、总投入,并没有考虑什么期间完成,没有中期计划,非常难执行;前瞻性、计划性也比较弱,各个部门的融资计划每年只能切块安排。

三是预算编制主体和审批程序不统一,预算编制权呈现多部门分散化的状

---

[1] 上海市人大常委会:《关于深化本市国有资本经营预算审查监督的调研报告》,2014年10月。
[2] 访谈资料:G省S市人大预算委员会组成人员,SBR20180120。

态。公共财政预算、政府性基金预算和国有资本经营预算由财政部门汇总编制，报经同级人大审查批准，而社保基金预算根据国务院有关文件规定，应由社会保险经办机构编制，经本级人社部门审核汇总，财政部门审核后，由财政和人社部门联合报本级人民政府审批。另外，在全口径的"四本账"中，预算编制权分散在不同的主管部门。在国家层面，国有资本的经营预算由财政部编报，但在大多数城市，公共预算由财政部门编制，社保基金编制在人社部门，管理在国库，国有资本经营预算编制权在国资委，资金使用由国资委安排，这给同级人大的审查监督带来了不少挑战。例如，深圳市国资委下辖20家直管国有企业，其中，上市公司的经营业绩实际数只有在4月底才可以获得，而深圳市人民代表大会通常于每年的1月份举行，这就成为国有资本经营预算纳入人民代表大会审查和批准的现实阻滞[1]。

二、"四本账本"的衔接和透明程度不均衡

国有资本作为公共资源的重要组成部分，虽然经营成果和利润收入具有全民共享的特性，但实践中往往出现明显的利润体内循环现象。正如有学者所言："目前国有企业上缴的利润收入过多地用于了企业自身的发展，又回到了国有企业体内，表现出严重的取之国企，用之国企"；且国有企业上缴的利润收入主要使用方向依然只集中于国有经济中的关键领域、重点项目，以保持其持续竞争力，而只有少部分预算支出用在了民生领域，且其年均增长极为有限[2]。

与公共预算信息的公开透明状况相比，全口径预算中其他"三个账本"的透明度虽比上一年度有所改善，但总体上还不是很理想。上海财经大学发布的2016中国省级财政透明度报告显示：政府性基金预算透明度得分在60分以下的有22个省份，收入类科目的透明度高于支出类科目，支出功能分类的透明度高于经济分类的透明；国有资本经营预算透明度的平均得分是43.05分，虽然比往年有所提高，但依然有64.5%的省份未达到及格线；社保基金预算各省透明度的平均得分为38.76分，在信息披露的规范性、详细程度等方面较差[3]。

---

[1] 深圳市人大计划预算委员会：《深圳市全口径预决算调研报告》，2014年。
[2] 卢馨、丁艳平、唐玲："国有企业利润去哪儿了？"《经济与管理研究》2016年第5期。
[3] 上海财经大学公共政策研究中心：《2016中国财政透明度报告.上海财经大学出版社》2016年版，第58—152页。

三、全口径预决算过程中的公众参与较弱

公众预算参与行动时常呈现出较强的自发性和无序性,缺乏聚合效应。在范围上更多地局限于行政预算编制阶段民意的输入和对预算项目优先顺序的讨论,全口径账本中除了公共预算之外,政府基金与预算、社保基金预算、国有资本经营预算的参与监督较为缺乏。相比较预算审查监督中的参与来说,决算监督的参与更为匮乏。虽然有些城市公众及预算组织试图以一种更理性、更积极的新型合作关系取代过去与政府那种疏远、对立和不合作的关系,尝试着形成常规化的、制度化的守护钱袋子的参与监督平台,然而,在当前情境下,仅仅依靠公众发起的"自下而上"的改革影响力比较有限,可持续性也时常难以确保,因此,必须面对的是如何与"自上而下"的行政和人大主导的预算制度进行衔接和增强相应的法律保障问题。

四、全口径预决算审查的主要行动者激励不足

由于人大预决算审查工作具有较大的弹性,做多做少缺乏明确化的考量标准,更多地依赖于主要领导对于改革必要性的认知和积极性。从对党委书记、人大常委会主任和人大预算相关委员会主任基本特征的梳理中(见表7.13),我们可以看出同级的人大常委会主任通常比同级党委书记年龄大,就人大内部而言,人大常委会主任和人大预算相关委员会主任的年龄大都偏大,平均任现职时间较短,基本上是做满一届"船到码头车到站",在人大干部配置上的"二线思维"仍然比较强烈,这不但会影响权力结构中党委政府对人大工作的认知,而且会挫伤人大干部的工作积极性,不利于新时期更重的预决算审查监督工作的开展。

表7.13 代表性城市全口径预决算监督中主要领导的基本特征

城市	职位	姓名	年龄	任现职时间	专业背景
上海	党委书记	李强	59	2017年10月	中央党校研究生学历,高级管理人员工商管理硕士
	人大常委会主任	殷一璀	63	2013年2月	华东师范大学历史学专业,华东师范大学国际政治与世界经济专业研究生
	人大常委会预算工作委员会主任	赵伟星	60	2018年2月	工商管理硕士

(续表)

城市	职位	姓名	年龄	任现职时间	专业背景
北京	党委书记	蔡奇	63	2017年5月	福建师范大学政治经济学专业,福建师范大学经济法律学院硕士,福建师范大学经济法律学院政治经济学博士
	人大常委会主任	李伟	60	2017年1月	南京大学汉语言文学专业,法学硕士
	人大常委会预算工作委员会主任	陈京朴	53	2010年12月	财经背景
深圳	党委书记	王伟中	56	2017年4月	清华大学管理科学与工程专业毕业,研究生学历,管理学博士,研究员
	人大常委会主任	丘海	62	2015年6月	华南师范大学政治学专业,中山大学法律硕士
	计划预算委员会主任	陈伟元	62	2015年1月	本科学历
广州	党委书记	张硕辅	53	2018年7月	武汉水利电力学院河流力学及治河工程专业本科和硕士,湖南大学环境科学与工程专业博士
	人大常委会主任	陈建华	62	2016年2月	北京钢铁学院冶金机械专业本科,中山大学行政管理硕士
	人大预算委员会主任	袁锦霞	63	2016年2月	中山大学经济学专业本科,中央党校经济学专业硕士
杭州	党委书记	周江勇	51	2018年5月	余姚师范学院本科,浙江大学经济学专业研究生
	人大常委会主任	于跃敏	60	2017年4月	淮阴师范专科学校中文系,在中央党校经济专业本科班,浙江大学经济学院研究生课程进修班,中央党校进修班,中央党校研究生院世界经济专业学习
	人大常委会财政经济工作委员会主任	骆寅	56	2017年4月	中央党校大学毕业,高级会计师
郑州	党委书记	马懿	59	2016年9月	在洛阳农机学院机械制造工艺及设备专业,省委党校第14期地厅班
	人大常委会主任	胡荃	60	2018年9月	本科学历,工学学士,高级工程师
	人大常委会预算工作委员会主任	李金鹏	/	2018年10月	/

注:表格自制,统计时间截至2018年12月,部门领导的专业背景信息不全,信息缺失部分用了"/"。

第八章

结论与展望

> 代议机构为了体现其代表的民意,必须对政府所履行的行政尤其是预算职能进行监督和控制来实现应有的责任[1]。
>
> ——威廉·威洛比

第一节 中国特色的预算监督问责模式已见雏形

从纵向发展和国际比较的视野来看,我国地方人大预算监督问责无论在模式还是在路径上逐步呈现出不同于西方国家的特色。

一、以人大为中心、多元参与合作为特色的预算监督问责格局日渐清晰

我国各级人民代表大会召开全体会议时间较短(3~15天),作为众多会议日程中的一项工作,预算审查监督所占的时间更短。因此,很多地方人大把预算初步审查监督作为当前发力的主要阶段。相比之下,西方国家预算监督开启得早,《宪法》赋予的审议时间相对充裕(美国国会有8个月的审议时间,挪威、丹麦、德国议会4个月,法国、西班牙、日本3个月),再加上政治体制的差异,预算监督问责的重点时常体现在立法机构审查监督阶段。另外,为了改变预算权力运作过程中的边缘地位,减少人大和政府之间的信息不对称,不少地方人大采取了柔性的参与方式,寓监督问责于参与之中,并借助社会力量弥补自身不足,逐

---

[1] William F. Willoughby. *The Movement for Budgetary Reform in the States*. New York: D. Appleton, 1918: 1-8.

步增强监督问责的针对性和自主性。就未来改革而言,作为公众钱袋的守护者和多方预算诉求的吸纳平台,人大预算作用的发挥还应逐渐地覆盖到整个预算过程。在参与式治理路径下,它的定位可以概括为:实施事前监督,通过提前参与以及预算审批权力的运用,确保预算分配充分地反映公共利益和政策的优先性;事中监督行政预算的执行,以及事后问责,使政府对其预算绩效和结果有所考虑。整个过程应当是以人大为中心,以公开、透明和连接吸纳多元行动者合作参与治理为特征的(见图8.1)。

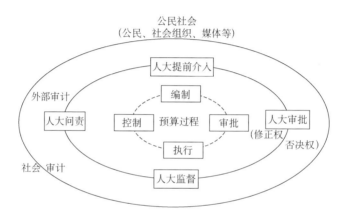

图 8.1　参与式治理路径下的人大预算职责定位

二、注重党政-人大权力主体间的预算合作而非预算竞争

在西方国家,预算时常被看作多元参与者围绕稀缺公共资源进行利益争夺和权力博弈的重要场域,美国著名的公共预算学者艾伦·瓦尔达沃斯基(Wildavsky)把它表述为:"预算的规模和形式是我们政治生活中争论的重要问题。总统、政党、行政者、国会议员、利益集团和感兴趣的公民通过预算连接在一起并把他们的偏好记录在预算之中。胜利与失败、妥协与讨价还价,有关我们国家政府的角色所达成的一致与冲突的空间都能在预算中得以体现"[1]。曼斯费尔多娃也做过类似的表述:"作为政府的一项最为重要的政策,预算谈判反映出政治利益、党派利益、部门利益、委员会利益的冲突"[2]。相比之下,我国市

---

[1] Aaron Wildavsky, A. *Politics of the Budgetary Process*\. Boston: Little, Brown. 1964:4-5.
[2] Mansfeldova Zdenka. "Executive-Legislative Relations in the Budgeting Process in the Czech Republic". *Czech Sociological Review*. Vol. 41, No. 3, 2005:443-459.

场经济的发展及由此带来的预算利益诉求的多元化,不仅凸显了"党政说了算、人大靠边站"一元化权力格局的弊端,而且也悄悄地瓦解着其存在的基础。在现有体制下,一些地方人大开启的预算监督问责改革并没有纯粹效仿西方立法-党政预算竞争模式,相反,监督问责绩效较好的几个地方人大基本上都遵循了合作治理的路径,一方面,通过党组进行党、人大、政府之间的沟通和协调,这种渠道体现了我们的制度优势,减少不必要的推诿扯皮;另一方面,策略性地把监督重心与党委政策要点结合起来,整合垂直和水平问责维度上公众、社会组织、审计、媒体等多方行动者的力量,在弥补人大自身不足的同时,为多元诉求提供了制度化的表达平台。客观上也有助于规避可能的宪政体制和政治架构的约束,协助执政党回应民众需求,化解当前所面临的治理难题。

三、在相似的体制化权力结构中,人格化权力结构的差异形塑了各地改革模式选择

在我国的权力结构中,面对占主导地位的政党和强势地位的政府,人大既有的职权如何有效行使是个备受关注的议题。党的十八大以来,党中央出台了一系列与财政预算相关的制度,与各级人大预算审查监督条例、政府加强预算管理和绩效预算改革的文件规定一起形成的制度群,为人大预算监督权的发挥提供了日趋开放的制度空间。然而,在相似的体制化权力结构中,各地人大的改革进展呈现明显的差异性,有的人大开启了以公共责任为导向的预算监督问责改革,有的人大依然处于观望状态,有的地方人大甚至把预算监督问责权束之高阁。

根据实证的调研和观察,研究者发现各地的改革开启态势与政治运作过程中的人格化权力结构密切相关。胡伟教授曾指出,人格化结构是指政府过程中与政治角色之间的个人关系密切相连的政治权力结构,它的存续需要两个基本条件:第一,"领袖"与其他权力精英之间的关系是否和谐是人格化结构稳固与否的关键;第二,在次级人格化权力结构中,也需要权力精英之间在人际关系和个性气质方面的协调配合[1]。具体到地方人大预算监督问责领域,党委领导、人大领导和政府领导之间形成了差异化的人际关系以及理念组合。在这一改革有序有效推进的地方,一种组合是同级党委领导具有较强的公共预算改革意识,政府跟进落实,人大就具备了顺势而为并较快地开启预算监督改革的可能;另一种

---

[1] 胡伟:《政府过程》,浙江人民出版社1998年版,第147—163页。

常见的组合是同级党委领导改革愿望不是特别凸显,但人大领导借助自身之前在党政工作的丰富经验和在政治权力结构中的人格影响力,以人大预算监督权为抓手,在内部次级人格化权力结构中,鼓励财政经济委员会或预算工委积极履职、协调配合,外部敦促政府按照法定程序提供预算信息并向纳税人负责;还有一种是党委主要领导有过在人大工作的经历,对人大比较尊重,再加上人大主要领导与党委领导关系比较好,在财政预算相关事宜上,督促政府及时征求人大意见。当然,应当承认的是,在党委和政府都对预算改革持保守态度的地方,人大的预算监督问责改革面临的外部阻力就很大,容易流于形式,除非个别人大领导愿意承担改革的压力,坚持不懈地策略性地争取或以实际行动说服党政领导;同样,在外部环境并没有羁绊的情形下,如若人大领导预算意识较弱或则动力不足,在这一领域的改革就很难开启。总之,在体制化结构还存在不足的情况下,权力精英群体之间的人格化的互动和张力对地方人大预算监督问责模式的选择有着重要影响。

四、预算监督改革创新呈现较强的民生和绩效取向

首先,在当前社会转型期,无论是党政还是人大在民生和绩效方面都给予了诸多的关注,可以看作是各方价值目标的最大化融合点。党的十九大报告中强调,保障和改善民生要抓住人民最关心最直接最现实的利益问题,既尽力而为,又量力而行,一件事情接着一件事情办,一年接着一年干,这为人大预算监督问责提供了重要抓手。比如以财政性资金投入为主的政府每年要办的实事项目(也叫民生工程、民心工程),是深入贯彻中国共产党的会议精神和各级党委总体部署,以解决民众高度关注、反映突出的"急难愁"问题为重心的一项重要制度安排。政府实事项目清单的确定通常由广泛征集各方意见建议和提出、项目论证、调整优化、立项实施、人大代表跟踪监督和事后民众满意度测评几个阶段构成,内容涵盖公共交通、教育文化、医疗卫生、民生保障、生态环境等民众最关切的民生领域。很多地方人大常委会把准"监督者"的角色,充分运用各种监督方式,推动政府民生实事项目的落实落地。有些地方人大组成监督小组、对民生项目进行专项监督,有的对相关的预算安排进行听证,有的出台政府民生实事项目人大代表票决制实施与监督办法,明确责任,鼓励公众广泛参与,联动监督推进落实。在确保绩效方面,温州市鹿城区就明确规定,把民生实事项目办理情况列入区直机关部门、街道(镇)评比先进的内容,实施情况列入区人大常委会选举任命干部

的履职监督内容(见附录3)。

其次,民生和绩效也时常是人大代表和常委会组成人员提升预算监督绩效的重要抓手。一些地方人大推动的政府实事项目预算绩效听证会的展开过程就充分体现了这一特征(见附录7)。聚焦到微观行动者层面,人大代表是进行预算监督问责的"生力军"。对于有些代表而言,吸纳民意、反映民情是他们履行职权时非常注重的,《中华人民共和国全国人民代表大会和地方各级人民代表大会代表法》第四条和第二十五条规定:"代表应当与原选区选民或者原选举单位和人民群众保持密切联系,听取和反映他们的意见和要求,努力为人民服务","代表应当采取多种方式经常听取人民群众的意见,回答原选区选民或者原选举单位对代表工作和代表活动的询问,协助本级人民政府推行工作"。因此,民生也时常被看作是议事和议财的重点。

第二节 提升地方人大预算监督问责绩效的未来路径

伴随着市场经济的发展,公众参与意识和参与能力不断提升。在发展社会主义民主的诉求下,出于治理的需求,中央开始不断通过制度改革给予人大较大的成长空间。以此为背景,有些地方人大在融合公众参与的力量、强化预算权、预算监督问责等方面取得了明显的进展。然而,这些进展是有限度的,限度之一是缺乏持续性的自上而下的制度支撑和自下而上的动力支撑。也就是说,目前支撑一些地方人大推动监督问责改革的人格化权力结构有相对脆弱的一面,正如有学者所言,那些得以快速发展的地方人大,靠的绝不仅仅是市场化和法制化所带来的契机,更多的是需要其领导人积极嵌入到地方政治权力结构和靠近权力中心[1]。当然,改革有时也会随着主要党政领导的更换以及领导预算理念的改变出现停摆,甚至倒退。限度之二主要体现在地方人大的预决算监督问责能力滞后于公共预算的改革速度和改革要求。围绕民生和绩效进行的预算参与和预算监督问责仅仅触及到小部分的预算决策,难以适应全口径预算监督的需求和未来的挑战。基于此,笔者根据多年调查和研究思考,提出从外围制度化支

---

[1] Ming Xia. Informational Efficiency, Organizational Development and the Institutional Linkages of the Provincial People's Congresses in China. *The Journal of Legislative Studies*. Vol. 3, No. 3, 1997.

撑、人大内部能力提升、公众和社会力量参与、改革创新的动力置入四个维度突破现有改革限度,进行系统化的改革设计。

一、外围制度化支撑

(一) 法律规则的外部供给

1. 强化全口径预决算审查监督的制度供给

2000年来,各地制定的预算审查监督条例虽然弥补了当时法律制度的缺陷,但按照全口径预算审查监督的要求和新修订的《预算法》规定来衡量,很多地方已显得不合时宜,比如,预算资金的口径划分比较粗糙;重要法条缺失,对于人大财政经济委员会、人大常委会预算工作委员会的初审程序缺乏明确规定;有关初审方式及其意见反馈方式等,过半数的省份没有作出规定;审查监督的方式比较有限,仅有不到十分之一的省份对听证会和提出预算修正案作出了规定,对违法行为的检举和问责重视不够,需要抓紧修订(见表8.1)[1]。2014年8月,全国人大常委会审议通过的新《预算法》,对全口径预决算提出了更高要求,除了已经进行立法修订的11个省级人大外,具有立法权的地方人大应依此为契机,着力就全口径预算的概念、内容、范围、编制主体、编制程序、公众参与、监督问责、人大权力等给出明确的法律规范,化解全口径预算体系如何构建、四本预算账本之间如何有效衔接、预算审查监督的重点如何由平衡、赤字规模向支出预算和政策拓展、中期预算规划与年度预算如何衔接以及如何通过法律赋权对政府预算行为进行约束问责等难题。

表8.1 各地人大预算审查监督条例的主要特点

预算审查监督条例的内容	省份数目	预算审查监督条例的内容	省份数目
初审主要方式和意见反馈	12	加强对超收收入使用的审查监督	3
进行专项审计	15	预算草案的重新报告	2
提出询问与质询	12	加强对预算外资金使用的监督	4
就重大事项或特定问题组织调查	13	编制综合预算	2
就重大问题举行听证会	3	编制临时预算	2
加强对预算调整的审查监督	11	对违法行为的检举和控告	5
提出预算修正案	3	对违法行为追究法律责任	10

---

[1] 俞光远、陈鹏:"省级人大常委会制定预算审查监督规定的情况",《中国人大》2003年第9期。

2. 赋予人大预算草案修正权

预算草案修正权被认为是现代议会的核心预算权力,议会能否修改或在多大程度上修改政府提交的预算草案是衡量议会权力的一个指标[1]。无论是英美议会预算民主的发展历程,还是发展中国家通过宪政改革授予立法机构预算修正权并最终在预算过程中赢得积极地位的实践,皆显示出这一权力与立法机构预算监督绩效的密切关联。笔者所调研的我国预算监督改革的先行地方大都进行了预算修正的尝试,有些省的人大预算审查监督条例对此也作出了规定,但现有的法律规定滞后于实践的发展,无论是1994年的《预算法》、2014年修订的《预算法》还是2018年修订的《预算法》都没有明确的赋权。目前笔者收集到的11个省级人大2014年以来修订的《预算审查监督条例》中,仅有河北、云南、重庆3个省级人大明确规定了"代表大会会议期间,大会主席团、人大常委会、各专门委员会、人大代表依法联名,可以书面提出预算草案修正案,由有关专门委员会或者人大常委会有关工作机构审议或者研究,并征求本级人民政府财政部门的意见后,再由大会主席团决定是否列入大会议程或者是否提交大会审议、表决"。具体的实践中,在没有受到明确的法律约束的情形下,本级人大要对政府编制的预算进行协商和修正面临的阻力通常很大。浙江、湖南、湖北、广东、上海等省、区、市的人大出现过多次因为缺乏预算修正权的规定而使得政府预算"卡壳"的现象,有些地方人大最后采取了人大单独就某些重大事项的财政开支进行先期表决的做法[2]。

另外,我国地方人大监督问责呈现出从敦促政府预算公开透明、倒逼政府对预算问题进行回应,再到对不合理或不正当的预算安排进行修正的逐层推进格局,公开透明和预算解释回应方面已经取得了不小的进展,并出台相关的规则办法予以规范部门的预算行为。从未来发展的角度,如何在法律层面明确各级人大的预算修正权以及相关的程序更为重要。当然,赋予人大预算修正权并不等于人大拥有绝对的权力,为了防止机会主义行为的发生,在设置预算修正权时也要考虑到权力行使过程中应受到的多元约束机制。

(二) 完善人大与党政的制度化互动

人大预算监督问责不仅仅是一个技术性问题,更是一个与政治权力结构密

---

[1] 马骏、林慕华:"现代议会的预算修正权力",《呼吁公共预算》,中央编译出版社2008年版,第96页。
[2] 张树剑、林挺进:"中国省级人大预算草案修正权的意义及法律基础",《复旦学报》(社会科学版) 2010年第5期。

切关联的政治问题。在整体政治结构没有发生变化的情况下，要通过制度创新敦促人格化的预算权力结构逐步向制度化的预算权力结构转变，加强人大与党政的制度化互动。

首先，在预算方面执政党要进行执政方式和领导方式的创新。一方面，应从战略部署和战略计划的角度引导公共预算的年度分配，使二者有机地结合，通过预算能力保障执政能力；另一方面，自觉主动地把党务部门预算全部纳入到人大重点审查监督的部门预算范围中来，并加大吸纳社会意见和向社会公开的力度。在中央层面，有媒体记者问及全国人大审查的政府预算及部门预算中是否包含中央党务部门的预算、党务部门的预算何时才能公开时，人大负责人回应称编制部门预算的中央一级预算单位包括党的部门和机构，目前公开预算的党务部门在不断增加[1]。对于地方而言，预算监督问责绩效较为突出的人大在这方面已经进行了有益的探索，如温州市对部门预算草案进行分组审查时，同级党务部门的预算也在随机抽取之列；上海市闵行区人大代表提出预算修正案时，曾有一项针对党委组织部门的预算编制提出来的。

其次，把预算执行情况和相关管理绩效与领导干部问责有机结合起来。随着部门预算改革的推进和"互联网＋"在人大预算监督中的引入，越来越多的预算部门被要求提供详细的收支及实时的执行信息。在确保绩效方面，可以尝试提升绩效考核层级，将预算绩效管理工作列入政府各部门的考核内容，实施领导问责制度。同时，根据一般公共预算、政府基金预算、国有资本经营预算和社会保险预算的执行情况，挖掘出有用的信息，并把它纳入党委主体责任监督的范围中去。

最后，鉴于我国情形下党委在预算环境和改革意愿塑造方面的独特作用，应注重对党委"一把手"以及人大常委会主任的财政决策民主化、法治化素质的考察，为改革的推进奠定良好的环境基础。就此而言，一位地方人大财经工委领导的感触如下：

> 党委和政府动而人大不动，或者党委政府不动而人大动，都不可能取得良好的效果，我们基本上倡导联动和互动。我们区改革的初始环境很好，区委领导非常重视，由于我们的区委领导法治意识比较强，在改革一开始就把区委和人大的职责划分得非常清楚，并通过相关的内部文件加以规定[2]。

---

[1] 彭莹珲："人大预算工委回应'党务预算何时公开'，《凤凰网》2016年3月11日。
[2] 访谈资料：S市M区人大财经委人员，MSG20160810。

未来改革应从全局的角度,把人大领导班子的配备放在与党委、政府领导班子配备同等重要的地位,从制度上改变到人大工作等同于退居二线的传统认知,确保人大常委会相关工委主任的年轻化以及人大与党政人员的有序流动。另外,有条件的地方可以仿照中央层面的制度设置,尝试党委书记与同级人大常委会主任的制度化分离,推动人大常委会主任进同级党委常委的制度改革和党内民主的建设。

二、人大内部能力提升

(一) 增强人大预算监督问责的多元协同能力

面对日益复杂化的多本预算和高涨的民意诉求,有些地方人大预算监督机构只有少数的人员编制,面临"小马拉大车"的挑战。在桑蒂索(Santiso)看来,立法机构在行使预算权力的过程中,与能力相关的三个变量很重要:(1)立法机构委员会的组织;(2)立法机构技术咨询的能力;(3)立法机构预算研究的能力[1]。

对于我国地方人大而言,在构建以人大为中心的合作治理的预算监督体系中,可以在以下三个维度进一步强化。

1. 应着重增强预算相关的委员会的力量

2000年以来,我国省级人大常委会陆续设立了预算工作委员会,有的直辖市的区(县)在尝试着设立;在当前县一级人大常委会没有预算专门工作机构的情况下,有些地方探索一些方式和方法,如温岭市已在市一级建立人大财经工委议事委员会,聘请熟悉预算审查监督业务的有关专家或专业人士,专门从事人大预算审查监督辅助工作,一定程度上有利于预算审查监督能力的提升。然而,实际运作中,预算工作委员会和财经委员会时常出现协调不力的问题,一些省级人大常委会预算工委为副厅级机构,级别低,不利于开展日常监督工作。同时,人大预算审查委员会力量薄弱,区(县)人大通常只有2人左右的编制;省级人大设置预算审查专业处室的不多,技术支撑欠缺,正如某财政部门的领导所言:"我曾给人大提过,你们应当给党政提,人大预工委只有几个人,人员很少;我们财政部门参与预算的有几百人,有推动作用的有一百八十人左右,我们认为需要细化的

---

[1] Santiso Carlos. Keeping a Watchful Eye? Parliaments and the Politics of Budgeting in Latin America, in Rick Stapenhurst etc. *Legislative Oversight and Budgeting: A World Perspective*, World Bank Institute, 2008:256.

地方还很多,有时还忙不过来。财政各个口的人过去人大预工委,有沟通会好很多[1]。"有些人大进行了一定的改革,如四川预算工委设置预算审查处、预算监督处;云南预算工委设置综合处、预算审查监督处;贵州预算工委设置预算处、经济综合处;山东省人大常委会预算工作委员会下设三个处室,编制21人,然而整体来说还比较欠缺。因此,公共预算在内的"四本账"都纳入人大审查监督口径后,既要增加专业人员的配备,解决编制问题,又要防止被用来解决领导职数。

2. 加强人大自身的内部整合

在人大内部,预算审查监督也不能仅靠预算工委或财经工委一个部门来承担,而是要以常委会为中心,形成整体合力。人大常委会的各个工作机构应当根据各自的分工,加强内部统筹协调,从各自分管的工作出发,把"议事"和"议财"结合起来,共同做好预算审查监督工作。同时,可以把各个工委的预算审查监督工作融入到其工作职责和绩效考核中去,化解动力不足的障碍。

3. 善于向审计借力、强化对问题部门的问责

与单纯的公共预算账本相比,细化了之后的全口径预算账本太厚,看不懂也看不完,对人大预算监督问责能力提出了更高的技术要求和更大的挑战。在此意义上,人大要善于借用审计部门的力量,提高相关的信息和技术支撑。在当前情形下,人大可以以预算执行审计结果为抓手,要求相关政府部门进行落实和整改,也可以在审议预算草案或相关工作报告时,邀请审计部门人员参加,提出专业性的意见建议,或者根据年度工作安排事先对审计的重点、内容和系统性的预算信息把握等提出要求等方式来增强监督问责绩效,其中,县级以上各级人大常务委员会可以根据年度监督工作计划安排,要求审计机关对特定事项进行审计或者专项审计调查。然而,要在预决算监督问责方面做进一步的借力和推进,有赖于突破理念和体制的双重障碍。有的地方并没有很好地借用审计力量,仍然依靠政府提供给人大的材料作为主要的信息来源,一些人大官员认为,因为审计给人的感觉是手段比较重,有罪认定的感觉,人大过多地向审计借力会使被审计部门觉得是否自己有问题了[2];就体制的障碍而言,中国财政体制内部控制的安排有内审部门,财政稽查(稽查科进行的抽查)、审计以及纪委、监察力量的介入,政府审计仍属于内部审计监督性质,受政府的制约和影响比较大,具有诸多弊端;根据《审计法》,本级审计机关只对本级预算执行情况审计,上级审计可以

---

[1] 访谈资料:H省Z市财政局组成人员,ZFL20150814。
[2] 访谈资料:S市M区人大预算工作委员会组成人员,MYW20160220。

对下级部门进行决算审计,而人大是根据本级审计机关的内部审计预算执行报告作参考来对政府的决算作决议。

现行审计体制决定了审计机关的地位很难超越与它平级的审计对象,因此,从20世纪90年代开始,就有改革者不断呼吁审计应该归人大,从行政型审计体制向立法型审计体制转变。笔者认为,在现有审计体制改变缓慢的情形下,近期改革可以考虑在人大内部成立专业化的审计咨询机构,也可以整合社会性的审计力量和有专业背景的人大代表合力服务于财政预算的审查监督和绩效评价工作,对不规范的财政预算行为进行披露。当然,要确保行政部门以负责任的方式行使预算权力,一个应给予关注的制度化措施就是做好人大利用法定的权力对"审计什么和披露什么"提出需求,改变传统的"审计部门报告什么,人大就听什么",加强对审计报告披露问题的问责。正如有些学者所言,在必要的情况下,人大应该要求审计报告披露问题的部委负责人参加听证会,接受质询,对产生重大社会影响的问题责任人,应该建立请辞制度[1]。这也是加强审计报告监督力度应该深入的方向。

(二)提高人大代表的预算信息获取能力和专业化程度

兹登卡·曼斯费尔多娃(Zdenka Mansfeldova)在研究捷克议会参与国家预算制定的过程时说:"在预算过程中,普通议员和预算委员会中议员的专业化程度起到了决定性的作用。在20世纪90年代初,整个议会包括预算委员会成员缺乏相关政治经验,且仅有极少数的议员有经济学的专业背景。随着议员们开始学习如何获取信息、使用信息以及批判性的评估这些信息,他们的专业化程度逐步增强,在议会中的威望和影响力也随之增加。"[2]

对于我国地方人大代表来说,对具体民生事件的监督是他们关注的重点,通过提出意见、批评和建议,与选民保持密切联系,听取和反映选民的呼声诉求等方式,可以做出一些成效。然而论起预算监督,有些代表表示太过于专业。

> 一位在居委会工作的基层代表有一些可以为民众做事情的空间,认为这一身份还是挺管用的,但涉及财政预算审查监督,却面临着专业知识不足的羁绊。他讲到两个事例:(1)我们这里夏天杨絮乱飘,被子不能晒,我利用

---

[1] 汪雷、华燕:"审计报告出炉 专家建议人大问责问题部委",《经济观察网》2010年06月23日,www.sina.com.cn.
[2] Zdenka Mansfeldova. Executive-Legislative Relations in the Budgeting Process in the Czech Republic. Http://nbn-resolving.de/um:nbn:de:0168-ssoar-5477.转引自陈文博:"行政-立法关系研究的兴起与主题",《中国行政管理》2016年第8期。

人大代表的身份,向相关政府主管部门反映了这个问题,和他们进行了如何改进的讨论,后来把杨树换成了其他有利于居民生活的树木;(2)我们社区旁边农商银行对他们的自动取款机进行了防护处理,但是遮挡住了方便残疾人出行的无障碍通道。有居民反映后,我带了一个镇人大代表,把代表证一亮,他们很快就改掉了。作为代表的社会地位以及认可度还是比较高的,我到了管理的小区,他们见了我都很客气。这一点比较有成就感。然而,涉及对财政预算进行审议和监督,我不是很懂[1]。

相比之下,笔者发现有些在预算监督问责方面很有作为的代表也并非一开始就具备良好的财政预算背景,他们的特点是并没有停留在汲取民意的阶段,而是从民众的利益和需求出发,注重信息的多元化收集,以及议事与议财相结合的审查监督技巧。上海市闵行区一位连续做了6届25年、多次就政府预算草案中存在的问题与相关部门进行有效沟通的明星代表的经历证明了这点:

> 我以前在企业上班,提到财政预算监督,我基本是个外行,当了人大代表后要履职,要监督政府预算,我大概从以下几个方面提升自己的监督审查水平:第一,人大组织的有关财政方面的培训应该参与,基本功可以炼成。第二,多参加和关注财经委和预工委组织的活动,财经工作委员会现在叫财经委员会了,可以获得较多的信息。第三,关注包括党委在内的部门的项目预算。从预算报表发下来之后,关注项目的预算草案书,与上一年的相比较,看哪个项目的改变比较高。这是个大类的比较。然后找来70多个部门的基本材料,现在有97页的蓝皮书,看每个部门是增长、降低或平衡,把增长范围比较高、量比较大的找出来。针对党委部门,我最近几年也提出,在考虑财政预算科目设置时,是否对应比较准确。第四,关注不同部门之间是否存在重复支出或者重复性的预算科目设置。比如在2018年预算编制过程当中,组织部门和人力资源保障局这两个口有关联,在干部培训费用方面有重叠,组织部门主要关注科级以上的。组织部门不是我监督的,所以,年初人代会上我就问人保局。后来我们专项审议时,人保部门还没有给我一个正面的答复。另外,我们拥军的预算科目,我的概念应该在民政局,不能每个点都报,如果你需要,报到民政部门。我们在其他地方产生,给予武警部队的医疗补贴资金,有几百万元。我说你武警本身就有国家层面的部队

---

[1] 访谈资料:S市M区人大代表,MRG20150203。

的预算,是国家通过正常渠道给的预算,如果不足,地方政府可以给,是从拥军层面,不是用在个人层面。我协会里面有个部队退下来的老同志,享受的是医疗待遇。现役军人看病,不需要再给。多口子的,放到人保。今年我没看到,可能调整了。第五,预算支出要考虑绩效和民意。美丽乡村和美丽家园建设给出三个版本,基础版10万元、提升版15万元、示范版30万元,"两美建设"项目没有统一标准。老百姓会比较要建就是一个标准。政府已经定好的,房管部门找我去谈自己的想法。后来美丽乡村建设的听证会,两个版本,我说莫名其妙引起了百姓之间的不和谐。干脆统一搞一个整洁版本,环境整洁和河道整洁。邻里中心建设项目,听证会时10个人参加,我不是反对,邻里中心建大家欢迎的,但不同意试点没有弄好时就全面铺开。一个是商品房版本,二是老小区,三是混合的。这个版本做好后再看。最后还没铺开的时候就搞了,几个版本有些变样。后来他们很重视,社会建设委员会开始反思这个问题。我们现在提出,必须要考量下前期建设的成果。在社区资源方面需要整合一下,每个小区都有活动室,把这个点作为邻里中心的分中心,过去雷同的内容不需要整合到里面去,这样不需要面积很大,3 000~4 000平方米,现在公共开支很紧张,我已提出建议,这么多邻里中心,产生的管理费用多少,人大代表可以监督一下。第六,融入代表组进行有针对性的审查监督。单靠代表个人的力量是不行的。我们区有进行预算监督的环境,去年14个街镇,19个代表组,每个代表组对应了两个部门,负责审查监督他们的预算。他们讲不清楚时会比较紧张。代表组在这方面为什么做得好?一是街道党工委书记比较重视,在审之前,培训下。我们与部门对接了两次,拿到材料。之后吴主任谈几个关键点;另外,我们以老带新,财政初审,街工委一起参与[1]。

也就是说,肩负着守护公众"钱袋权"的人大代表预算审查监督的专业性是可以通过消除与政府预算部门之间的信息鸿沟逐步得以培养提升的。然而,全口径预决算审查监督的全面铺开和纵向深化,会对人大代表监督问责提出越来越高的专业能力要求,除了利用现代技术加快联网监督平台建设和加强相关代表培训外,还应从功能性的角度完善代表结构,吸纳更多具有财政预算专业能力的代表加入,并把它作为提高人大代表预算能力的重要途径。例如,某地人大2015年第9次党组会议材料中就曾强调:近期应重点增加财政(预算、审计)、法

---

[1] 访谈资料:S市M区人大代表,MRQ20180523。

律、公共管理等方面的专业代表,弥补代表专项能力的短板。主要通过加强与区内高校、研究机构、大中型企业(财务、内审、法务部门)、律师事务所、审计师事务所、会计师事务所等的沟通,着力挖掘专业型代表资源。

（三）深化地方人大的学习能力,推动"点上经验"在"面上开花"

人大预算监督创新与自上而下的政府创新不同,总体上呈现出各自探索的状态,上海、浙江、广州、北京、安徽、河南等地都有不同的试点和做法。这些地方的创新在循序渐进中逐步呈现出模式和速度的分野。由于公共预算中的公开透明、回应和责任控制能力与地方治理能力是呈正相关的,各地应对外地较为成功的制度经验进行学习和借鉴,对自身的改革进行及时总结,有条件的地方可以把可行的做法进行本区域范围内推广。以预算听证为例,虽然它在上海市闵行区人大已经得到广泛的应用和不断的完善,实现了从一般预算项目听证到政府实事项目听证、从项目预算听证到部门预算听证、从预算初审听证到预算绩效听证、从一般预算项目听证到政府投资项目听证四个突破,做到了以预算听证为支点、以公众等多元主体参与的全过程和全覆盖式监督问责,对政府相关的预算编制和预算执行产生了明显的影响(见表8.2)。然而,在11个新修订的省级人大预算审查监督条例中,仅有上海、河北、浙江3个明确地把预算听证列为审查监督方式中的一种。

表8.2　2008—2018年上海市闵行区预算听证项目和特征汇总

时间	项目名称	预算单位	预算金额（万元）	备注
2008年	养老机构收住本区户籍老人补贴	区民政局	324	方案调整
2008年	完善农村养老保险,提高农民养老保障水平	区劳动和社会保障局	2 310	方案优化
2009年	农业规模经营补贴	区农委	1 185	预算增加
2009年	劳动关系和谐企业创建	区人保局	5 000	不安排预算
2009年	公交补贴	区建交委	14 719.48	方案优化
2009年	社保补贴券发放	区人保局	1 251.36	预算增加
2009年	教学设备添置更新	区教育局	3 574.18	方案优化
2010年	农民直接补贴	区农委	8 408.08	方案优化
2010年	物业管理共建	区房管局	3 317.43	方案优化
2010年	民办教育扶持	区教育局	2 373.25	方案优化

(续表)

时间	项目名称	预算单位	预算金额（万元）	备注
2010年	教育辅助服务购买	区教育局	5 366.46	方案优化
2010年	公共自行车服务	区建交委	2 594.8	方案优化
2011年	公共自行车服务	区建交委	2 594.8	方案优化
2011年	家庭医生制度建设	区卫生局	2 400	方案优化
2012年	景观灯光运行	区绿容局	935	取消新增预算
2012年	农村集体经济组织产权制度改革经费补贴	区农委	1 830	方案优化
2012年	建立数字电视、移动终端便民服务平台	区科委	700	实事项目
2012年	开展10万名中小学生健康关爱行动	区教育局、卫生局	582	实事项目
2013年	城市剧院运行	区文广局	582	方案优化
2013年	村庄改造长效管理补贴	区农委	1 838.9	方案优化
2013年	居家养老服务	区民政局	1967.5	方案优化
2013年	垃圾分类推进	区绿容局	2 221.25	方案优化
2013年	新增9辆120急救车辆及3个急救点	区卫计委	914.2	实事项目
2013年	建设6个美丽村庄	区农委	1 200	实事项目
2013年	实施200万平方米旧小区综合整治工程	区房管局、水务局	57 000	实事项目
2014年	2015年万名劳动者技能培训	区人保局	1 649.25	/
2014年	建成并对外免费开放13个食品安全检测室	区食品药品监督管理局	509.3	实事项目
2014年	完成30个社区家庭医生工作室	区卫计委	594.5	实事项目
2014年	闵行区中小河道管理养护	区水务局	1 068.365	方案优化
2015年	校舍维修	区教育局	18 754.4	方案优化
2015年	市容保障服务外包	江川路街道	856.13	方案优化
2015年	雨污水管道养护	区水务局	2 941.5	方案优化
2015年	新增15个邻里中心	区社建办	/	实事项目

(续表)

时间	项目名称	预算单位	预算金额（万元）	备注
2016年	完成6家社区综合为老服务中心建设及3家养老机构失智、失能护理区域改造	区民政局	/	实事项目
2016年	闵行中小学校园电视台项目	区教育局	1 093.29	方案优化
2016年	廉租住房补贴资金	区房管局	2 046.08	方案优化
2016年	区交通委部门预算	区交通委	81 451.43	部门预算
2017年	直管公房管理费支出	区房管局	1 744	方案优化
2017年	美丽乡村长效管理奖补资金	区农委	1 642.82	方案优化
2018年	慢行绿道实事项目预算绩效听证会	区绿容局	8 080	事中绩效
2018年	邻里中心实事项目绩效听证会	区社会建设工作委员会	1 712	事中绩效

三、完善公众和社会力量参与预算的机制和程序

系统完备的预算法律规定是确保公众和社会力量参与的重要保障，虽然这一权力在2014年8月31日修订的《预算法》中得到了确认和肯定，但整体上来说，我国公众和社会组织的预算参与创新主要集中在乡镇、区县（包括县级市）层面。相比之下，省级层面预算过程中的公众参与还比较少，参与范围过多地局限于一般的民生和实事项目预算，而非资本预算和基金预算。如何从制度和运作机制方面对公众及社会组织预算参与权力进行保障还有待于进一步完善。

（一）完善公众参与预算监督问责的机制和程序

1. 扩大公众参与的平台和方式

新媒体技术的发展为公众和社会力量参与预算提供了更好的平台，也为地方人大鼓励公众卷入提供过了技术支撑。在吸纳公众预算参与的过程中，地方人大应避免单维度的信息传播，注重多元化的信息公开和传播机制的构建，提升利益相关公众的关注度和双向互动效果。以地方人大发布征集部门预算或项目预算听证会公民代表公告为例，除了放到人大官网和当地媒体上之外，还可以尝试通过本地的专家学者、人大或人大代表的微信微博进行广泛转发，或与相关机构合作围绕与议题相关的目标公众进行信息公开和信息传递，一改传统的把征

求公告静悄悄地放在人大主页下面的模式。

2. 明确公众预算参与的内容和规则

现有实践中,公众预算参与时常呈现碎片化或阶段化状态,为更好地确保公众的知情权、参与权和决策权,预算过程应与公众参与有较好的融合。在有些学者看来,应至少有如下安排:(1)预算准备阶段,确定预算目标和公众可参与预算内容,征求资源优先性排序。(2)预算审批阶段,公众对预算草案进行辩论,最终通过正式程序形成年度预算。(3)预算执行阶段,预算被审批后接受公众监督,各授权项目是不是得到很好地落实,提供的公共产品和服务质量和数量是不是准确交付。(4)预算评估阶段,公众参与公共产品和服务的绩效评价,为下年度预算提供参考[1]。需要指出的是,各个阶段的参与应通过法律的形式给予保障,相关的时间和机制也应有明确的规定。

(二)探索建立公众和社会力量预算参与的反馈及监督机制,提高参与效能感

公众和社会力量的参与不应局限在预算过程的某一个阶段,相反,通过一些渠道和方式征询听取公众的意见后,后续监督环节尚需要进一步加强。以浙江省温岭市的预算民主恳谈为例,在笔者的参与式观察中,发现人大代表和公众在预算民主恳谈会上提出的意见和建议由于没有法律效力,对政府预算的修改有时难免缺乏刚性约束。如果人大不跟踪监督,公众的意见有没有很好地被吸纳、预算是否进行修正和调整,就不得而知,主动权仍掌握在政府手中。更为重要的是,公众参与的体验和效果如何直接影响着他们是否有动力再次参与到预算过程中来。因此,公众预算参与的反馈机制和明确规定相关的法律效力尤为重要。

无论西方发达国家还是发展中国家,在推动预算公开透明、提高公众预算分析技能、增强公众意见聚合、利益表达、支出优先性设定、披露预算权的不当行使等参与公共预算监督问责过程中,社会组织提供了非常重要的支撑。美国公民反政府浪费组织(Citizens Against Government Waste, GAGW)、纳税人常识组织(Taxpayer For Commonsense)、印度古吉拉特社会人类行为发展创始组织(DISHA)等都是很好的明证。

以1984年美国华盛顿成立的公民反政府浪费组织为例,自称是"美国纳税人的头号看门者"。它致力于通过无党派公共教育计划、影响公共政策的游说等活动反映民众意志,消除联邦政府的浪费、欺诈、腐败、管理不善以及效率低下等问题。自成立以来,该组织不断发展壮大,成员已超过100万人。在该组织看

---

[1] 江月:"预算过程公民参与的有效性:一个初步的分析框架",《中央财经大学学报》2012年第5期。

来，这种现象不断受到重视是纳税人对国家财政对他们辛苦挣得的钱的挥霍失望日益增加的结果。该组织关注的主题涵盖农业、预算、医疗护理、邮政服务、税收和技术等方方面面。

GAGW专门以监督联邦政府的开支为己任，组织发布的信息对美国社会产生了相当大的影响，也让政府在花纳税人钱和国会批准钱财法案时候有了更多的顾忌。该组织推动公共预算向公众负责的方式主要有以下几种：第一，保证组织自身的独立性。在避免不同党派的交叉压力的同时，它在资金来源上对政府的资助保持警惕，主要有慈善基金、自身提供服务的收入、会员会费、社会捐赠和商业界的捐助等；另外，它有非常详尽的独立审计报告，自身的公开透明程度保持较好，"以身作则"才有充足的底气去监督政府。第二，把政府的浪费行径公诸于众。季报《政府浪费观察》(Government Waste Watch)不但分发给该组织的成员广泛传播，还邮寄给国会议员和各新闻媒体。最盛名远扬的是其年报《国会猪书概览》(Congressional Pig Book Summary)，曝光年度拨款法案中最突出和不负责任的项目及其赞助商，其他出版物还有《猪肉桶项目报告》(Pork Barrel Report)、《国会评级》(Congressional Ratings)等。每年的"Pig Book"里面详细列举了国会议员的"耳朵标记"项目，并且评选花钱最多与为纳税人省了最多钱的议员。"耳印标记"项目作为一种体制性与看似合法化的现象，却是财政资金严重浪费的"不竭源头"。该组织负责人称，自20世纪90年代以来，"耳印拨款"激增，1991年迄今，国会共批准了超过11万个"耳印拨款"项目，总额高达3 230亿美元。1995—2006年，是"耳印拨款"最盛行时期，此类拨款项目最多的是2005年，有13 997个，支出273亿美元，参众两院总共535名议员，即每个议员平均分摊了26.2个"耳印拨款"项目。如果加上提出要求未获批准的，那就更多了。比如，铁路部门申请一个1 000万美元的铁路项目预算，国会拨了1 100万，名称仍为铁路工程预算案，这多出的100万美元便是指定给五花八门不需要经过工程招标的"耳印拨款"项目。铁道部只能拿到申请的预算，这些附加的项目可以与铁路工程无关，即便是拨给减肥中心也无碍。许多无人过的桥、无车过的路，通常就是"耳印拨款"的"产物"。与此同时，该组织还时常推出全美电视广告，抨击美国政府和民间沉湎消费、赤字过度、负债累累的弊端。第三，它通过多种媒体平台，来赢得民众和政府对预算绩效监督工作的关注。通常会选择雇佣具备传媒专业能力的人员开展有针对性的预算信息传播、培训或其他相关工作。由于一些社会组织、议员和记者缺乏参与预算问题的基本能力，该组织投入大量精力用来提高公众对预算的认知性，进而提高公众更深层次的参与性。

当然,美国公民反政府浪费等组织影响力的增强与美国政府公开透明的预算过程有关。美国预算的每个环节均向纳税人公开,参与预算过程的所有组织机构都有向公众提供预算信息的途径,对外披露的预算报告内容也很全面。这些为社会组织对政府浪费的监督提供有利条件。更为重要的是,政府税收优惠政策一定程度上也激励了这类组织的蓬勃发展。CAGW 是符合美国税法 501(C)3 条款的社会组织,经过美国国税局审核后,可享有免税资格。一旦组织获得免税资格,其与组织宗旨相关的收入(包括社会捐赠、政府拨款、服务收费等)均免收联邦所得税。对于这种类型的互益性社会组织,通过一定的申请程序,也可以在州一级获得免税资格,免交销售税和财产税。此外,个人和公司向其捐赠也可以享受税收减免。一般来说,个人捐赠者最高可以要求对其调整后总收入的 50% 进行税收减免,但在一些特殊情况下,由于捐赠物品的性质和捐赠对象的不同,税收减免比例约为 20%~30%。公司的慈善捐赠在不考虑资本利亏、股息扣除等情况下,应税所得的最高 10% 可以要求减免,超过限额部分的捐赠还可以顺延 5 年。在美国这样税负率相对较高的国家,上述税收减免政策鼓励了个人和企业的捐赠热情,促进了社会组织的发展[1]。

对于社会组织的持续发展而言,通过公开透明的预算制度和税收优惠政策间接为社会组织提供良好的外部条件,可以避免政府对社会组织的过度干涉,通过组织间的自然竞争减轻政府选择培育的负担,又保证了社会组织较为稳定的资金来源,从而可以持续高效地提供公共服务。对我国来说,2011 年《国民经济和社会发展第十二个五年规划纲要》规定了"加强社会组织建设",并明确指出,"完善扶持政策,推动政府部门向社会组织转移职能,向社会组织开放更多的公共资源和领域,扩大税收优惠种类和范围",2013 年《中共中央关于全面深化改革若干重大问题的决定》又规定了要激发社会组织活力;在具体的实践中,相关的社会组织已经陆续参与到预算过程中来,一些地方人大发起了把公众和社会组织带到人人预算监督中来的改革,并建立了参与预算审查监督的公众名单库和行业组织名单库;也有一些人大在预算监督改革创新设计中与科研院所和这一领域的专业组织展开了合作。因此,如何对现有的资源和政策进行整合,明确规定这类组织享受税收优惠措施的实体性标准与程序性条件的有效对接,培育更多的承载着"公众利益"和"高效有序公众参与"的预算组织是未来改革的方向之一。

---

[1] 这一案例资料的收集和整理主要来自公民反政府浪费组织官网,https://www.cagw.org/。

四、改革创新的动力置入

在我国选举激励不足的情形下,应主要考虑在行使预算监督权的代表个体层面和人大组织机构层面进行动力置入。

笔者在调研中发现,与荣誉激励型代表相比,在选举过程中被选民给予较高信任和投以较多选票的代表更有责任感,当选经历中的来之不易常常激励他们更珍惜代表身份、履职更积极。在此意义上,需要在前端选举制度设置上增加竞争性和透明度,比如减少"戴帽"代表比例,增强选民提名候选人成为正式候选人的比例;在候选人的推荐或考察上,侧重对其专业背景、政策主张、选民意识、履职能力的评价;扩大选举的参与面,形成异质化的选民结构;网络直播候选人与选民见面会,赋予选民进行线上和线下对候选人进行提问和质询的权力。无论是人大常委会的组成人员还是普通的人大代表选举,逐步增强选举过程的竞争性,扩大差额的比例。

就人大机构的动力机制而言,除了本级党政和人大之间的良性互动之外,上下级人大虽然是指导与被指导的关系,但在下一级地方人大不断进行预算监督问责改革创新的时候,多少还是渴望得到上级的重视、指导或肯定,甚至是对改革经验的制度化吸纳;从深层次来说,强有力的上下联动式顶层制度设计以及预算监督问责流程再造,将有助于改革的持续性推进和良好绩效的取得。如若改革与否上级人大既不反对也不明确支持,"稳妥"或"观望"就会替代"改革"或"进一步改革创新",成为一些地方人大的首要选择。

另外,通过信息化助推人大预算监督问责实践的公开透明、互动回应和对不当或有失公共性的预算行为施加从外向内的压力,可以转化为未来改革过程中值得利用的"反向动力"。

第三节 以预算监督问责推动政治问责的中国经验及其意义

如何建立一套有效的机制来确保公共权力的有效行使和敦促政府向公众负责,是现代国家普遍面临的治理难题。与以选举民主和权力制衡为主要特色的西方发达国家相比,我国近年来在地方层面兴起的人大预算监督问责创新为探索选举民主之外的政治问责道路提供了一条可能的出路,并逐渐成为政治责任、行政责任和公民责任的结合点,甚至是生长点。

首先,政治问责要有实质内容,离不开财政预算的支撑。财政是党政履行职责和实施政策的重要保障,预算作为财政之纲,时常被看作是政府的血液和贴着价格标签的政府施政计划。政府能否持续执政,将取决于能否获得公共资金,以及能否利用公共资源实施相关的政策和计划。由于公共预算主要来自纳税人缴纳的税收,从人大制度设立初期,它就责无旁贷地成为使政府向公众负责的重要制度载体。全国人大常委会委员、全国人大财经委相关负责人曾指出,财政收支反映了政府的行政理念与方式,关系到经济发展的方方面面,与居民生活息息相关,依法加强对各级财政预算决算的审查监督,会促进政府的公开透明,在财政支出的绩效评估中促进责任政府的建设[1]。

其次,预算监督问责拓展了政治问责的传统内涵和运作空间。与传统的以权力制约和对权力滥用的惩罚为核心的政治问责概念相比,预算监督问责还强调过程的公开透明以及回应性的高低。换句话说,追究责任与给予惩罚并不是政治问责的终极目的或唯一内涵,我国地方预算监督问责的实践表明,除了重视消极意义上的事后惩罚,更应树立积极的事前预防理念,通过前端制度设置,增进公共权力运作过程的透明化和回应性。党的十八大以来,预算问责和政治问责呈现"互促双赢"的态势,它一方面表现在作风建设和党风廉政建设持续深化,各级各部门的纪律意识、规矩意识明显增强,"花钱必问效、无效必问责"的意识也在不断加强;另一方面,在财政资金使用管理和公开透明作为廉政建设重要内容的背景下,一些地方纪委已将"互联网+"时代人大预算联网监督工作纳入惩治和预防腐败体系建设中,探索发挥联网监督系统在查处腐败中的作用。比如中山市建设的党风廉政建设党委主体责任评估系统,就是以预算联网监督系统的监测结果作为评估指标的,人大的预算监督系统里"三公"经费的使用超过一定额度、政府采购里单一来源采购超过一定比例等,超过一定指数就有不同程度的预警,预警频率和问题轻重将作为考核指标。在此意义上,预算监督问责已逐步成为新时期推动政治问责的一个代价较小,在相对短的时间内又可以看得见明显效果的切入口。

最后,走在改革前列的人大预算监督问责改革已对地方权力结构的民主化和政治系统的开放程度产生了显著的影响。参与治理型人大作为一种较具特色

---

[1] 吴晓灵:"加强对政府全口径预算决算的审查和监督 推进中国民主法治建设",《中国人大网》2016年3月29日,http://www.npc.gov.cn/npc/zgrdzz/2016-03/29/content_1986306.htm.

的预算监督问责类型,在目标指向上是一种应对当前地方治理难题的制度创新、而非民主化导向的改革。党政虽然能够主导大额预算资金的切割、流向和支出比例,但缺乏具体的手段和精力来约束预算资金的使用过程,公共资金的浪费和相关的违规行为有时难以避免,从而引起公众信任的急剧下降和治理困局的出现。这一情形为人大利用法定赋权参与到党政主导的预算过程中来提供了可能,更为重要的是,一系列预算监督问责机制的运用和绩效监督改革的推进降低了人大和政府之间预算信息的不对称程度,为把政府权力关进公共预算的笼子里提供了可能。地方人大对政府预算草案编制以及预算执行产生的影响间接地强化了官员的预算意识,改变了传统意义上人大-党政之间极其不平衡的预算权责分配,并以法制规则的构建逐步化解了权力结构各主体之间的矛盾和冲突,敦促了相关预算决策逐步走向民主化。正如一位人大工作者所言:

> 党委人大和政府之间就像乐团合奏音乐,党委指挥,人大拉小提琴,政府吹号子,政府各个委办局是其他观众。党委需要你发声音时,尽情拉、独奏都可以。党委不需要你发声音时,就不要发,以前政府也不希望人大发挥多大作用。在新的制度规则和改革情形下,这一局面有很大的改观[1]。

政治系统开放程度与公众参与的渠道和效能密切相关。不少地方人大进行了与公众预算参与对接、增强监督问责合力的制度改革,通过公众预算项目满意度调查、听证会、网络平台、代表联系选民、代表工作站等多元通道进行民意汲取和民怨的提前预警,以民生项目和政府实事项目的监督为抓手,在多元互动中增强了人大的预算监督问责力度,提升了政治系统的开放程度以及包容消解政治压力的制度化水平。这种人大和公众相互增权赋能的改革不但有助于横向权力结构的优化,而且呈现出与它域经验不同的特征。一个明显的比较是巴西的公民参与预算,尽管公民参与预算使得公民在政策制定和预算决策中获得了决定权,但是,它也影响了原来的三权之间的权力结构均衡,使得权力过多地集中于政府首脑(如市长),从而有可能弱化立法和司法机构对政府的监督[2]。

这些实践大体上与著名的预算政治学者爱伦·鲁宾的判断是相契合的:"预算过程是政治性的,首先,它影响政府的行政和立法机构之间和内部,以及政府与公众(既可以是个人也可以是有组织的利益)之间的权力分配。其次,它不仅

---

[1] 访谈资料:S市M区人大预算工作委员会组成人员,MBW20161210。
[2] Wampler, B. Expanding Accountability through Participatory Institutions. *Latin American Politics and Society*. Vol46, No.2, 2004: 73-79.

影响权力分配,而且影响政策和开支决策。预算过程常常是民主参与和责任的重要工具。决策对公众观点、有关的利益集团和公民参与的公开性,该过程对民主决定的优先项目的责任性,以及预算文件和会计报告的内容质量都反映了民主政治的程度"[1]。然而,需要强调的是,我国地方公共预算的改革对权力结构的影响也是有限度的,它的深入推进有时候又需要融入民主理念的党政人大结构做支撑。它的目标设定是通过在预算过程中融入更多民主决策、民主管理和民主监督的元素,推动更好的治理,发展社会主义民主政治而非西方式的民主化。

> 发展社会主义民主政治,关键是要增加和扩大我们的优势和特点,而不是要削弱和缩小我们的优势和特点。我们要坚持发挥党总揽全局、协调各方的领导核心作用,保证党领导人民有效治理国家,切实防止出现群龙无首、一盘散沙的现象。我们要坚持国家一切权力属于人民,既保证人民依法实行民主选举,也保证人民依法实行民主决策、民主管理、民主监督,切实防止出现选举时漫天许诺、选举后无人过问的现象[2]。

第四节 本书的不足和未来可能的突破

本书的研究结论是基于代表性的地方人大财政预算监督问责实践得出的,没有拘泥于某一个特定的地方层级,具有一定的地域局限性;预算监督问责的相关制度规定更新变化很快,由于调研条件和时间有限,本书主要资料的收集截止到 2018 年 12 月份,未能把一些新的法律制度及时纳入进来。比如,《预算法》的最新修订是在 2018 年 12 月 29 日进行的,它对地方人大的预算监督问责制度及行为产生的影响在短时间内还很难观察,本书做了"底线化"处理,所提到修订的《预算法》以 2014 年 8 月 31 日修订版为准,并对它 2015 年 1 月 1 日实施以来,对地方人大预算监督问责行为所产生的影响进行了调研和实践观察;资料运用方面有时会呈现不均衡的状态,在上海市闵行区人大和浙江省温岭市人大进行了长时段的参与式观察,但并非对所有的调研对象都能做到这样纵向的跨年度的跟踪调研;虽然重点探讨了在预算监督问责中走在前列的地方人大的实践逻

---

[1] [美]爱伦·鲁宾:《公共预算中的政治:收入与支出,借贷与平衡》,中国人民大学出版社 2001 年版,第 88 页。
[2] "习近平在庆祝全国人民代表大会成立 60 周年大会上发表重要讲话",《新华网》2014 年 9 月 5 日。

辑,但类型划分中提到的边缘附和型人大和中间观望型人大背后的阻滞因素及运作机理,也很值得进一步深究。现有条件下的每种预算监督问责模式都存在进一步深化的空间,究竟哪些因素会影响到不同层级人大预算监督问责模式的差异性,同一层级的地方人大是否存在更多的监督问责模式选择,更精准的分类和剖析还有赖于更大规模、更深入的实证调查支撑。这些是在以后的科研工作中应进一步完善和弥补的。

预算监督问责蕴含着丰富的民主特性和治理功能,鉴于此,在未来的研究中可以尝试做以下几个维度的拓展。

第一,在研究内容上,尝试着把一般公共预算监督问责中的制度化经验扩展到政府基金预算、社会保险基金预算和国有企业经营预算中去,从单本预算向全口径的预算监督问责推进。与一般公共预算中的人大和公众合力问责相比,其他三本账无论是公开透明、公众参与程度还是人大预算监督水平,都有待提升,就公众参与而言,"所有的改革,无论是国企改革,还是社会保障体制改革,都应该让所有的利益相关者参与,既参与改革的设计,也参与改革的评估,让他们享有平等的参与权、表达权、讨论权,乃至投票权。参与的过程就是信息披露的过程,也是利益表达的过程"[1]。

第二,在研究层次上,向全国人大和乡镇人大拓展。全国人大在增强为公众看守好国家钱袋子功能的过程中,既可以通过立法建设回应现有的地方人大预算监督问责面临的高层次法律规则缺失问题,自上而下的改革推动也可以对地方人大相关的改革形成外驱力。新时代背景下,《中共全国人大常委会党组关于加强县乡人大工作和建设的若干意见》和《上海市人大常委会关于区县和乡镇人大工作若干规定》都对处在基层的乡镇人大的职责履行提出了新的要求,随着基层政权建设和民主法治建设的发展,人民群众诉求的多元多发,乡镇人大如何有效有力地通过预算监督权的行使,敦促政府向民众负责就成了一个亟待研究的课题。

第三,在研究视角上,为了避免走向"人大特殊论"和"人大无用论"的误区,应尽量实现比较立法机构研究与我国人大预算监督问责的多元实践之间的思考对接。比如,在有关全球比较立法机关研究的谱系中,我国人大应放置到什么框架下进行,它与其他立法机关相比较有何异同。如果说全国人大在预算监督方

---

[1] 转引自段晓红:"公众参与社保基金预算:法理、条件与路径",《中南民族大学学报》(人文社会科学版)2015年第2期。

面仍然没有摆脱"橡皮图章"的长期认知标签,该如何审视日渐兴起的地方人大预算监督实践创新。地方人大参与式预算治理的实践和模式又如何制度化,对其他区域的贡献有哪些。

总之,作为人民的代表机构,人大是确保稀缺预算资源与公众需求相匹配的最佳场所。在我国当前的地方预算监督问责实践中,无论是北京市人大还是湖北省人大,温州市人大还是湖州市人大,温岭市人大还是闵行区人大,广州市人大还是河南省人大,它们在一定程度上皆表明以参与式治理推动预算过程中人大监督的改革、化解执政党面临的治理难题和问责困境日益成为可能。未来的改革应尝试着对我国实践中已经形成的制度化的监督问责创新给予重视和吸纳。通过一个个微观层面创新实践的积累与拓展,实现公共权力与公民权的有效对接,使政府权力行使对公众负责,从而贡献于地方治理体系的民主化和现代化。换而言之,为了提升治理能力,可以将预算改革作为突破口,通过建立强有力的公共预算外控制度推动政治过程改革,因为通过预算改革,政府能够制定出对公众福利带来重大改变的优先权和政策,实现政治体制革新和治理结构转型,有效改善社会经济状况,富有人情味地分配成本和收益,并创造一个更加光明的未来[1]。

---

[1] 艾伦·希克著,喻楠 苟燕楠翻:《联邦预算——政治、政策、过程》,中国财政经济出版社2011年版。

附录

附录 1

中共绵阳市委财经领导小组议事规则

(2009 年 5 月 23 日)

市委财经领导小组在市委常委会领导下,负责组织、协调全市重大财经工作,研究提出全市国民经济建设和经济体制改革的意见和建议,研究提出全市重大经济决策、重大工程和重要项目安排、大额度资金使用的意见和建议,研究提出处理全市重大财经问题的原则和政策建议。

一、议事范围

(一)经济和社会发展的年度计划及中长期发展规划,产业规划、城市规划、土地利用总体规划以及其他重要的专项规划。

(二)全市财政资金年度收入计划及增长计划,市本级年度财政预算安排方案,市本级财政重大预算调整方案,市本级财政追加预算的 50 万元以上(含)的资金安排方案,市本级财政预算中未明确具体项目和数额的资金安排方案,市本级财政每季度预算收支执行情况。

(三)需市委、市政府决定、协调的国家、省、市财政安排的重大项目投资安排方案,市本级财力安排的单项金额在 1 000 万元以上的重大项目投资安排方案,市本级城市有形、无形资产单项拍卖标的在 500 万元以上的拍卖方案;需市本级城市有形、无形资产抵押、质押或担保融资在 1 000 万元以上的方案;市级部门、企事业单位之间 500 万元以上的资产划转方案。

(四)城市国有土地供应方案,工业及社会事业用地方案,重大国有资产转让、拍卖或破产方案,市本级财政投资 500 万元以上的水电开发、矿山开采、地质环境治理项目投资方案,权限内水电开发权、采矿权出让和相关联合收取税费政策方案。

（五）投资在 1 000 万元以上的基础设施或公共服务设施项目安排方案,向市级部门、企事业单位借款、担保在 1 000 万元以上的资金划转或担保方案。

（六）市级各部门办公用车辆购置方案,需市财政安排的办公设备及办公用品采购金额一次性在 20 万元以上的采购方案。

（七）成员单位或分管成员认为需要提请讨论的其他事项。

二、议事程序

一般事项,由相关成员单位初步研究后提出意见或建议并形成报批件,报分管成员－副组长－组长逐级审签后,由市政府常务会议研究决定。重要事项,由相关成员单位提出方案,分管成员牵头研究,形成书面意见报副组长－组长审核,召开领导小组会议研究后,由市政府常务会议研究决定。特别重要事项,经领导小组会议研究后,由市政府以党组名义提出建议方案,提交市委常委会研究决定。

三、议题收集、召开会议和编发纪要

（一）领导小组会议的议题,由组长或组长委托副组长确定。

（二）领导小组会议由组长或组长委托副组长召集并主持,领导小组成员和相关成员单位主要负责同志出席会议。重要事项,请市人大常委会党组书记、市政协党组书记、市纪委书记以及与讨论研究议题有关的负责同志列席会议。

（三）领导小组会议纪要由领导小组办公室整理起草,报会议主持人签发,发领导小组成员、相关成员单位及与会议决定事项有关的单位,并送市人大常委会党组书记、市政协党组书记、市委常委、市政府副市长、市委秘书长、市政府秘书长。

四、附则

（一）对领导小组会议讨论决定的事项和工作,有关部门、单位必须认真贯彻执行,抓紧办理和落实。重要事项,由市委、市政府目标督查办督查并向领导小组报告。

（二）领导小组不直接受理市政府各部门和各县(市、区)、科学城办事处、各园区关于日常财经工作的请示和报告。但涉及国民经济建设与经济体制改革的指导方针、重要决策和重大财经问题、重大建设项目的请示或报告,应抄送领导小组。

（三）本规则自发布之日起生效。

附录 2
温州市委办公室关于加快推进市级公共财政预算改革的实施意见

(2012 年 10 月 10 日)

各县(市、区)委、人民政府,市直属各单位:

为了深入贯彻市第十一次党代会精神,推进公共财政和公共服务型政府建设,为转型发展提供更好的财力保障,现就推进市级公共财政预算改革提出如下意见:

一、充分认识公共财政预算改革的重要意义

近年来,随着综合预算、部门预算、国库集中收付制度、预算绩效管理等公共财政改革的深入推进,预算管理逐步改进,财政资金使用效益不断提高。市第十一次党代会提出要以公共服务为取向推进政府转型,加强公共服务型政府建设。公共服务型政府的基本职能是为人民服务,为全社会提供优质而高效的公共服务和公共产品。推进公共财政预算改革,建立公共财政体制,是建立公共服务型政府的重要保障。公共财政预算是根据公共目标的重要性确定财政资金分配的优先顺序,通过扩大预算透明度,引入公众参与和民主监督,让公共财政建立在公共选择的基础上,使得财政资源的效用最大化。因此,加快推进公共财政预算改革,改善财政资金投入、分配和使用状况,使财政资金更合理更有效地分配到最需要的领域,是政府转型的突破口,也是公共服务型政府建设的必由之路。

二、指导思想和基本原则

(一) 指导思想

坚持以科学发展观为指导,贯彻"依法治税、为民理财、务实创新、廉洁高效"的方针,按照"科学、规范、公平、透明、有效"的预算管理目标,积极推进公共财政预算改革,建立完整统一的预算管理体系,扩大预算透明度和公众参与度,在公共选择的基础上建设公共财政,以充分发挥财政支撑、保障和引导功能,优化政府财政资源配置,促进政府、经济和社会转型,为建设"三生融合.幸福温州"提供坚强的财力保障。

(二) 基本原则

1. 坚持依法原则。严格按照监督法、预算法等有关法律、法规,适时修订《市级预算审查监督办法》,使市级公共财政预算改革在规范化的轨道上进行。

2. 坚持科学原则。预算的编制、执行和监督管理力求科学性、可行性、合理性,要与全市经济社会发展相协调,与部门履行职能相适应,做到量入为出、量力而行、厉行节约,实现收支平衡。要树立绩效理念,优化公共资源配置,提升公共服务水平。

3. 坚持民主公开原则。预算编制、审查过程要公开接受监督,广泛听取市人大代表和人民群众对预算安排的意见,不断提高公众参与程度。市级预算和部门预算都要逐步按规定向社会公开。

4. 坚持强化预算刚性约束与问责原则。预算一经批准,不得随意调整,确需调整的,要按法定程序批准。进一步完善预算管理过程中的追责机制,对预算资金的违规使用、重大损失浪费等失职行为,应当依照有关法律法规的规定进行严肃处理。

三、进一步健全完善政府预算体系

(一) 以公共财政理念推进预算管理改革。强化公共财政理念,最大限度地实行民主决策,充分接受民主监督,真正把政府有限的财力集中到基本公共品供给和公共平台建设上来。积极探索吸收人大代表、政协委员和社会公众共同参与预算的编制管理,建立参与式预算制度,以公开透明的程序和公民参与的方式,使得财政成为"看得见"的财政,政府成为"看得见"的政府。

(二) 建立"全口径"政府预算管理体系。逐步建立由政府公共预算、国有资本经营预算、政府性基金预算和社会保障预算组成的政府预算体系,全面反映政府收支总量、结构和管理活动情况,不断提高综合理财能力。不断完善市级预算管理,将政府性资金进行统筹安排、综合平衡。科学安排财政支出,真正建立起"收入一个笼子、预算一个盘子、支出一个口子"的预算管理体系。政府投资项目计划要进一步完善决策机制,加强项目论证,提高项目决策的科学化水平。

(三) 加强预算收入管理。坚持依法治税,培育税源,扩大税基,优化收入结构。强化政府非税收入征收管理,切实增强地方可用财力。各执收单位根据预算编制要求编报政府非税收入计划,并严格执行各项政府非税征收管理制度,按照规定的政府非税收入项目、标准、范围组织征收,确保政府非税收入应收尽收。

(四)调整优化财政支出结构。按"增量优方向,存量调结构,增量带存量"的要求,整合各种政府资源,加大专项资金的整合力度,加强结余结转资金的清理和统筹,增加对公共服务领域的投入。严格控制行政管理成本的增加,特别是公车费用、公费接待、公费出国等"三公经费"的支出总量,严禁超标准建设楼堂馆所。

四、进一步完善公共财政预算管理制度建设

(一)深化部门预算编制改革。部门预算按照经费保障与事业发展相适应的原则和综合预算、零基预算、绩效预算的要求编制,全面反映本部门及下属单位的收支情况。不断完善部门预算的项目设置,修订完善预算支出定额标准和资产配置标准,建立健全预算支出绩效目标管理机制,切实提高部门预算的科学性和规范性。财政部门在下达当年预算的同时,要部署安排下一年度预算的编制工作,组织下一年度的部门预算编制。

(二)深化国库集中支付制度改革。将所有财政性资金全部纳入"国库单一账户体系"运行管理,各级预算单位全面实行财政国库集中支付制度,严格按规定、按程序开设财政性专项资金账户,进行集中统一核算管理。全面推行公务卡制度。严格执行各项财经法规和财务规章制度,继续开展"小金库"的清查活动,建立和完善防治"小金库"的长效机制。

(三)完善政府采购制度建设。加大推进政府采购工作的力度,不断扩大政府采购实施范围。加强科学化和精细化管理,强化政府采购预算约束,健全集中采购运行工作机制,规范和优化集中采购实施方式,完善财政部门综合性监督与监察、审计部门专业性监督相结合的工作机制,着力提高政府采购监督管理水平。强化对政府采购价格及合同履约的监管,切实采取措施解决政府采购中存在的问题。

(四)加强专项资金、政府投资项目的规范化管理。不断完善专项资金管理办法,以制度来规范专项资金的管理,充分发挥专项资金的使用效益。要建立政府财政性投资项目和建设资金监管制度,加强政府财政性投资项目预算、决算和竣工验收的监管。严重超工期、超概算的项目,业主单位和有关部门要向市人大常委会作出解释说明,提高项目决策、执行的科学性、规范性。

（五）完善预算绩效管理机制。要将绩效理念融入预算管理全过程，不断完善绩效评价的标准体系，加强绩效评价制度建设，提高绩效评价的质量。逐步试行绩效运行跟踪监控，稳步扩大绩效评价的范围；加强评价结果应用，将之作为部门决算审查和下年度资金安排的重要依据，提升预算管理水平。强化部门单位支出预算绩效主体责任，将预算绩效管理工作纳入市政府对部门的年度目标责任制考核。财政部门具体负责组织实施预算绩效管理工作，审计部门要加强绩效审计工作，市人大常委会要加强对绩效评价工作的监督。

五、进一步健全预决算审查机制

（一）规范预算报送审查内容。政府公共预算、国有资本经营预算、政府性基金预算和社会保障预算要提交市人大及常委会审查。提交审查的预算草案要逐年细化。部门预算要根据便于审查的要求，进一步细化项目预算。

（二）试行部门预算分项审查机制。部门预算由市人大常委会进行分项审查。部门预算分项审查2013年从涉及民生的公共性部门开始试点，取得经验后逐步推开。试点部门由市人大常委会提出建议方案，最后由市委常委会研究确定。试点部门下一年度的预算要在当年10月上旬由财政部门汇编后提交市人大常委会专门委员会进行初审，再提交人大常委会和人代会审议。市人大常委会对部门预算提出的审查意见，市政府各部门要认真落实，对部门预算进行修改完善。

（三）逐步建立预算听证制度。市人大常委会要建立完善预算听证制度，从2013年起，逐步对涉及民生的重大项目预算举行听证会。有关部门对项目的可行性、效益性、预测依据等进行说明，充分听取公众和专家的意见，提高公众的参与程度，增强预算的透明度和认可度。

（四）强化决算审查。市政府应当在提请市人大常委会审查批准本级财政决算草案时，同时将试点部门决算草案一并提交给市人大常委会专门委员会。市人大常委会会议审查批准市级财政决算草案之前，应当由市人大常委会专门委员会对试点部门决算进行分项审查。

六、进一步加强对预算执行的监督管理

（一）严格预算执行。财政部门要牵头做好预算执行工作，加快预算批复，加强用款计划管理，及时掌握和分析市级预算和部门预算执行进度和项目绩效情况，定期对部门进行考评通报。各部门要充分发挥预算资金的使用效益，切实做好预算执行结果的绩效自评工作。要强化预算约束,严格控制预算变更,除突发性重大事项外,应定期集中办理预算追加。试点部门预算追加额度超过年初预算10%(不含上级转移支付),应当编制预算调整方案,提交市政府研究后,由市人大常委会专门委员会进行初审并提出意见,报市人大常委会审查批准。

(二)加强预算执行监督。市人大常委会及各专门委员会要建立预算执行和审查监督情况通报制度,加强对预算执行的日常监督,随时掌握财政预算执行情况,若发现问题,应及时提出意见,督促纠正。审计部门要加强对财政预算执行的全过程监督,协助市人大常委会做好市级预决算和部门预决算审查工作,对于政府非税收入、重大政府投资项目资金和专项资金使用,做到提前介入、严格把关、及时纠正。

(三)大力推进预算信息公开。除涉及国家机密的文件和资料外,与预决算相关的报告、文件和审计报告,按规定向社会公开。不断扩大部门预算公开范围,细化公开内容,稳步推进部门"三公"经费公开。政府各部门要主动公开审批的预决算,做好预算信息依申请公开工作。

七、进一步强化公共财政预算改革的保障工作

(一)强化政策保障。市政府要根据上级政府财政改革部署,稳步推进我市财政综合改革。根据本意见要求,市人大常委会要制定部门预算审查等相关规范性文件,市政府要制定出台相关配套政策,保障公共财政预算改革的贯彻落实。各县(市、区)党委、政府要参照本实施意见,制定相应的制度,加快推进公共财政预算改革。

(二)强化组织保障。财政部门要适应"三位一体"预算管理的需要,加快内部职能调整,建立和完善预算编制、执行、监督三个环节相互分离、相互制约、相互促进的"链条式"预算管理模式,同时要制定科学合力的业务流程,简化财政工作程序,避免职能交叉。加强人大常委会预算审查力量和审计部门力量建设,强化对公共财政预算的审查监督。

(三)强化信息技术保障。加快财政信息化平台建设,逐步建立和完善各类财政资金信息管理系统,完善预算执行的收支分析功能,结合"人大在线监督系统"和审计部门"金审工程"建设,将全部政府性资金纳入监督范围,逐步实现信息共享、实时监控、联网审查。建立和完善市级行政事业单位国有资产和经营性国有资产信息系统,实现政府性资产动态管理。

附录 3

温州市鹿城区人民代表大会常务委员会关于区政府民生实事项目人大代表票决制实施与监督办法(试行)

(2017年7月27日温州市鹿城区第九届人民代表大会常务委员会第四次会议审议通过)

第一章 总 则

第一条 为了充分发挥区人民代表大会代表在经济社会事务管理中的重要作用,加强政府民生实事项目决策和实施的民主化、科学化、规范化,根据《中华人民共和国地方各级人民代表大会和地方各级人民政府《组织法》、《中华人民共和国全国人民代表大会和地方各级人民代表大会代表法》、《中华人民共和国各级人民代表大会常务委员会监督法》等法律法规,结合本区实际,制定本办法。

第二条 民生实事项目是指以财政性资金投入为主,由区人民政府负责组织实施的,对全区或某一区域具有普惠性、公益性,社会效益相对突出,一般在当年度可完成的民生类公共事业项目。

第三条 推行政府民生实事项目人大代表票决制,在广泛征求人大代表和人民群众建议的基础上提出民生实事候选项目,并经区人大代表在区人民代表大会全体会议上,以投票表决方式确定年度政府民生实事项目,区人民政府负责组织实施民生实事项目,并接受人大代表和人民群众的监督。

第二章 征集和提出

第四条 民生实事项目建议征集由区人民政府组织实施。

第五条 民生实事项目建议的征集原则:坚持统筹兼顾、突出重点;尊重民意、突出民生;公益均等、普惠共享;量力而行、先急后缓;可评可检、注重绩效等五项原则。

第六条 民生实事项目建议的征集要求:

（一）建议项目要符合上级各项方针政策，贴近群众生产生活实际，实施条件比较成熟，具有可操作性。

（二）在项目布局上，应具有代表性、全局性，以及惠及面广、受益面大、社会效益显著等特点。

（三）在资金安排上，应具有可行性，有明确的预算安排，尽可能把有限的财力和资源优先支持发展民生经济。

（四）在建设周期上，应具有可控性，一般能够在当年度完成或取得阶段性成效。

第七条　民生实事项目建议征集对象：区人大代表和社会各界人士，区直及省、市属各单位，街道办事处和镇人民政府。民生实事项目征集方式可以采取网络征集、书面征集、座谈征集、调研征集等多种方法，公开征集的时间不少于1个月。街道人大工作委员会、镇人民代表大会主席团要依托代表联络站、履职平台等多种形式，组织人大代表广泛听取人民群众意见，积极提出项目的意见和建议。

对征集到的民生实事项目的意见和建议，应当及时进行分类、筛选和整理，并在此基础上开展深入讨论，形成初步候选项目初稿，再通过召开座谈会等形式，进一步征求人大代表的意见和建议，形成民生实事初步候选项目，提请区人大常委会审议。

第三章　审议和决定

第八条　区人大常委会对民生实事初步候选项目进行审议，在审议通过后，形成民生实事候选项目，提交区人民代表大会会议审议票决。

候选民生实事件数应当高于拟确定件数的20%以上，具体确定的数量，由区人民政府在其提出的建议草案中明确。

第九条　区人民代表大会期间，区人民政府应将民生实事候选项目的总体概况及项目的具体情况，包括项目名称、项目内容、实施主体、投资额度、完成时限等，向区人民代表大会全体会议作出具体说明。

第十条　民生实事项目的投票表决办法草案，由区人大常委会初审后提交大会主席团审议，再提请全体会议审议，以过全体代表半数以上始得通过。

第十一条　区人大代表对民生实事项目进行审议时，可以就有关情况提出询问，区人民政府有关负责人应当到会进行回答和说明。

第十二条　区人民代表大会会议期间，区人大代表10人以上联名可以就提交票决的民生实事候选项目的具体问题,包括增加或消减投资额度、变更项目具体内容、调整建设完成时限等提出建议,由大会主席团决定并向有关代表反馈。如大会主席团决定调整相关候选项目内容,大会秘书处应及时向代表印发书面资料。

第十三条　投票表决采用无记名投票方式,候选项目获得到会代表半数以上赞成方可列入年度实施计划,并按照得赞成票多少为序由高到低确定年度政府民生实事项目。如出现得赞成票排序靠后的若干候选项目票数相同,则由大会主席团决定。票决确定的民生实事项目由大会主席团当场宣布,并向社会公布。

第四章　实施和监督

第十四条　区人民政府应在区人民代表大会结束1个月内,将项目建设计划书报区人大常委会。

区人民政府及有关部门应当适时公开民生实事项目的推进情况,让区人大代表和人民群众及时了解每件民生实事项目的办理进展,并认真听取区人大代表和群众对办理工作的意见。

第十五条　区人民政府及有关部门应当主动向区人大代表通报民生实事项目实施过程中遇到的困难和问题,及时报告相关调整方案。

第十六条　区人大常委会应当建立民生实事项目办理工作跟踪监督机制,充分发挥人大代表参与、监督和助推民生实事项目办理的作用。要采取调研、视察、检查等方式,加强对民生实事项目办理工作的监督与支持,适时组织听取区人民政府关于民生实事项目推进情况的报告。

区人民政府及有关部门应积极配合区人大常委会组织的监督检查活动,如实提供相关数据和资料。对区人大代表在监督检查民生实事项目建设和完成情况时提出的意见和建议,区人民政府及有关部门应当及时办理并答复代表。

第十七条　区人民代表大会会议票决通过的民生实事项目,如遇上级政策调整等不可抗拒因素需要停止、暂缓、调整的,应经区人大常委会审议,由其作出决定,及时告知相关区人大代表并报下一次区人民代表大会会议备案。

第十八条　建立民生实事项目推进情况年度报告与表决制度,由区人民政府在次年初的区人民代表大会上,向大会报告上年度民生实事项目的完成情况,并由全体代表通过无记名投票方式对民生实事项目办理情况进行表决,表决结果现场公布。

第十九条　经表决,未获全体代表过半数通过的,区人民政府及有关部门应当认真查找原因,做好重办工作,并在3个月内将重新办理情况向区人大常委会报告。由区人大常委会组成人员以无记名投票方式进行表决,如仍未获全体常委会组成人员过半数通过,区人大常委会可视情况依法采取询问、提出质询案或者组织特定问题调查委员会进行调查,必要时可依法采取撤职、罢免等措施处理。

第二十条　区人民政府应当建立督查考核机制,民生实事项目办理情况应当列入区直机关部门、街道(镇)评比先进的内容,具体工作由区人民政府办公室负责解决处理。民生实事项目办理情况应当列入区人大常委会选举任命干部的履职监督内容。

第五章　附　则

第二十一条　本办法由区人大常委会负责解释。

第二十二条　本办法自通过之日起施行。

附录 4

上海市闵行区人大关于进一步完善预算初审工作的暂行办法

(2015 年 7 月 30 日闵行区第五届人民代表大会常务委员会第二十九次会议通过)

为贯彻落实新修正的《预算法》有关规定,进一步规范本区预算初步审查工作,提高区人大常委会预算监督的有效性和针对性,特制订如下办法。

一、指导思想

认真贯彻落实新修正的《预算法》,结合《闵行区人民代表大会常务委员会预算审查监督办法》的有关规定,进一步加强对预算的审查和监督,加强前期调研,扩大代表参与,广泛听取民意,积极完善区人大常委会预算初审前期工作制度,做实做深区人大常委会预算初步审查工作。

二、基本原则

(一) 过程与节点相结合

预算初审前期工作是指在预算初步审查前,对预算编制的科学性、合理性、完整性、规范性、公平性等进行调研、听证,为做好预算初步审查工作打好基础。要切实强化预算初审前期工作,将预算初审前期工作与预算初审衔接起来,将预算监督重点落实到区人代会前的人大常委会初审阶段。

(二) 议事与议财相结合

按照议事与议财相统一的原则,强化区人大常委会各工作机构(以下简称各工作机构)的预算审查监督力度,以预算初审前期工作和初审监督为重点,进一步拓展各工作机构的工作职能,在工作监督过程中逐步实现议事向议事与议财相结合的转变,切实提高工作监督的有效性。

(三) 代表主体与专家支撑相结合

进一步探索以区人大代表(包括预算工委委员、预算监督小组成员)为主体,相关专家共同参与的预算审查监督方式。充分发挥预算监督小组、区人大代表监督审查预算的主体作用,提升民主审议的质量。扩大充实财政预算专家库,依托专家智力资源,提升预算审查监督的有效性。

三、完善预算初审前期工作制度

(一) 预算初审前期工作对象

凡纳入区本级预算编制的所有预算单位,以及街道办事处、莘庄工业区管委会,都应作为区人大常委会的预算初审前期工作对象。在五年内,各工作机构原则上对所监督联系的各单位应至少开展一次预算初审前期调研工作。推行其他预算单位预算初审前期工作,逐步实现全区预算单位全覆盖。每年区政府召开下年度部门预算编制工作会议后15天内,各工作机构按照对口联系单位,确定1~2家预算单位作为下年度预算初审前期工作对象。

(二) 预算初审前期工作形式

1. 预算编制初步设想调研(预算编制"一上一下"阶段)

确定下年度预算初审前期工作对象后,各工作机构主动联系相关单位,组织区人大代表(包括预算工委委员、预算监督小组成员)、专家等相关人员采用座谈会等多种形式,开展1~2次专项调查研究,提前参与了解该单位预算执行、绩效、审计和预算编制工作等情况,也可以对预算编制中涉及的具体项目进行走访调研。参与调研人员包括区人大常委会组成人员、各工作机构委员、区财政局和被调研单位相关人员、有关专家、预算监督小组成员(不设预算监督小组的单位,可选择部分人大代表)等。

预算编制初步设想调研的重点是部门预算初步设想,结合我区部门预算编制工作时间节点,预算编制初步设想调研重点内容包括:

(1) 上年度及当年度预算执行是否符合预期效果,包括资金拨付进度、财政资金使用绩效等;

(2) 上年度预算单位被审计情况和整改落实情况;

(3) 预算初步设想如何体现符合法律规章的规定;

(4) 预算初步设想如何贯彻区国民经济和社会发展规划、有关政策,如何贯彻区委区政府的工作部署;

(5) 预算初步设想是否考虑预算执行、预算绩效等因素。

2. 预算听证会

在区人民代表大会会议举行35天前,区人大常委会举行听证会。各工作机构在开展预算编制初步设想调研、了解各相关单位预算执行情况和预算编制初步设想的基础上,初步确定预算听证的内容和范围。预算听证项目不仅要聚焦代表反映强烈的民生项目,还要延伸至部门预算草案初步方案(主要突出新增项目和支出较大项目)等领域。预算工委汇总梳理预算听证项目和听证时间,报区人大常委会主任会议决定。预算听证其他事项,按照《闵行区人民代表大会常务委员会听证办法》执行。

3. 预算初步安排调研(预算编制"二上"阶段)

预算初步安排调研是在区人民政府正式提交预算草案初步方案前,对预算初步安排进行调查研究。各工作机构结合预算编制初步设想调研、预算听证的结果,通过座谈、询问、走访等多种形式,对被调研单位预算情况进行1~2次调查研究。同时,预算工委重点对区本级财政总预算初步安排情况进行调研,各工作机构对部门预算调研重点包括:

(1) 预算初步安排方案,其中包括重大项目初步设想;

(2) 基本支出和项目支出的预算组成,以及金额增减变化情况;

(3) 其他需要说明的事项。

(三) 预算初审前期工作总结

各工作机构根据预算初审前期工作调研和听证情况,形成部门预算初审前期工作小结。预算工委形成部门预算初审前期工作总结和区本级预算初审前期工作总结,一并反馈区财政部门及前期调研部门,供其完善预算参考。

四、规范预算草案初步方案的初步审查

(一) 初步审查时间和任务

根据新《预算法》及《闵行区人民代表大会常务委员会预算审查监督办法》的有关规定,预算工委加强与区财政部门沟通,确保区人民政府于每年11月20日前将区本级预算草案初步方案提交区人大常委会审议。

根据预算初审前期调研情况,各工作机构形成被调研单位预算草案初步方案的初步审查意见建议;预算工委形成区人大常委会预算草案初步方案的初步审查意见建议(内容包括审议区本级预算草案、审议部门预算草案意见建议等),报预算初步审查会议审议。

区人大常委会在区人民代表大会会议举行的25天前完成初步审查工作,提出初步审查意见,并举行预算初步审查会议。

(二)初步审查形式

区人大常委会举行预算初步审查会议,听取和审议区政府有关财政预算执行情况和财政预算草案初步方案的报告,区人大常委会组成人员、列席人员围绕预算编制的科学性、合理性、完整性、规范性、公平性等对预算草案初步方案进行审议:

1. 听取区财政部门关于本年度预算执行情况和预算草案初步方案的汇报;
2. 听取各工作机构预算初步初审前期工作情况报告,及对部门预算草案初步方案的初步审查意见建议;
3. 听取区人大常委会预算工委关于预算草案初步方案的初步审查意见建议;
4. 询问区政府及其相关部门负责人;
5. 审议预算草案初步方案;
6. 提出初步审查意见。

预算初步审查其他事项,按《闵行区人民代表大会常务委员会预算审查监督办法》执行。

(三)初步审查内容

区人大常委会审议预算草案初步方案(包括区本级预算草案初步方案、部门预算草案初步方案),听取预算初步审查前期工作情况,提出初步审查意见建议等。根据全口径预算编制要求,区人大常委会对预算草案初步方案主要审查以下内容:

1. 上一年度预算执行情况是否符合预算决议的要求;
2. 预算安排是否符合法律、法规的规定和国家的财政经济政策;
3. 预算安排是否符合本区经济社会发展的实际情况,是否与国民经济和社会发展年度计划相衔接;
4. 预算支出项目是否恰当,支出结构是否合理,是否遵循统筹兼顾、勤俭节约、量力而行、讲求绩效和收支平衡的原则;
5. 为实现预算拟采取的各项措施是否切实可行;
6. 预算安排是否科学、合理、完整。一般公共预算支出,按其功能分类是否编列到项;按其经济性质分类,基本支出是否编列到款;政府性基金预算、国有资本经营预算、社会保险基金预算支出,按其功能分类是否编列到项;
7. 重点支出和重大投资项目预算安排是否适当;

8. 对下级政府的转移性支出预算方案是否规范、适当；

9. 预算安排举借的债务是否合法、合理，是否有偿还计划和稳定的偿还资金来源；

10. 其他重要事项。

五、工作机制

预算初步审查及前期工作由区人大常委会主任会议负责统筹协调。预算工委受主任会议委托负责牵头，各工作机构按分工落实推进。

本办法自区人大常委会讨论通过后实施。如遇国家、上海市法律法规及有关政策调整，本办法随之调整。

附录 5

闵行区人大常委会 2010 年财政预算初审听证会记录——以劳动关系和谐企业项目为例

时间:2009 年 12 月 10 日上午 9:00
主持:闵行区人大常委会委员、区人大常委会内务司法工委主任主持召开

第一部分 预算申请方发言

首先是闵行区人力资源和社会保障局副局长就项目进行了陈述,闵行区近年来劳资纠纷数量迅猛上升,劳动争议仲裁、劳动监察案件数位居全市前列,劳动关系呈复杂化趋势。继 2009 年设立 5 000 万元劳动关系和谐企业专项奖励资金后,2010 年,闵行区政府继续拨出 5 000 万元和谐劳动关系专项资金奖励。该项目所针对的对象主要为税基、社保缴纳、实际经营及用工所在地均在闵行区的企业,若同时符合无劳动争议仲裁败诉案件、未受到劳动保障监察处罚、未发生安全生产死亡事故、建有工会组织等 10 项申报条件,可自主申报参与"劳动关系和谐企业"的评定,经评定后对达标企业由区政府给予和谐劳动关系专项资金奖励,预计奖励资金 5 000 万元。2010 年主要绩效指标是:(1)参与劳动关系和谐企业创建主动申报的企业数达到 600～800 家;(2)企业对劳动关系和谐企业创建内容的知晓率＞50%;(3)涉案人数超过 10 人以上的集体劳动争议仲裁案件占比＜8%;(4)涉案人数超过 20 人以上的群体性劳资纠纷集访案件下降率＞0.5%;(5)劳动者对企业的劳动保障监察有效投诉举报下降率＞1%。

第二部分 财政局发言

区财政局作为项目陈述方对该项目提出了几个问题:(1)该项目的实施能不能真正解决区内企业的劳资纠纷问题?(2)奖金额度随着每年获奖企业的不断

增加而不断降低,标准能不能一以贯之,在预算中再加以细化?(3)该项目是否与区内其他奖励企业政策重复而造成公共资金的浪费?

第三部分　听证代表发言

对于政府采取经济奖励方式的这一做法,不少听证人提出了疑问。还有部分陈述人对这项奖励资金设立的必要性提出质疑。但也有区人大代表表示,这项奖励资金的设立让企业员工的利益得到了保障,但他同时建议对于基础较差的企业应设"突出进步奖",对于未达标的企业应给予处罚。

首先发言的一位闵行区人大代表陈述人认为,项目可以执行,但预算安排不合理。企业遵守劳动关系相关法律法规应是自觉行为,不应该用奖励来诱导,奖项设立的标准都是守法标准,这个和谐企业奖改叫作守法企业奖还差不多。再者,创建劳动关系和谐企业,对企业应当以精神奖励为主,政府用经济奖励的方法来鼓励企业参与创建,是不妥当的。

来自企业工会的领导、闵行区人大代表 H 指出,预算安排是否可以更合理? 2008 年,国家出台一系列法律法规,要求创建和谐劳动关系,上海市也随即出台了相关文件。创建是一种必然,也是一种必须。这样来看,政府出钱引导企业创建,是否妥当? 他认为,5 000 万元预算中,可拨出部分用于创建奖励。但其他的钱更应该用在百姓急难愁的问题上。

闵行区人大代表、区乘客管理协会秘书长 Q 认为,和谐企业创建的本意是遏制成倍增长的劳资矛盾,但预算中缺乏评估机制。就去年人大调研所知,区里的劳资矛盾多达 7 900 多件,是 2007 年的一倍多。那 2010 年政府出钱奖励和谐企业,这项指标是不是会降低呢? 这需要评估。另外,在审核程序中,测评需委托社会第三方机构,还要搞评审抽查,光这两项就要花费 70 万元。只要评估体系严密,这些纳税人的钱完全可以省下。

企业代表、上海某有限公司副总经理 S 表示,该项目的出发点是良好的,但是建议有关部门从企业的需求着手立项。她建议奖项可以精神奖励为主。是否可以按照星级评定,并制作铜牌,加强这一荣誉的可视性,既可以让员工看到企业和谐程度,又可以在招聘会上起到直观的宣传作用。她认为要对企业高管进行表彰,钱倒是可以不发。

第四部分　专家发言

ZM:劳资纠纷的上升是不是意味着劳动关系的恶化或者是劳动环境的恶

化？全国劳资纠纷90%以上都是劳动者提出的，劳动者劳动保护意识上升，维权胜诉的比例表明这种关系并不一定是资金奖励带来的结果。

HJ：通过奖励的方式来促进劳动关系和谐企业本身表明了劳动管理部门尴尬的处境。建立和谐企业的初衷很好，奖励只是手段之一，应该开拓别的方式。问题一：从预算角度，这三个年度的预算每年都是5 000万元，最主要部门是4 900万元的奖励资金，2011年从原来300家上升到1 000家，怎么处理？问题二：2010年的计划是制定方案，2011年执行，2011年发生的事情是算作2010年预算还是2011年预算？

第五部分　询问阶段

询问片段一：人大常委会组成人员、教科文卫工委C问

1. 是不是需要用资金来奖励？有什么出处？
2. 这个奖励政策和劳动关系和谐的目标是否有直接联系？
3. 这个项目是不是三年以后就不执行了？

人保局负责人回答：没有明确要资金，也没有明确不要。2008年市局要制定积极有效的鼓励措施，激发企业、工业园区参加特定活动的积极性。根据我区的经济实际，在特定时期提出特定目标，这是一个重要想法。推定劳动关系和谐企业是一个长期的活动，营造这样一个氛围。提高这样一个参与、知晓。

财政局回答：财政在安排预算的时候考虑要做这个事情，花多少钱，2009年没有执行。有些想法都说了，这个效益怎样，前后三年都是5 000万元这个标准都沟通了，希望大家意见多沟通，在执行中也希望大家监督。

C：财政局回答我不太满意，财政作为财政分配的中转和把门人，该怎么安排还是有见地的。作为公共产品，现在都奖励，非常的不恰当，财政部门是怎样考虑的，我要了解这个问题。如果这个奖励继续做下去，这是一个长期性的支出，你们考虑过没有？说得不好听，你直接是奖励给领导的。

财政局：在这里说实话，我们财政资金也比较紧张，但一看这个名字我们确实觉得要保护劳动者权益，相关法规也出台了，不安排也说不过去。不知道这样回答满意不满意。（大家笑）

询问片段二：人大常委会组成人员、某镇人大主席H问

我本人对这样的预算安排有异议。两个问题：第一、和谐企业创建是否所有的企业都可以参加，比如5个人、10个人的企业都可以参加；第二、讲到奖励预算的安排上,1万人的企业,几千人的企业奖励都是一样的,平均下来只有1~2万元,有什么区别? 一定规模是什么概念?

人保局:没有一定的量,目前正在计算。第二个问题,按照项目表述,我们制定了一个4万和8万的标准,2009年第一次,我们都在不断地探索当中,能够让所有的企业都能参加进来。

询问片段三:人大常委会组成人员、内务司法工委Y问

问两个小问题,你项目的陈述有问题:第一,你是劳动关系和谐项目,但标准比较宽泛,可能用守法企业比较合适,应该有个限度;第二,关于奖金,关系到奖项,你是为了维护劳动者的合法权益还是为了维护企业?

人保局:我们认为劳动关系的和谐不仅是关系的和谐,还有和自然的和谐。关于今后奖励给企业资金的使用,现在我们确实还没有明确的想法,但如何使用好这些资金,我们希望把钱使用在刀刃上。

询问片段四:人大常委会组成人员、人事代表工委LM问:

3年的奖励资金如何提高企业和职工的积极性,刚开始阶段,企业没有积极性,从材料上来看,反映在三个方面:一是企业的申报程序比较烦琐,二是本地户籍职工占有一定比例的企业积极性不高;三是如何提高政府、企业和职工的积极性? 每年5 000万元,评选的企业每年在增加,12万元,7万元,3万元,如果奖励条件越来越低的话,是不是积极性会越高?

人保局:谢谢,关于申报积极性不高。据我了解的情况来看,并非所有企业的积极性不高,是一部分企业积极性不高。为了推动这个项目,我们召开了2 000多人参加的会议,发放了4 000多份告知书,大家积极性还是可以的。从11月底,初步申报的有200家,我们有个初审。如果提高积极性的问题,我们在具体的工作中要逐步加以完善,我们的目标是让所有的企业都来参加这个活动。第二个问题,大家积极性高了,奖励的金额在下降,我的观点是先鼓励达标的企业,激励和指导未达标的企业。

询问片段五:人大常委会副主任LY问

我补充以下C提的问题,5 000万元是奖1年还是奖3年? 2009—2010年是一年还是两年?

人保局:说实话我们没有收到依据。从我的看法,2009年2号文也在其中,第一,这个项目要有一定的连续性,原先制定的 3 年项目能够连续实施。把这个项目列到预算中。

LY:有没有规范的文件规定 2010 年要继续执行?

创建和谐企业是个长期的过程,并不等于奖励也要三年。这个依据里面是暂定一年,原来暂时规定是 2009 年,现在讨论的是 2010 年,我觉得你没有依据。区里的文件没有看到。

第六部分　辩论阶段

人保局:先说一下今年推动这个项目以来,覆盖劳动者达到了一定的比例,希望代表提出建议,加强监督。

人大常委会组成人员、财经工委 G:你刚才说创办了这个活动后,集体合同的签订达到一定比例。我想问是法律的后果还是奖励的效应?上海在这方面出台了法律,应该说是企业自觉遵循法律的行为。

人保局:奖励的创建是所有活动的组成部分,创建也不是说光有这点奖金就能实现目标,而是劳动关系协调是多方参与的过程,我认为奖励资金在当前的情形下具有激励的效果。

人大常委会组成人员、某镇人大主席 H:人保局项目创建的出发点是好的,但用奖励的办法来实现和谐企业的推动,它的效果是值得思考的。因为企业最主要的矛盾是经济方面的矛盾,劳动关系比较好的企业不在乎你的奖励,劳动关系不好的企业你奖励他那一点钱,也起不到作用。5 000 万元对于区级财政并不是一个小数目,我觉得应该用到预算绩效更好的民生项目方面,可以拨一些工作经费。另外,法律执行不到位,执行不好的,这些钱就能让他们执行好了吗?还是要做很多法律宣传,奖励应该以精神奖励为主。

人保局:作为公共资金我们会用好,但我觉得政府的公共财政,政府有义务去引导、引领社会氛围;企业应该加大执法、守法的力度,政府部门在推动法律的过程中,可以通过一些奖励的手段,也不失一个措施。

人大常委会组成人员、财经工委 G:财政局作为一个监管部门,你对这个项目提出时,我觉得你态度比较暧昧。这个项目现在还没出来,明年再安排 5 000 万元,我想问财政的执行力怎样落实?人大批准的预算有个执行力。这个要明确。

财政局:这个问题其实政府部门内部也是有争论的。财政部门认为这个项目去年没用,今年要取消;人保局认为已经宣传出去了,不弄不好。意见争取后,觉得取消的话也有问题,暂时保留。我们可能监管上面,这个博弈上面存在这个问题,也一直在做,因为年度还没结束,也是一个很烦恼的事情(大家笑)。预算改革也好,财政的公开也好,我们在想,这样可能烦恼更少一些,可能想得比较理想化。

人大常委会副主任LY:这样可能要调整预算了,2009年实际没有用这个钱,这个项目没有完成,30号上常委会要向人大汇报,要重新调整预算。

财政局:调整预算之前我们征询意见了,我们发出的意见是要取消掉,政府部门内部之间也有一个沟通的过程。我们其实也不想安排,2010年不想安排了(所有的人笑)。

人大常委会副主任LY:这暴露了财政预算的科学性、正确性、预算的执行力在这个问题上暴露得非常充分。

Q代表:我们解决的基点在于不和谐上,可是生出来的基点都是在和谐上,我们怎么把焦点聚焦在不和谐企业上,他们感不感兴趣?如果不感兴趣的话,这个项目设置就是不合理的。90%的企业是和谐的,下面有网络,不和谐的话从中层就一直反馈上来了。

专家ZM:听下来好像是保增长、就业、和谐,打着保护职工合法权益的旗号。人保局是一个政策从上而下贯彻的过程,人保局工作的绩效和预算的绩效是应该考虑的。工作的经费预算是应该保障,真正的劳动关系和谐企业应该寻求更多的渠道。在温岭,9月份经济危机的情况下,职工的工资也增长了0.5%。

Q代表:我们现在很多东西都套,套金融危机,把和谐企业也归纳到企业的帮扶。

人大常委会组成人员、内务司法工委Y:我有另外一个想法,你们搞了劳动关系和谐企业创建奖,如果财政局批了,会产生一个什么问题?教育局搞师生关系的奖,妇联搞婆媳关系的奖,公安局搞警民关系的奖,都要5 000万元,我看你们怎么办?

来自民营企业的听证人:我们大型企业比较和谐,其实也有很多不规范的、不签劳动合同、集体商议的,其实帮到企业稳定,就是帮助他们就业。这和其他关系是有区别的。和谐企业就是和谐社会的一个最基本保障,我感觉途径是很多的,如果光从精神层面说,对于小的企业就不具有激励作用。我也是一个民企的,比较小点,这里面很多集体商议,我积极参与创建。我们马上在工会层面进行工资集体讨论。

人大常委会组成人员、财经工委G:闵行区另有对扶持中小企业发展的政策,奖励不应成为解决问题的主要方式。

人保局最后就以上问题做了解释,他们认为,这个项目主要是为了在全区范围内营造一个氛围,倡导企业创建劳动和谐关系。经济奖励的方式只是在特定时期内为达到特定的目标所采取的特定手段,项目的目标是长期的,但是方法可以结合大家的意见再做研究。2009年的奖励资金还没有下发,因为区人保局还在做最后的评定和调查研究。对于能够申报的企业资格和考核指标,也是经过专家讨论后给出的方案。同时,闵行区人保局相关负责人表示,今天会上提出的建议,他们会认真研究并加以采纳,使今后的立项更加科学。

附录 6

闵行区人大常委会关于预算绩效管理监督办法(试行)

(2017年12月19日闵行区第六届人民代表大会常务委员会第十一次会议通过)

第一条 目的依据

为加强对政府预算监督,推进预算绩效管理,提高财政资金使用效益,根据《中华人民共和国预算法》《中华人民共和国各级人民代表大会常务委员会监督办法》《上海市预算审查监督条例》《上海市预算绩效管理实施办法》《闵行区人民代表大会常务委员会预算审查监督办法》等法律法规及相关文件,制定本办法。

第二条 监督主体

区人大常委会依法开展预算绩效管理监督。区人大常委会预算工作委员会(以下简称区人大常委会预算工委)牵头负责区人大常委会预算绩效管理监督相关工作。区人大各专委会、区人大常委会各工委,以及区人大常委会各预算监督小组根据各自职责,参与预算绩效管理监督。

第三条 监督原则

(一) 绩效管理全程监督原则

区人大常委会对预算绩效管理监督贯穿于预算编制、执行、评价、公开等全过程,与预算初审前期调研、部门预算执行监督等相结合。

(二) 绩效评价代表参与原则

区人大常委会组织部分区人大代表全程参与区政府及其相关部门组织的预算项目前期(立项)评价、中期(实施)评价、后期(绩效)评价等工作,加强评价过程和结果的监督。

(三) 绩效监督突出重点原则

区人大常委会加强对预算部门(预算单位)及其预算项目的绩效管理监督。区人大常委会在做好一般预算绩效管理监督的基础上,根据实际情况,每年确定重点部门和重点项目实行重点监督。

第四条　监督内容

(一) 绩效目标管理监督

各预算部门(预算单位)在编制下一年度预算时应确立绩效目标。区财政部门应当依法审查绩效目标编报情况。区政府向区人大常委会提交的下一年度预算草案初步方案,应包括重点项目绩效目标和评价情况。

区人大各专委会和区人大常委会各工委在开展预算初审前期调研时,对区人大常委会重点监督项目的预算绩效目标管理一并进行监督。区人大常委会各预算监督小组在开展部门预算执行监督时,对各联系部门的绩效目标开展监督。

(二) 绩效跟踪管理监督

区人大常委会组织区人大代表,结合部门预算执行监督,对区人大常委会重点监督项目的绩效目标实施情况进行跟踪监督。

绩效跟踪监督的重点是绩效运行情况与绩效目标是否相符、绩效目标执行情况是否按计划实施等内容。

(三) 绩效评价管理监督

区政府及其预算部门(预算单位)应对预算支出情况开展绩效评价,尤其要开展预算项目绩效评价工作。区财政部门应组织开展重点预算项目绩效评价工作。

区政府及其财政部门应将重点预算项目绩效评价报告提交区人大常委会审议。

区审计部门应将区人大常委会重点监督项目绩效审计报告提交区人大常委会会议审议。

区人大常委会对各预算部门(预算单位)的绩效评价管理工作开展情况及其结果进行监督。包括绩效评价工作的合规性、评价结果的有效性、绩效评价的覆盖率、绩效目标的实现程度和绩效管理制度等方面的监督。

(四) 绩效评价信息公开监督

区人大常委会依托预算联网监督系统,根据"谁评价、谁公开评价结果"的原则,对区政府及其相关部门绩效评价结果、绩效审计结果等信息公开情况开展监督。

(五)绩效评价结果应用管理监督

区政府及其预算部门(预算单位)应高度重视绩效评价结果的应用。

区政府及其各相关部门应将区人大常委会重点监督项目预算绩效管理整改意见的落实情况与上年度审计查出问题整改情况的报告一并向区人大常委会汇报。

区政府应切实加强评价结果的应用,将绩效评价结果作为完善政策和安排以后年度预算的重要依据。

区政府应将预算绩效管理工作纳入部门年度考核,严格绩效管理责任。

区人大常委会对重点监督项目的评价结果应用和整改落实情况进行满意度评价。

第五条 监督要求

(一)区政府应健全"预算编制有目标、预算执行有监控、预算完成有评价、评价结果有反馈、反馈结果有应用"的预算绩效管理机制。

区财政部门应不断完善预算绩效管理实施办法,包括预算绩效评价指标体系和标准等内容。

区审计部门在审计报告中应反映绩效审计内容,由合规审计逐步向绩效审计拓展,逐步建立绩效审计方法体系。对区人大常委会重点监督项目的审计结果和整改情况,应以单项报告形式向区人大常委会汇报。

(二)区人大常委会在年中审议上一年度区本级决算情况报告和区本级预算执行审计工作报告的同时,一并审议上一年度区重点项目预算绩效管理工作报告。

区重点项目预算绩效管理工作报告应包括重点项目预算绩效管理工作开展的总体情况、绩效目标、绩效跟踪、绩效评价、结果应用等内容。

(三)区人大常委会根据预算绩效管理监督情况,选择若干区人大常委会重点监督项目,开展预算绩效听证。

(四)区人大常委会应将预算绩效管理的监督情况予以公开。

第六条 附则

本办法自通过之日起施行。

附录 7
2018年8月闵行区慢行绿道实事项目预算绩效听证会记录(节选)

主持人：各位领导、同志们：

我很荣幸地受闵行区人大常委会委托，主持今天的听证会议，本次听证的项目是慢行绿道实事项目。选择慢行绿道项目听证，主要是因为该项目是连续实施的政府实事项目，资金量大、社会关注度高。今天的听证有别于以往的项目决策听证，着重从项目实施预算绩效方面进行听证。

根据《闵行区人民代表大会常务委员会听证办法》的相关规定，出席今天听证会的听证人有区人大常委会领导和部分常委。今天听证会的陈述人共有8位，其中，人大代表4位，社会公众代表4位。他们是按照听证规则，通过公开报名和邀请产生的。常委会还邀请了上海国家会计学院C教授、上海市城乡建设与交通发展研究院L教授作为行业专家陈述人参加本次听证会。

区绿容局将作为实施项目的牵头实施部门对听证项目进行陈述，区府办、发改委、财政局作为相关部门也出席今天的听证会。此外，还有来自我区各镇、街道、莘庄工业区人大部门工作的同志以及42名人大代表和市民代表也出席旁听今天的听证会。对各位能够积极参与本次听证，我们表示热烈的欢迎和衷心的感谢。

现在开始进入听证程序。

首先，请区绿容局就慢行绿道实事项目绩效进行简要说明，发言时间请控制在15分钟以内。请发改委作为实事项目的主管部门，就慢行绿道实事项目的安排发言，时间请控制在3分钟以内。

发改委：各位代表，同志们：

刚才项目责任主体单位区绿容局对项目具体情况做了介绍，区发改委是区政府实事项目征集和安排的牵头代表,我代表区发改委向各位代表同志们汇报一下2018年区政府实事项目征集和安排的相关情况。

第一,实事项目安排的基本原则。

2018年,区政府实事项目坚持四项原则体现三个注重。四项原则具体是指:一是坚持问题导向,围绕补短板破瓶颈,结合建设生态宜居现代化主城区发展目标和区委区政府重点工作,注重解决群众最关心、最直接的利益问题。二是坚持需求导向,围绕"十三五"民生优先,让百姓具有实实在在的获得感觉。三是坚持广覆盖性和可延续性,争取实事项目惠及更广大的人民群众,适度考虑项目和往年连续性。四是坚持底线管理,实事项目确保按照计划当年度完成。三个注重具体是指:一是注重生态宜居加强环境提升和交通优化,二是注重改善民生,加强卫生、教育、养老等基本公共服务,三是注重基层建设,加强社区基础设施完善和服务水平。

第二,2018年政府实事项目征集和安排的相关情况。

从2017年9月份开始,发改委通过闵行网站、报纸、新闻媒体、热线电话、信函等多种方式向全区居民、区人大代表、区政协委员等同步广泛征集建议,一共收集建议82项,按照实事项目安排原则,我们对征集到的这些建议进行筛选整理,在这个基础上和相关委办局多次沟通,同时征求领导意见,经过区政府常务会议和区委常委会之后明确2018年政府实事项目一共10项,经区人代会审议之后,由各个牵头部门负责推进实施。

2018年,区政府实事项目一共10项,涵盖交通、生态环境、社会民生等领域,其中,区绿容局申报的完成20公里生态步道建设就是其中一项,有三方面考虑。一是这个项目覆盖面广,群众感受度非常高,闵行要建设生态宜居的现代化主城区,人民群众对健康休闲运动的需求日益增长,通过慢行步道建设为广大人民群众提供功能完善、触手可及、生态良好、环境优美的公共休闲健身场所,符合人民群众的期盼和要求。二是这个项目作为2015—2017年区政府实事项目之一,2018年继续安排实事项目可以保持项目的延续性。三是确定2018年10项实事项目之前,通过网上征询了民众意见,这个项目排名第三,也是深得民心和符合民意的。

今天非常高兴区人大组织绩效听证会,对政府实事项目进行监督促进,为政府出点子、想办法、提意见,帮助我们更好地做好这项工作,下阶段我们将根据今天的听证情况和听证意见,配合区绿容局和区财政局等相关部门,共同想办法把实事项目往前推,确保这个项目今年如期完成,谢谢。

主持人：请财政局作为实事项目的经费审查部门，就慢行绿道实事项目的安排发言，时间控制在3分钟以内。

区财政局：作为公共资金安排要有充分依据和体现公共性。该项目制定安排的依据是非常充分的，根据上海市面向2035远景规划和闵行区"十三五"规划关于建设现代化生态宜居主城区的目标，配合发改委作为基本建设项目安排资金。同时，我们认为该项目资金的安排体现公共性主要有三点理由：一是有助于改善和提升城市公共空间，二是有助于建设生态宜居的人居环境，三是有助于增强和延伸健康休闲共享惠民的公共服务。基于这三方面的考虑以及相关政策依据，配合发改委对该项目进行立项以及资金的匹配安排。

第二，关于资金安排和执行。刚才绿容局已经做了汇报，我补充一点：根据近三年的梳理和资金的执行情况看，该项目资金执行情况良好，2015年预算安排的执行率为100%，2015年的总量为440万元，量比较小，2016年的执行率为97.47%，2017年为97%，达到预算执行的要求。

第三，关于该项目绩效管理情况。这个项目属于基本建设项目，根据中央和市里面的工作部署和安排，基本建设项目尚未全面开展绩效预算的管理，这个项目列入绩效听证之后，我们指导绿容局进行绩效自评，对于近三年整个项目立项执行、项目的管理等做了全面绩效的自评，通过绩效自评情况来看，整个项目2015—2017年的最终得分是85.45分，评价等级良。另外，2017年市政府实践实事项目29项全面完成，绿道项目的评分是93分，综合满意度是第二名，下一步我们将根据今天听证情况特别是针对绿容局讲到了问题和薄弱环节以及下一步工作重点，抓好工作推进和落实。

主持人：接下来请听证陈述人发言，每人发言时间不超过5分钟。

Z：大家好，我是七宝镇人大代表Z，绿道是群众休闲的靓丽风景线，结合绿道建设和使用中用材选材及功能性上比较单一粗放，我提出几点建议：

一、作为以休闲为主的绿道，不要片面地以沥青路面一铺到底，像沪闵路绿道就是纯粹的沥青路面一铺到底，下水道什么的基本没有，可能第一期项目没有考虑周全。我认为可以结合周边人流量、商业体、居住区等选用不同的材质。比如具有减震效果的橡胶跑道或者沥青结合橡胶道多功能为一体的绿道。

二、一定要严抓材料质量关，在前期建设中，毒跑道事件现在还影响深远。

这一次绿容局如果铺设慢跑步的跑道，我建议铺橡胶跑道，不要铺塑胶或者橡塑跑道，塑化剂问题一直围绕着我们，现在公共危机信息上都有这些发布。

三、建议设计上尽量使用成熟且经过时间论证的方案，以减少不安全因素。尽量做到好事做好，实事做实。

Q：我是虹桥代表组的区人大代表，前期视察调研过程中发觉这个项目总体是比较好的，包括社会评价和老百姓参与度感受度都很好，所以，这个项目一定要做而且一定要做好。关键是怎么做好，刚才听了绿容局的汇报资料，包括平时视察过程当中，有三个方面的疑问：

一、具体绿道建设过程中的选址问题。总体规划三条大道，37公里，15公里很长的绿道，具体实施过程当中绿道的改造包括改造的项目区域是怎么具体选的？因为现在发现同样一条马路一边去的人很多，一边根本用不到。绿道改造过程中，有些只需要绿道功能综合功能，有些地方只需要绿化功能，具体建造绿道实施时怎么定这个标准，怎么真正发挥绿道的作用和财政资金投入的有效性？

二、费用的问题。2015年到现在，最早从200多万元到2017年345万元，费用提升了60%~70%。我想问一下，费用的增加是物价指数的增加还是项目的增加，具体增加了哪些东西？费用的控制方面，和选址一样每个区域不同的区域绿道功能要求也是不一样的，有些只要一条路通过去就可以，有些旁边是居民小区需要综合的包括体育健身场所，活动场所要宣传讲去。在具体做的时候，这个地方做什么，标准怎么确定，因为我们往往在预算上面，因为每年定概算的时候，标准在不断提高。一般性建设包括财政也讲了，预算执行率很好，所以预算多少要用多少，我们建造时是不是因为预算不断提高，每年三四百万元一定要花掉，具体实施时如何控制建设标准？

三、长效管理的事情。绿化养护标准是一、二、三级，几年绿道建设过程中，最早最基本的绿道功能到综合功能，现在只讲了绿化养护问题，其他设施的维护包括雨水花园，水、电怎么维护？现在绿道很长有跨区域包括乡镇也参与进来，后续管理主体是谁？以乡镇为主还是以区为主？功能性多了，除了绿化养护还有其他东西的养护谁来管？以前小区里面健身器材的养护，项目很好，老百姓很欢迎，弄好之后没有人管，导致一两年之后就坏了，除了绿化养护之外，综合性管理谁来管，怎么管，管什么东西，费用在多少？

两点建议：第一，加强设计的合理性。虹桥有一条健身跑道，出来当中有一条路两个出口在路当中,设计时完全可以把跑道转到人行道。第二,加强工程质量。

S:我是闵行区颛桥镇的居民,闵行区自2015年年初率先实施绿道实事项目,据说目前闵行区已经有每平方米404万元的代价,拥有20多公里升级版绿道,这是符合党中央追求幸福是人民的权利、造福人民是党和政府责任的一贯思想,是为民造福具体行动之一。

我认为建造绿道的出发点和实际效果都是很好的,这个完美的绿道也有很多不尽人意的地方,我讲一下维护绿道和管理方面的意见:

从硬件上来说,绿道三年多来,风吹雨打有很多垃圾箱坏了,指示牌也已经陈旧了,金属栏杆也坏了。这么多损坏也要修缮,现在修缮的速度比较慢,花花草草有的枯死了,有的腐烂了,美好的东西要修一下,修理要跟得上,如果跟不上,就形同虚设。在管理上多花一些功夫,特别是垃圾箱溢出来没有人清理,我经常看到溢出的垃圾箱没有人清理。还有宠物粪便要及时清理掉,这些方面管理很重要。

我建议绿道多设一些牌,爱护绿道,人人有责,这些方面好像很少,希望投入资金时增加一些宣传的费用,还是要加强责任性宣传。

另外,要加强资源整合,共同发动市民管好绿道,管理的费用也通过财政打进去,给一些费用。总之,要让绿道更好地为民服务,让闵行这张名片更加金光灿烂,希望政府责任部门倾力打造好闵行绿道,服务大众,造福人民,功德全球。

L:各位领导同志们,上午好!我来自颛桥镇。2015年闵行区实施绿道建设,为绿道沿线颛桥镇增添了一处百姓集健身、休闲、锻炼的好场所,为闵行区增添了一道靓丽的风景线,首先我给项目点个赞。我提以下三个建议:

一、闵行绿道项目今后建设当中,把灯光工程一并考虑。以前没有灯光穿梭在里面,男同志稍微好一点,女同志不太安全,现在灯光照上去基本没有什么感觉了,我想把这个因素考虑进去。因为颛桥是分两期做的,一个投资比较高,还有后期投资增加了,还有绿道做好锻炼时因为后继装路灯对老百姓带来不方便。

二、今后绿道建设中,多融入本土文化元素,让人了解当时的历史和文化,使绿道更具有地方和地域特色,颛桥镇做了历史文化长廊,设了10个历史景点,7月16号推出之后书记在微信上点了个赞,说这样的十景好,融入文化各历史功能和街区结合得好。这个项目今年 11 月 1 号之前就要完成,我建议其他绿道中考虑这些文化元素,沿这个绿道基本上可以了解颛桥的历史文化。

三、能否在建设中把体育设施一并考虑,增强绿道的实用功能,我还是文体中心主任,体育文化确实是老百姓比较关注的,闵行区虽然文体比较多,但是体育设施放在步道还是蛮好的。

J:我是来自浦锦街道的代表,闵行建设慢行绿道已经数年了,从沪闵路 3.8 公里开很多街镇都有建成,几次考察调研来看,老百姓总体感受度良好,我想就建设成本方面提出两个想法,希望对后续规划和建设绩效管理有所帮助:

一、根据闵行区 2016—2035 年的规划,公园和绿地还会有增量。我希望在这些增量计划中,已经规划进了慢行步道而不要重复投资,劳民伤财。对于目前存量公园和绿地中需要并且适合建设绿道的,从报告中已经做好了规划,总量有 210 公里,已经做了 40 公里左右,后面的 170 公里到 2020 年"十三五"期间都做掉,任务也是蛮重的。有预算做底应该没有问题。问题是这之后我们还有没有规划?这 210 公里之后,具体在哪些街镇地区,现在东西南北中三条主体线路都说到了,调研得知居民集聚区附近的绿道利用率很高,比较偏一点的地段走的人很少,利用率不高,希望后续规划中对人口密度和建设规模有更有机的融合和考虑,求取社会效应的更大化。

二、有关绿道品质和建设成本关系。慢行绿道品质应该是优雅的,质地要坚固耐用的,这是永久的东西,材料要环境友好的,建设、维护成本是低廉的,挑选合适材料就很重要,以调研情况来看还有改进的必要。先说路面,现在是以沥青路面为主和部分塑胶路面,听说还有木栈道,调研当中没有看到,但是听说有。我建议今后尽量多采用沥青路面,高质量的塑胶步道价格太高,过不了招投标。低价产品如果还有塑化剂,对人体特别是儿童伤害特别大,全国都有这个教训。在一切建设项目中,不要尝试太新的材料,太新的工艺,有时候没有经过时光历练要吃药的。而且很容易坏,有些学校的跑道修复以后有色差,难看,建设成本也高。

对于木栈道来说,大部分木材天生有一个缺点容易腐烂,虽然现在有防护处理,但是表面碳化处理后不美观,是黑色的,老年人知道以前的柜子不会烂,但是不好看,现在有药物处理,但是有毒残留也不合适,木材可以刷桐油木油保养,但是要年年做,养护成本太高了。而且木材步道和女士的高跟鞋是天敌,细小的鞋跟会破坏木材,木材的缝隙会卡住鞋跟,所以,我不赞成在慢行步道建设中使用木材。

二是休息长椅,目前的大多数休息长椅以金属和混凝土为主,这些材料密度太大,冬天冷夏天热,我建议坐板和靠背用密度低一点的迷彩。

三是步道两侧绿化建议多种一些不同时节开花的植物,有些上海本土的植物中可以作为药用植物,不要作为野草去掉,比如蒲公英、车前草,道路两侧是车前草最爱生长的地方,这些东西对有些疾病特别好。

四是文明施工。步道宽度一般在2.5米以内,施工中用小型挖掘机宽度也在2.5米左右,施工作业面很宽,新建项目没有问题,但是原有城市绿地,公园里面做有点过了,对两侧绿化破坏很大,修复又是一笔不小的费用。本项目的绩效评估无非是投入物质成本和取得社会效果评价,希望绿容局以同等预算建设更多人性化的环境友好、低维护成本的慢行绿道,我们建设过程中应该不求贵的,但求对的。在调研当中我们探讨步道路建设中如何融入文化因素,建设什么步道其本身就是体现了我们的文化取向,是朴实耐用的还是华而不实的,是适得其所的还是画蛇添足的,需要我们后续工作过程中好好把握。

ZW:之前这个项目的优点包括民生的特点各位都说了。我就绿道定位和贯通质量提两个建议:

一、绿道定为慢行绿道,但在沪闵路1号的绿道上设置了人行道和骑行道,定位为慢行道的话,骑行道是不是有必要?今天我不是说区分不对,我建议绿道定位不能定位为慢行道,而定位为健身绿道,假如定位为慢性路道,功能主要为了周边居民的散步、漫步,对长距离的串联没有产生效益,漫步只能是短距离的,假设是健身步道引入跑步人员或者爱好健身人员长距的跑步,可能效用发挥得更全面一点,我建议绿道应该定位为一个健身绿道。基于健身绿道应该补充一些设施,比如引进一些社会化的自主贩售机包括存储设施,为运动人员提供物质存放之类的服务。

二、关于贯通质量。最近我走了沪闵1号线,由于交通发达,对步道串联贯通有影响,很多路和路之间包括水道之间的贯通没有联系起来,要靠周边的人行道或者沪闵路的边人行道来做,甚至有些是要穿过几个地铁车站人流密集的区域。希望加大资金投入,对贯通质量进行提升,包括建立一定的便道之类的方法,是不是能够提高一些贯通的质量,只有贯通起来了以后,来运动健身的人会更多参与。

因为绿道建设主要为了串联整个区域的郊野公园或者绿地,是不是串联方面也增加一些投入,绿道网络建立之后,东西南北中绿道之间的串联是不是也要考虑投入进去?

Y:我是华东师范大学的在读研究生,作为一个在校生,我肯定从学生和年轻人的角度做我的陈述,首先夸一下慢行绿道理念很先进,讲一些不足:

一、照明的问题。因为慢行绿道很多是后期增设的,和原先马路有位置些许差异,很多照明目前依赖于道路边的路灯,现在很多道路路灯横在慢行绿道中央,走路走着或者锻炼走着看到路中间一个路灯,不美观也影响通行。一些设施放的位置不尽如人意,很多孤零零地放在慢行绿道的中央,本身缺乏维护和保护手段。

二、停车的问题。居民需要一个方便停车的场所,慢行绿道和机动车有隔离,沿途停放肯定不符合交通规范,运动场地周边该不该考虑提供一个停车场所,尤其是不少家庭都一家老小一起出行,肯定需要车辆的。

三、安全问题,在之前的绿容局汇报里我看到因地制宜的想法,因为这些原因目前有些区域存在高低波跨地形的问题,原来这些地区作为不予通行的绿化区,但是增设了慢行绿道之后,这些地方让人走了,就存在安全隐患。某些路段高低坡有20~30厘米,下雨天防滑措施和警示牌是不是都需要考虑?部分绿化带在路口的拐弯地带,配套的警示牌和安全预防措施是否得力也是需要考虑的。

最后是消防设施问题。慢行绿道虽然有增有减,目前增设得更多,新增绿化设施区域有没有额外增添消防设施,很多路段没有看到增添的消防措施,还是以前的消防设施。希望增设绿道隔离火灾的区域,谢谢大家。

YH:我是来自古美街道的区人大代表,建设绿道肯定是好事情,体现绿容局主动作为,努力提升老百姓获得感。从目前成效看赞扬是主要的,对创新的探索,总体上应该抱有鼓励和支持的态度,今天是预算绩效的听证会,我提两个问题:

一、造价细化不足。既然讲预算,我们的造价从200万~400万元,瞬间就过去了。人大太好说话了,审预算一下子就过去了,缺少合理性、可比性、经济性起码的分析。在合理性方面,这个绿道不是闵行区在地球上率先,很多已经有绿道了,如果我们有国外旅游的经历,有些绿道根本就是煤渣路,比如纽约的中央公园;或者是细鹅卵石铺成的,比如伦敦的就是这样子铺的,这是一种原生态的境界,根本就是鲁迅讲的路是人走出来的那种。这也是一种味道。

还有柏油的,再往上我们就提要求了,要加灯光。再往上边上加文化的东西,散步时可以看,还可以搞点音乐。闵行区根据老百姓的需求,根据经济实力,我们究竟做到哪个程度来,我们没有起码的说明,也没有可比性。我们看200万元,400万元也好到底是什么水准,最早做绿道是佛山的70万元一公里。柏油,自行车双向通行的70万元,看到北京2013年的数据240万元,已经提到了含景观、绿化以及配套设施。绿容局我们去考察,为什么从200万元到400万元,因为增加了景观和设施。和这些城市的选择,闵行区究竟在什么水准,合理性、可比性角度没有一个起码的说明。如果我们自己家里面的话很难受的,讲好装修你说200元一平方,装修一间房间突然和我说400元了,我肯定想你给我加了什么东西,这些东西需要不需要? 老百姓选择的机会都没有了,你说200元就200元,你说有这些设施就有这些设施,你说给我加这些设施就加这些设施,我们把关的时候缺乏一个基本的依据。另外就是经济性,现在讲的就是一次性的投入,后期的维护等究竟多大盘子,闵行区究竟修多少都没有,变成面对一个茫然的未知。

上次我提出这个问题后,报告上加了这一块内容,用了绿化维护单价的标准,上一届对绿容局预算时印象中这个数据差不多,当时给我讲的数据在整个上海属于低的。现在更高级,加了各种设施还是按照一般绿化维护肯定不行,经济性的分析也是比较欠缺的。

二、绩效究竟如何评估? 我们已经举行几次听证会了,这个问题没有很好解决。第三方评估里面讲,我们存在的问题是设计时就没有引入绩效概念。讲了设计需引入绩效概念,翻译过来是根本没有引入绩效的概念,就是我想干就干了,对后面绩效到底怎么评估,事先没有说法的。将来人大审预算时,对于这种项目也要把关,可能要把引入绩效的概念作为一个准入的机制,如果这个项目连这个都没有,我们可能不能通过,造成你讲的费用投入和现在老百姓的满意度之间,我作为理工男看不出里面必然的联系,你投了将近两个亿得出这样的结果还是投入1个亿就有这样的结果,没有必然的联系。希望后面这两个工作一定要加强。

主持人:请专家陈述人发言。

CSR:我个人觉得这个项目是一个惠民环保绩效比较显著的项目,对这个项目是支持的。我侧重于从绩效角度谈一些个人看法。

首先,在听实施单位汇报时,对绿道建设项目做了全局或者总体规划方面的陈述,我觉得这方面的规划应该更加强化。全区应该对绿道建设做一个完整的规划,对绿道的区位布局,时间先后的安排,应该做出一个有序合理、科学的规划。从区位布局来说,我们到底是先建哪一些绿道?在什么位置建绿道?同样200多公里,哪些路段应该优先建设,绿容局应该对选择这些绿道的依据和时间安排上的合理性作出更加充分的说明。

其次,这是一个财政资金项目,更应该体现公平性和合理性,公平性要照顾不同社区的需求,合理性要考虑建设条件是否成熟。项目建设过程中,还需要体现绿道的功能性和经济性,从功能性来说,现在绿道强调休闲健身,慢道通行还有一些是防护或者宣传。所有功能要体现有用性,谁去用?人去用,这些步道要能够在居民点或者使用者出行合理范围之内才是最有效的,规划时都应该考虑这些问题。从经济性来说,第一牵扯到绩效,在所有设立这些项目时,第一强调绩效目标要很明确,达到什么效果,不仅造一条路派什么用场达到什么效果,要可量化,具体化。

最后,在申请立项时应该提供一个预算明细,只有明细预算,才能够考察资金使用是否合理?所有步道都基于现有基础条件,受制于现有基础条件,自然环境、建设内容等约束,每一条步道、每一段路的建设成本应该不同。如果我们统一按照404元每平方米是否合理,是否全区造一样的步道,这是建设步道和成本之间的关联。

路段要体现特色,我建议闵行区要有志于打造一些传世作品,不可能所有步道打造成精品,但是可以有选择打造一些传世作品,需要精心设计,匠心铸造,主题鲜明,共成体系。道路建好之后需要维养,需要保护、优化、利用建设成果,维养不仅仅需要考虑资金,还需要思考维养主体机构,还有管理制度,维养人员,建设设计时应该要考虑维养的经济性、便利性和安全性。

LZL:这次项目从2015—2017年阶段综合进行考量的,从绩效评价角度来看,有前期的评价,还有中期的跟踪评价,最后一个是后评价,今天这个项目是绩效评价的后评价。闵行区绩效评价方面的工作做得相当成熟,在整个上海市也是比较领先的,我看到了本项目在区政府、区人大各职能部门还有项目主管和实施单位各级组织的共同努力下,取得比较明显的成果,本项目全方位监管下根据2014年22号文件,结合闵行区自身特点编写了切合实际的绩效评价报告。三是报告对项目的概述评价绩效分析、经验教训及建议有相对应的依据、指标、标准、数据、制度等支撑。四是整个项目规范操作与欧法有据可查工作思路贯穿整个项目全过程。

第二，整个报告要进一步优化和完善，可能大家比较容易忽略前期比较，重视后面就是档案管理。针对工程各个环节过程中档案接口不顺、联动不灵、传递不顺的问题，建议适应本区工程业务的特点，能够体现本区规范化、科学化水平的档案管理系统

报告里面针对2015—2017年的行动方案，专家有不一样的意见。针对这个项目我们也开了多次专家评价的会议，对这些工作方案有一些意见和修改，怎么对应的，提出的问题怎么解决，是否存在专家修改任务的理由。我建议报告里增加这方面，每个阶段听证会或者专家意见后来是怎么进行整改的，我认为这一项要放进去。从200元到404元的预算，前面专家都谈到了。

主持人：谢谢陈述人的发言，接下来进入辩论阶段，首先请区绿容局就陈述阶段中代表、社会公众以及专家提出的相关问题，进行答辩。

区绿容局：感谢各位人大代表和专家对闵行绿道建设提出的非常宝贵的意见和建议。这也是我们下一步工作的努力，我先一个一个来。造价的问题，因为绿道是生态文明建设当中的一项新生事物，最大功能就是生态功能、穿行功能、通行功能，这是最主要的。

第一个问题，闵行造价是怎么来的？2014年、2015年建了3.8公里的绿道，是闵行区最早的探索，以这个绿道为基准，进行审核确定价格，大概200万元左右一公里，我们还有一些环节做得不够细，下一步概算细化上财政部门、发改部门要共同进行完善。

第二个问题，怎么选址的，怎么考虑人多人少疏密的问题，基本原则就是闵行2016—2020年5年绿道近期规划以及2040年，城市控规进行调整到2030年，闵行区有3大绿道系统，1号，2号，3号，整体覆盖500公里，目前"十三五"建设目标锁定的面积大概100~150公里，随着绿道的推进，大家关切度不断提高，人民点赞很多，激励我们工作的推进。我们考虑整个"十三五"闵行覆盖面积要200公里，远期争取做到500公里，有人说你们会不会脱离"十三五"目标规划或者远期目标规划而拍脑袋做的？不是的，因为绿道是线性生态空间，给老百姓带来最大的实惠就是生态出行走进绿色。

第三个问题，灯光的问题、融入多种本土元素的问题以及体育设施植入问题。

灯光因素,我们有一个探索的过程,3.8公里的绿道没有安灯光,老百姓给我们提了很多意见,说感觉晚上走不进去,后来进行了完善,现在绿道建设都融入灯光、监控、广播包括防火监控双关的设施,刚才有一个代表提到是不是可以放一些消防设施?绿道大部分都是和市政道路相匹配,市政道路是有消防设施的,一些远离市政道路或者公路的绿道,整个区域内都有消防布点,林地绿道都有一定覆盖率的防火塔,自动报警系统设置在里面。

第四个问题,品质与建设问题,投入与产出问题,总的来说还是要百花争鸣,就是以黑色沥青或者暗红色沥青或者灰色的沥青为主,刚才有一位代表提出是不是搞一些塑胶的,我们不做强制规定,只做原则上架构,必须以黑色或者暗红色的沥青为主,沥青必须是透水的,就像刚才代表们提到经济实惠的问题。橡胶的造价要贵得多,目前有一些街镇实施过程当中运用一些塑胶的。像吴泾镇运用了新材料,是反光夜光的晚上道路是夜光的,可能掺入一些化学元素,我们不反对也不提倡,之后实施过程当中,闵行建了60公里绿道95%以上是街镇属地,绿容局只负责方案审核审批,具体建设、监管、验收我们全程参与,但是实施主体还是街镇属地,不做硬性规定。

定位问题,为什么这个绿道里面是慢行的,为什么要设置骑车道?这是我们的无奈之举,按照我们对绿道的理解,我们感觉绿道就是供人们穿行或者健身用的,应该是一个健身绿道,或者健身步道,为什么有一些绿道设置一些骑行道,我们建成之后大家非常愿意走进绿道亲近自然,助动车、自行车、跑步的上下班也在里面走,把人行道忽视掉了。

Y代表提到造价细节不足,缺少合理性,没有说明,你走了很多地方,给我们举了很多例子,的确这样。主管部门理解,绿道应该突出它的生态性能,其他的性能要兼顾,但是未必摆在同一个位置,为什么建设过程中考虑了很多因素,比如人文环境。人文因素,我们把颛桥剪纸考虑进去,紫竹把一些高新元素考虑进去,主要考虑城市生态品质的提升,不是在特意做绿道。

两位专家也提到相关问题,实用性、经济性、差异性、特色性,包括传世作品,包括乐教授提到绩效评价工作是不是可以有优化完善方面,200万~400万元考虑得不是很完备,我不知道我的回答大家是不是满意,谢谢。

主持人: 请各方继续辩论发言,各方陈述人可以相互提问,要求特定陈述人回答,时间不超过3分钟。

Y:我问绿容局一个细节问题,我拿到今天这个报告看到每年工程实际支出是多少这个数据。我注意到有一个(其中建安费是多少),其他的是什么费用? 比如,2015年实际支出745.48万元,建安费678.68万元,中间差66万元,2016年差375万元,大概是什么费用?

绿容局:基本建设分为一类费用和二类费用,一类费用就是建安费,纯建设费用。二类有监理费、审价费、设计费、管理费,还有预备费。

Y:基本10%?

绿容局:差不多。

主持人:下面进行项目询问阶段,针对市绿容局牵头实施慢行绿道实事项目,各位听证人可以对各方陈述的观点和内容提出询问,听证人如有询问,请指定陈述人回答。

L:绿容局报告中讲到存在的问题及下一步的设想。存在问题的第一点是绿道建成后对达到期望效果的跟踪机制不够,请问绿容局这个问题的具体所指或者具体内容究竟指哪一些? 能不能稍微展开说明一下?

绿容局:这个问题就是建设和管理不够衔接的问题。绿道对我们来说是一个新生事物,但是在我们空间当中已经存在很多年了。刚才很多人大代表提到,人民群众对绿道共享率的问题,人多人少的问题,费效比问题,对生态空间造成影响的问题,以及怎么把更多生态元素植入的问题,这些问题都是后续跟踪过程当中要跟上的。这些方面我们做得还不够,重建轻管的现象还是存在的。

H:建设绿色通道中是否可以和体育局建设的健身步道统筹起来,有些是不能统筹的,有些是否可以统筹起来,便于更集中资金做好这件事,因为健身步道大部分也是建在绿色通道里面的,是否可以结合起来?

绿容局:"十二五"我们在公园里面建的也叫健身步道,体育局有一个核心要素控制,就是必须要红色塑胶的,不是红色塑胶不能作为健身步道。当时我们在相关公园推了很多,到了"十三五"大家思想都解放了,体育局也不要求红色的塑胶了,只要符合一定宽度,工程结构的元素以及运动的舒适度就可以列入健身步道,我们所建的所有绿道都和体育局上报到市体育局的相对一致,是共享的。

主持人：刚才相关各方对慢行绿道实事项目进行了陈述，提出了许多观点和建议，为政府进一步将实事项目做实做好提供了重要的参考依据。会后，我们将根据大家的观点和建议，按照听证规则，整理出听证结果报告，提供常委会审议并向社会公开。大家如果有书面意见请留下。感谢大家的参与和配合。

最后，请各位听证人（各位常委会组成人员）在会议结束后，就刚才听证情况进行评议并提出初步评价。

今天的听证会到此结束，谢谢大家参与。

听证人（常委会组成人员）就听证情况进行评议并提出初步评价（节选）

ZJ：今天的听证会我第一次参加，感受度蛮高的，社会公众代表高度参与，发言是有质量的。这是好事情，必须要做。现在是怎么做、怎么优化方案的事情，绿容局局长的回应确实准备得蛮充分的。我也是两个观点，一个对今天绿道的定位是怎么样的，代表也讲到了。绿容局书面材料给我们的是一个基础版的，绿色线性的空间，包括很多道路的串联是这么一个定位。和专家代表们做了一些加法，把健身的功能、文化的功能包括音乐的功能嵌入式放进去，引申接下来第二个问题。对于绿道建设的标准化、规范化的建设以及政府财政资金有效性如何平等的问题，回到代表讲的200万跳跃式到400万，建设成本和造价问题是一个焦点，这个事情如果说不清楚就感觉随意性，设计单位是绿化园林所的设计理念，你的依据从何而来，我感觉要有理性政策的支撑。绿容局材料中讲到了，在市政府申报当中有对绿道建设申报项目的设计理念，里面讲到申报项目，我建议绿容局既然申报了这个项目，必须把这个项目作为重点议题，有留白的部分，把缺的部分补全，和代表和公众有一个解释的依据，你的200万、400万从何而来，沪闵路3.8公里的200万，现在跳跃到400万，为什么我们给补进去。把灯光缺漏的部分，包括塑胶场地的、木栈道等补全也是对社会公众的交代。

YJH：刚才听了项目的汇报，总体还是肯定的，绿容局汇报也比较清晰，听证人提的问题非常有针对性，抓住一些要点和隐性不知道的问题抛出来了，回应比较专业。看了这个报告和听了刚才大家讲的，我觉得还是要加强对绿道项目建设的宣传力度，今天主题就是预算和绩效的问题，绩效除了财政预算绩效履行情况，还有社会绩效的问题。

报告里讲的未来的维护费，一级、二级、三级，维护不光要靠政府投入，参与公众主动维护的理念要提升，光靠每年财政不断地投入，将来维护费是不得了的事情,既然是一次性投入,维护要付一年的事情。维护费对财政来讲压力蛮大的,不光一味地要提高维护的标准、价格的标准,更要加强宣传,引导社会公众参与,一方面享用政府提供这么好的环境,另外一方面要增强自我维护的意识和行为,同文明创建、文明建设、提高文明素养这些工作一并倡导和要求。这样的话才真正能达到这个项目绩效,体现社会效益。

HJN:这个项目应该是非常好的,是一个惠民工程,建设下来老百姓反映也很好。建议绿容局在建设绿色步道当中把好总体标准,毕竟是400万元一公里,上次去视察了两段,一段位于吴中路,一段位于疏影路桥下面,感觉吴中路的标准没有疏影路下面高,标准还是有差异。今天看到一个是区里面建设的,一个是镇里面建设的,但是全市拨下去都是一样的,都是400万元一公里,希望绿容局在标准上严格把关。

YJQ:今天听了听证会我觉得非常成功,我感受度也很强。长期在基层工作,对这块工作很关心,今天来了很多代表,工作听下来觉得非常不错。建议政府部门以后在类似听证会上,再紧扣一下主题。这个听证会的题目是绩效,但是人民代表在下面听的时候,还不是很明白,他的语言体系还是按照体制内的语言来一个工作汇报,不是紧扣绩效。今天都在问你的投入,你的产出,为什么投入这些,产出是什么情况,建议以后要提醒政府部门。

LWM:今天是一个绩效听证,考虑政府资金使用的合理性、公平性和有效性。我想问他们,到目前为止已经是1.2亿多元资金投进去了,到底闵行区老百姓多少人在步道上进行,我觉得他们没有这个数据。我就问了那个问题,林局回答时说考虑到了,今天听证听到公众陈述人还有专家的发言,这样的事情肯定是好事情,在以后规划当中考虑政府资金使用合理性和公平性和有效性,这项工作在以后规划当中首先要回答为什么建的问题,不同区域和不同路段上,这一段的步道究竟要发挥什么样的作用,这个要好好考虑。

在建这一段如果起到健身的作用,很多陈述人讲到健身,健身一定是在人居住相对集中的地方,还有是通道的作用,通道在专家发言当中讲到,通道勾连居民区到居民区,居民区到购物中心或者活动中心,居民区到景观点,这个发挥通道的作用。如果只是为了建而建,只是为了一个目标去建,我觉得这种因素要好好地考虑一下。根本的目的还是让政府资金在更大的程度上发挥更大的作用。

  有一些桥下面都没有人居住的地方,硬去做步道发挥什么作用? 会有人为了什么目的走到边边角角去吗? 规划上不是为了建一号、二号、三号、四号乃至五号步道,为了建步道而建,这种观点要慎重考虑,应该要使步道的建设和步道发挥其应有的作用,或者更直接讲让政府投入资金发挥更大有效性起到一定的帮助。

KYH:今天我听下来觉得蛮有感触的,我想到两个问题,第一我们的规划需要以需求为导向,需求的地方我们要多建一点早建一点,不需求的地方我们可以缓建一点,不是不建。现在1、2、3号大长廊,是不是1号长廊建多少,2号长廊建多少,不一定。我觉得越是居民区集中的,需求量大的可以早建一些。第二层意思,上次看设计当中的两个道,人大安排这两个步道还是蛮动脑筋,虹桥这个显然没有太多人走,第一没有居住区,第二行人没有事去溜达? 这种地方是不是缓建,一般是人休闲的地方,景观可以浏览的地方,居住下来闲暇之余可以健身的地方,有限资金前提下有一个轻重缓急的布局,第二设计过程当中要和步行道、人行道相通。

附录 8

闵行区人大代表年度履职基本要求和保障办法(试行)

(2015年7月1日区五届人大常委会第71次主任会议讨论通过)

为进一步发挥区人大代表的作用,推动代表积极履职,根据《中华人民共和国全国人民代表大会和地方各级人民代表大会代表法》和《上海市实施〈中华人民共和国全国人民代表大会和地方各级人民代表大会代表法〉办法》等法律法规和区人大有关工作制度,制定本办法。

一、履职基本要求

1. 出席区人民代表大会会议。
2. 联系选民不少于2次。
3. 向选民报告履职情况1次。
4. 参加代表组活动不少于2次。
5. 列席区人大常委会会议(包括扩大会议)不少于1次。
6. 参加区人大常委会及各工作机构和办事机构组织的培训、视察或调研活动。
7. 按照有关法律规定和程序提出议案或书面意见。

二、履职积分统计

1. 出席区人民代表大会会议每半天记3分;全程参加记30分。
2. 联系选民,每次记5分;按相关要求公开接待选民,每次记10分。
3. 向选民报告履职情况,书面报告每次记5分,按相关要求口头报告每次记10分。
4. 参加代表组活动,每次记5分。

5. 列席区人大常委会会议（包括扩大会议），每次记 5 分。

6. 参加区人大常委会及各工作机构和办事机构组织的培训、视察或调研活动，每次记 5 分。

7. 提出议案和书面意见，每件记 10 分。

三、服务保障措施

1. 区人大常委会各工作机构和办事机构，各镇、街道、工业区相关人大工作机构负责登记代表履职情况，每季度交区人大常委会代表工作委员会汇总。

2. 代表履职和积分情况记入代表任期履职档案，并由各代表组每半年在组内通报，必要时在选区内通报。

3. 代表可以根据自己的履职情况申请参加区人大常委会及各工作机构和办事机构组织的活动。

4. 代表可以查询自己的积分情况。

5. 积分情况作为代表履职表现评价的依据之一。

6. 代表的其他履职情况，由相关机构和单位进行履职信息登记并作出评价，代表工委汇总后转入代表任期履职档案。

四、其他

1. 区委、区人大、区政府班子领导担任代表的，其履职情况按规定予以登记、存档，不作积分统计。

2. 区人大机关专职干部担任代表的，其履职情况按规定予以登记、存档，不作积分统计。

3. 本办法由区人大常委会代表工作委员会负责解释。

4. 本办法自 2015 年 8 月 1 日起试行。

附录 9
全口径预决算审查和监督相关法律法规和政策

政府全口径预决算审查和监督是一项涉及面很广的系统改革，法律政策依据的数量较大，以深圳市预决算审查监督需要考虑的依据为例，列举如下[1]：

内容类别	名称
综合	中华人民共和国宪法
	中华人民共和国预算法
	中华人民共和国各级人民代表大会常务委员会监督法
	中华人民共和国地方各级人民代表大会和地方各级人民政府组织法
	中华人民共和国政府采购法
	中华人民共和国预算法实施条例
	国务院关于加强预算外资金管理的通知
	国务院关于加强预算外资金管理的决定
	国务院关于深化经济体制改革的意见
	全国人大常委会关于加强中央预算审查监督的决定
	财政部关于将按预算外资金管理的收入纳入预算管理的通知
	财政违法行为处罚处分条例
	中华人民共和国国家金库条例
	中华人民共和国国家金库条例实施细则
	财政部关于印发《预算绩效评价共性指标体系框架》的通知
	广东省预算审批监督条例

[1] 深圳市人大计划预算委员会：《深圳市全口径预决算调查报告》，2014。

(续表)

内容类别	名称
综合	广东省预算执行审计条例
	深圳市人民代表大会审查和批准国民经济和社会发展计划及预算规定
	深圳市政府投资项目管理条例
	深圳经济特区审计监督条例
	深圳经济特区政府投资项目审计监督条例
政府性基金、财政专项资金	政府性基金预算管理办法
	关于加强政府性基金管理问题的通知
	关于进一步加强地方政府性基金预算管理的意见
	政府性基金管理暂行办法
	广东省省级政府性基金预算编制办法（试行）
	深圳市市级财政专项资金管理暂行办法
国资经营	中华人民共和国企业国有资产法
	中华人民共和国企业国有资产监督管理暂行条例
	国务院关于试行国有资本经营预算的意见
	中央国有资本经营预算编报办法
	广东省省级国有资本经营预算试行办法
	深圳经济特区国有资产管理条例（失效）
	深圳市属国有企业全面预算管理工作指引
社保基金	中华人民共和国社会保险法
	中华人民共和国社会保险法实施细则
	财政部社会保障基金财政专户管理暂行办法
	财政部社会保障基金财政专户会计核算暂行办法
	国务院关于试行社会保险基金预算的意见
	广东省社会保险基金监督条例
	深圳经济特区社会养老保险条例

参 考 文 献

1. [美]艾伦·希克著,王卫星译:《现代公共支出管理方法》,经济管理出版社 2000 年版。
2. 艾贞言:"国有资本经营预算的支出改革:以民生为导向",《成都大学学报》(社会科学版),2016 年第 1 期。
3. [美]爱伦·鲁宾著,马骏、叶娟丽等译:《公共预算中的政治:收入与支出,借贷与平衡》,中国人民大学出版社 2001 年版。
4. [美]贝蒂·H.齐斯克:《政治学研究方法举隅》,中国社会科学出版社 1985 年版。
5. 蔡定剑:《中国人民代表大会制度》,法律出版社 1992 年版。
6. 陈少辉:"国有企业利润上缴:国外运行模式与中国的制度重构",《中共南京市委党校学报》,2010 年第 2 期。
7. [美]戴维·H.罗森布鲁姆:《公共行政学:管理、政治和法律的途径》,中国人民大学出版社 2002 年版。
8. [美]道格拉斯·C.诺斯:《制度、制度变迁与经济绩效》,上海三联书店 1994 年版。
9. 邓正来主编:《布莱克维尔政治学百科全书》,中国政法大学出版社 1992 年版。
10. 段晓红:"公众参与社保基金预算:法理、条件与路径",《中南民族大学学报》(人文社会科学版),2015 年第 2 期。
11. 菲利普·诺顿著,严行健译:《英国议会政治》,法律出版社 2016 年版。
12. [美]盖伊·彼得斯著,王向民、段红伟译:《政治科学中的制度理论:"新制度主义"》(第二版),上海世纪出版集团 2010 年版。

13. [德]哈耶克著,邓正来等译:《法律、立法与自由》,中国大百科全书出版社 2000 年版。
14. 韩丽:"中国立法过程中的非正式规则",《战略与管理》,2001 年第 5 期。
15. 何俊志:《结构、历史与行为——历史制度主义对政治科学的重构》,复旦大学出版社 2004 年版。
16. 何俊志:《制度等待利益:中国县级人大制度模式研究》,重庆出版社 2005 年版。
17. 黄新华、赵瑶:"政治过程与预算改革",《财经问题研究》,2014 年第 12 期。
18. [美]杰克·瑞宾、托马斯·D.林奇著,丁学东等译:《国家预算与财政管理》,中国财政经济出版社 1990 年版。
19. [美]科斯等:《财产权利与制度变迁》,上海人民出版社 1994 年版。
20. 刘守刚:《家财帝国及其现代转型》,高等教育出版社 2015 年版。
21. 刘政、于友民等主编:《人民代表大会工作全书》,中国法制出版社 1999 年版。
22. [美]罗伯特·A.达尔:《现代政治分析》,上海译文出版社 1987 年版。
23. [英]洛克著,叶启芳、瞿菊农译:《政府论(下篇)》,商务印书馆 1964 年版。
24. 马骏:《治国与理财:公共预算与国家建设》,三联书店 2011 年版。
25. 马骏:《中国公共预算改革:理性化与民主化》,中央编译出版社 2005 年版。
26. 马骏、候一麟:"中国省级预算中的政策过程与预算过程:来自两省的调查",《经济社会体制比较》,2005 年第 5 期。
27. [德]马克斯·韦伯著,林荣远译:《经济与社会》,商务印书馆 2004 年版。
28. [美]斯科特·戈登著,应奇译:《控制国家:从古代雅典到今天的宪政史》,江苏人民出版社 2005 年版。
29. 孙哲:《左右未来:美国国会的制度创新和决策行为》,上海人民出版社 2012 年版。
30. 索尔斯坦·凡勃伦:《有闲阶级论:关于制度的经济研究》,商务印书馆 1964 年版。
31. 王邦左、谢岳:"政党推动:中国政治体制改革的演展逻辑",《政治与法律》,2001 年第 3 期。
32. 王绍光:《美国进步时代的启示》,中国财政经济出版社 2002 年版。
33. [美]威尔逊:《国会政体》,商务印书馆 1986 年版。

34. [美]威廉姆·A.尼斯坎南著,王浦劬译:《官僚制与公共经济学》,中国青年出版社2004年版。

35. 薛凤平:"预算初审机构的双重角色——以广东省预算监督室为例",马骏等编,《呼吁公共预算:来自政治学、公共行政学的声音——第一届中国公共预算研究全国学术研讨会论文集》,中央编译出版社2008年版。

36. 闫俊:"社会保险基金预算管理中的政府理财责任",《社会保障研究》,2011年第1期。

37. 杨志恒:《预算政治学的构成》,业强出版社1993年版。

38. [美]詹姆斯·M.布坎南著,穆怀朋译:《民主财政论》,商务印书馆1993年版。

39. 郑春荣:"31个省级人大推进财政信息公开调查报告",《社会科学报》,2011年8月4日。

40. 周刚志:《论公共财政与宪政国家——作为财政〈宪法〉学的一种理论前言》,北京大学出版社2005年版。

41. An Chen. Restructuring Political Power in China, *Alliances and Opposition*, 1978-1998, 1999.

42. Ana-María Ríos, Bernardino Benito & Francisco Bastida. Factors Explaining Public Participation in the Central Government Budget Process. *Australian Journal of Public Administration*. Volume 76, Issue 1, 2017:48-64.

43. Funnell W and K Cooper. Public Sector Accounting and Accountability in Australia. *Sydney: University of New South Wales Press*. 1998:10.

44. Jie Gao. How Does Chinese Local Government Respond to Citizen Satisfaction Surveys? A Case Study of Foshan City. *The Australian Journal of Public Administration*, Vol. 71, No. 2. 2012:136.

45. Joel D. Barkan. Legislatures on the Rise? *Journal of Democracy*, Vol. 19, No. 2, 2008:124-137.

46. Judge D, Leston-Bandeira C. The Institutional Representation of Parliament. *Political Studies*. 66(1), 2018:154-172.

47. Kevin J. O'Brien. Local People's Congresses and Governing China. *The China Journal*. No. 61, Jan 2009:131-141.

48. Leston Bandeira C, Bernardes Brum C. Information vs Engagement in

parliamentary websites — a case study of Brazil and the UK. *Revista de Sociologia e Política*. 24(59), 2016:91-107.

49. Leston-Bandeira C, Thompson L. Integrating the view of the public into the formal legislative process: public reading stage in the UK House of Commons. *Journal of Legislative Studies*. 23(4), 2017:508-528.

50. Leston-Bandeira C. Why symbolic representation frames parliamentary public engagement. *British Journal of Politics and International Relations*. 18(2), 2016:498-516.

51. M. Steven Fish & mAtthew Kroenig. *The Handbook of National Legislatures: A Global Survey*. New York: Cambridge University Press, 2008.

52. M. Steven Fish. Stronger legislatures, Stronger Democracies, *Journal of Democracy*, 17 (January 2006):5-20.

53. Mansbridge Jane. A 'Selection Model' of Political Representation. *Journal of Political Philosophy*, No. 17. Vol. 4. 2009: 369-398.

54. Maria Edin. State Capacity and Local Agent Control in China: CCP Cadre Management from a Township Perspective. *China Quarterly*. 2003.

55. Melanie Manion. When Communist Party Candidates Can Lose, Who Wins? Assessing the Role of Local People's Congresses in the Selection of Leaders in China. *China Quarterly*. 2008.

56. Michael L. Mezey. The Functions of Legislatures in the Third World. *Legislative Studies Quarterly*, 1983.

57. Min Jiang & Jesper Schlæger. How Weibo is Changing Local Governance in China. *The Diplomat*. August 6, 2014.

58. Ming Xia. *The People's Congresses and Governance in China: Toward a Network Mode of Governance*. London: Routledge, 2007.

59. Murray Scot Tanner. The Erosion of Communist Party Control over Lawmaking in China. *China Quarterly*. 1994.

60. Philip Norton. Parliament and Policy in Britain: The House of Commons as a Policy Influencer. In *Legislatures*, ed. Philip Norton. Oxford, New York: Oxford University Press, 1990.

文 丛 后 记

筹划已久的"财政政治学文丛"终于问世了,感谢丛书的顾问、众多编委和复旦大学出版社帮助我们实现了这一愿望。

"财政政治学文丛"是"财政政治学译丛"的姊妹丛书。自 2015 年"财政政治学译丛"在上海财经大学出版社陆续出版以来,再出一套由中国学者作品组成的"财政政治学文丛"就成为周边很多朋友的期待。朋友们的期待就是我们的使命,于是,我们设想用一套"财政政治学文丛"作为平台,将国内目前分散的、从政治视角思考财政问题的学者聚合在一起,以集体的力量推进相关研究并优化知识传播的途径。"财政政治学译丛"的许多译者成了"财政政治学文丛"的作者,我们还希望能够继续吸引和激励更多的学者加入到这一行列中来,以共同推进财政政治学的发展。

无论是对国内学界来说,还是对国外学界来说,财政政治学(fiscal politics)都不算是一个主流或热门的概念,甚至到目前为止都没有人专门考证过这个概念的提出者、提出的具体时间及其使用意图。从财政学发展史的角度看,至少早在 19 世纪 80 年代,意大利财政学者就将财政学划分为三个密切相关的分支学科:财政经济学(economia finanziaria)、财政政治学(politica finanziaria)和财政法学(diritto finanziario)。就今天来说,财政政治学在思想上主要源于财政社会学(fiscal sociology,译自德文 Finanzsoziologie),甚至可以说它和最初的财政社会学就是同义词。学界公认,美国学者奥康纳(James O'Connor)是 20 世纪 70 年代推动财政社会学思想复兴的重要代表,但他非常明确地在自己 1973 年出版的《国家的财政危机》一书中提倡财政政治学,而他所说的财政政治学可以说就是财政社会学,因为他在谈到财政政治学时提及的学者就是财政社会学的创立者葛德雪和熊彼特,而其引用的也主要是熊彼特在1918年所发表的《税收国家的危机》这篇财政社会学的经典文献。无独有偶,在国际货币基金组织2017年出版的《财政政治学》(Fiscal Politics)论文集的导论中,主编也明确地将书名溯源到熊彼特1942年出版的《资本主义、社会主义与民主》和1918年发表的《税收国家的危机》,这实际上也是将财政政治学的思想上溯到财政社会学,因为《税收国家的危机》一文不仅是财政社会学的创始文献之一,也是《资本主义、社会主义与民主》一书的思想源头。

在这里,我们有必要明确强调,初创时期的财政社会学之"社会学"和当前的财政政治学之"政治学"之间并无实质性区别。虽然在今天社会学和政治学分属两个独立的学科,但我们不能根据今天学科分化的语境想当然地将财政社会学作为社会学的子学科,也不能想当然地将财政政治学作为政治学的子学科,尽管很多人往往顾名思义地这样认为,甚至一些研究者也是如此主张。无论是从社会学思想史,还是从创立者的研究目的来说,财政社会学的"社会学"更应该被看作是社会理论(social theory)而非社会学理论(sociological theory)。前者试图理解、解释或识别大规模的社会变迁,关注的是起源、发展、危机、衰落或进步等主题,因而特别重视制度和长历史时段分析;后者主要是建立一个能系统地将实证研究结果组成对现代社会的综合理解的框架,因其集中关注的主要是那些经济学、政治学、管理学遗漏的地方,甚至被人称作是"剩余科学"。在今天,西方学术界自称或被称为"财政社会学"的研究中,事实上既包含财政社会学初创时期所指的社会理论的内容,又包含当前社会学学科所指的社会学理论的内容,而我们所说的财政政治学跟初创时期的财政社会学基本一致。

"财政是国家治理的基础和重要支柱",我们理解的财政学就是揭示财政与国家治理的关系和后果,以及利用财政工具优化国家治理、推动政治和社会进步的学问。在此前提下,作为财政学分支的财政政治学,探讨的主要就是财政与国家之间的理论关系,就像熊彼特评论财政社会学时所说的,"它可以让我们从财政角度来考察国家,探究它的性质、形式以及命运"[1]。根据我们对财政政治学的理解以及试图实现的研究目标来说,财政政治学的"政治学"所体现的主要不是现代政治学的英美传统,而是欧洲大陆传统。前者以英美的科学传统为基础,强调政治研究中的行为主义视角和量化方法;后者以欧洲的人文主义传统为

---

[1] 熊彼特:"税收国家的危机",刘志广、刘守刚译,载格罗夫斯著,柯伦编:《税收哲人》附录,中译本,刘守刚、刘雪梅译,上海财经大学出版社2018年版,第183页。

基础，强调政治研究中跨学科研究和质性研究的重要性。就欧洲社会科学研究传统而言，遵循欧洲大陆传统的政治学可作为今天的社会理论的组成部分，事实上，当政治学研究传统上溯至亚里士多德时，它就是我们今天所说的社会理论。

因此，尽管名称有差异，但财政政治学与财政社会学实际上并不是两类不同性质的研究，只不过财政政治学指的是财政社会学初创时期所指的社会理论范畴。考虑到国内普遍流行的是社会学理论而非社会理论，为了避免将财政社会学研究局限于实证或"剩余科学"的范围内，也为了进一步突出并传播"财政是国家治理的基础和重要支柱"这一重要理念，我们的译丛和文丛都特别选择财政政治学为名。也可以说，"财政政治学"这一名称选择，它以英美用法为名，但以欧洲大陆传统为实。

在财政学研究传统的划分中，一种更为合理的标准是区分为交换范式财政学和选择范式财政学，这种区分与曾经流行的欧洲大陆传统-英美传统、旧式财政学-新式财政学、德语财政学-英语财政学等划分标准能够基本形成对应关系，但表述更为准确，既能突出不同研究传统的内核，也能够有效避免以地域、时期、国别、语言等分类标准所带来的困难。财政社会学产生于第一次世界大战后期关于欧洲各国战后怎样重建的辩论之中，是交换范式财政学研究传统的典型代表，它与曾流行于欧洲大陆的官房学（cameralism）在思想上有很深的渊源，后者兴盛于政治碎片化下民族国家形成的历史过程之中。无论对财政社会学来说，还是对官房学来说，国家都被置于分析的中心，甚至官房学后来在德国的发展还被称为国家学（Staatswissenschaft）。在欧洲大陆，财政学被认为起源于官房学，而财政社会学也曾被认为就是财政学本身。但长期以来，对英美社会科学思想史来说，官房学都是被遗失的篇章，后来在官房学被译介到英美时，按照其时下的学科划分标准，即经济学主要研究市场问题，政治学主要研究国家问题，而社会学主要研究社会问题，官房学者因为其研究的中心问题是国家而被看作是政治学家而非经济学家或社会学家。事实上，一些研究者也将选择范式财政学研究传统的思想追溯到官房学，但与今天选择范式下基于各种假设条件的虚幻选择不同，官房学中的选择是真实的选择，因为官房学者必须为其选择承担责任，有时甚至会付出生命的代价。从根本上说，官房学着眼于民族国家的实际创立、生存、竞争与发展，更能反映着眼于国家治理的财政科学的完整萌芽，它与我们理解的主要探讨财政与国家关系的财政政治学取向是一致的。阳光之下无罕事，我们并不需要假装财政政治学主张具有原创性，它并不是要构建出一个全新的出发点，而是对财政学思想史中已有传统的新的思考与拓展。周期性地追根溯源及重新阐述研究任务,似乎正是推进社会科学发展的常规做法,而官房学显然可以成为财政政治学发展的重要思想源头。

"财政政治学文丛"的选题范围与"财政政治学译丛"并没有太大区别,其覆盖面同样广泛,既涉及财政与国家的基础理论研究,也涉及此领域的历史及其实证研究。当然,探讨中国的财政与国家关系、国家治理优化过程中财政工具的运用、从财政推动政治发展等内容,是其中最为重要的组成部分。这些研究依主题的相似而不是方法的相同而聚合在一起,研究中各自采用的方法主要依据研究内容而定。它们所要传递并深入研究的基本思想,实际上是葛德雪和熊彼特在其财政社会学的经典论著中所总结并奠定的。

虽然财政政治学还是一个比较新的边缘性的提法,但这恰恰是其意义与价值所在,因为对社会科学研究来说,正是新的边缘性概念及其发展为理论的创新与发展提供了前提条件。更何况,从思想源头上说,财政政治学所代表的财政学思想传统,曾经是财政学本身或财政学的主流,那就是"以国家为中心"。遗憾的是,在中国目前的财政学研究中,恰恰丢掉了国家。正如葛德雪强调的,"财政学主要关心的是国家的经费问题,但它从未停止过询问,谁才是国家?"[1]因此,与政治学界以斯考克波为代表的学者呼吁"找回国家"[2]相对应,"财政政治学"的发展实际上就是在财政学领域"找回国家"的知识努力。这种知识的发展和深化,将使我们能够拨开各种迷雾,更好地洞见在有国家的社会中财政制度安排对塑造国家治理体系、治理能力以及背后的社会权利-权力结构的基础性作用。

需要指出的是,财政政治学在当前还不是一个学科性概念,我们愿意遵循熊彼特当年对财政社会学的定位,仍将财政政治学看作是一个特殊的研究领域,它涉及一组特殊的事实、一组特殊的问题以及与这些事实和问题相适应的特殊的研究方法。奥康纳在 2000 年为其《国家的财政危机》再版所写的序言中,反复强调了财政政治学研究是政治经济学和政治社会学的结合,国际货币基金组织出版的《财政政治学》论文集的主编也强调财政政治学试图复兴一种在政治经济学中将经济、社会和政治过程看作是共同决定和共同演进的传统。正是在这种研究取向中,我们可以努力地去实现马斯格雷夫对财政学发展的反思性主张,他认为,主流财政学满足于帕累托最优而忽略了公平正义、个人权利以及有意义的自

---

[1] 马斯格雷夫、皮考克主编:《财政理论史上的经典文献》,刘守刚、王晓丹译,上海财经大学出版社 2015 年版,第 263 页。

[2] 斯考克波:"找回国家",载埃文斯、鲁施迈耶、斯考克波编著:《找回国家》,生活·读书·新知三联书店 2009 年版。

由概念等对一个国家的重要意义[1]。主流财政学的不足主要在于其研究所依赖的方法或技术导致人为地割裂了财政与国家间的历史性与制度性联系,从而使其研究偏离了财政学的真正研究主题。我们想要做的就是努力使财政学重新回到对国家具有重要意义的议题的关注之上,并重塑其对社会的理解力和指导力,这一重塑是出于一种迫切且共同的需要,也就是在新的时代更恰当地去理解并推动国家治理优化与中国政治的发展。

当然,我们在此处并不是在否定财政政治学今后走向独立学科的可能性,事实上,我们正在为此做准备。但这需要一个很长的努力过程,需要有更多人能够积极且静心地投入进来。当我们能够从更多的研究确立的各项解释原则的相互关系中发现财政政治学的学科统一性时,建立财政政治学学科所要探讨的问题,将像罗宾斯在重新定义经济学时所说的一样"由理论统一中的缺口和解释性原理中的不足来提示"[2]。但对财政政治学的发展,最令人期待的结果并不在于形成像现代主流财政学那样统一且标准化的理论,以对世界进行技术性或工具性控制,而在于通过财政政治学这种多元、开放的思想体系吸收和转化不同学科的研究成果,并将这种独到的综合性思考成果不断地融入到所要分析的主题中去,实现对国家治理和政治发展的更深层次、更广范围的反思性对话,从而促进优良政治与美好社会建设。我们也并不在意符合这里所说的财政政治学研究目的的研究是否都冠之以财政政治学之名,在"有名无实"和"有实无名"之间,我们会毫不犹豫地选择后者,因为这才是我们真正的追求。

因此,对本文丛感兴趣的研究者和读者,不必在意是否满意于"财政政治学"这一名称,也不必纠结于"财政政治学"是否有一个明确的定义,关键在于志同道合,即我们试图发展一个能让我们更好地理解历史与现实并指导未来的财政学,"财政政治学"就是我们的"集结号"!我们希望拥有更多的读者,也希望有更多研究者能够加入到这一研究团队中来,共同使"财政政治学文丛"不断完善并成为推动财政学科发展的一支重要力量,进而贡献于国家治理的优化与政治的现代化。

刘守刚　上海财经大学公共经济与管理学院
刘志广　中共上海市委党校经济学教研部
2019 年 8 月

---

[1] 布坎南·马斯格雷夫:《公共财政与公共选择:两种截然不同的国家观》,类承曜译,中国财政经济出版社 2001 年版。
[2] 罗宾斯:《经济科学的性质和意义》,朱泱译,商务印书馆 2000 年版,第 9 页。

图书在版编目(CIP)数据

参与式治理的兴起:地方人大公共预算监督问责的模式与实践/王逸帅著. —上海:复旦大学出版社,2020.4
(财政政治学文丛)
ISBN 978-7-309-14669-1

Ⅰ.①参… Ⅱ.①王… Ⅲ.①地方各级人民代表大会-预算-财政监督-财政制度-研究-中国 Ⅳ.①F812.700.2

中国版本图书馆 CIP 数据核字(2019)第 225942 号

参与式治理的兴起:地方人大公共预算监督问责的模式与实践
王逸帅　著
责任编辑/谢同君

复旦大学出版社有限公司出版发行
上海市国权路 579 号　邮编:200433
网址:fupnet@fudanpress.com　http://www.fudanpress.com
门市零售:86-21-65642857　　团体订购:86-21-65118853
外埠邮购:86-21-65109143
上海丽佳制版印刷有限公司

开本 787×1092　1/16　印张 15.75　字数 260 千
2020 年 4 月第 1 版第 1 次印刷

ISBN 978-7-309-14669-1/F·2632
定价:66.00 元

如有印装质量问题,请向复旦大学出版社有限公司发行部调换。
版权所有　侵权必究